Gez. v. Fuchs in Jena. Steindr. C.F. Klinkicht, Meissen. J. Steinmetz W.

Der Fuchsthurm

bei Jena.

Geschichte

der

Kirchberg'schen Schlösser

auf dem

Hausberge bei Jena

Nach Urkunden und andern Nachrichten

Von

Eduard Schmid

Mit drei Steindruckzeichnungen

Der Ertrag ist zur Herstellung des Fuchsthurms bestimmt

Neustadt a. d. O.,
bei Johann Karl Gottfried Wagner
1830

Bibliografische Information der Deutschen Nationalbibliothek:
Die Deutsche Nationalbibliothek verzeichnet diese Publikation in
der Deutschen Nationalbibliografie; detaillierte bibliografische Daten
sind im Internet über http://dnb.dnb.de abrufbar.

2018 pitdejene (Auflage 2)

Dieses Buch ist eine Reproduktion des Originalwerkes von Eduard
Schmid. Das Layout wurde neu gesetzt, so dass die Seitenzahlen nicht
mit dem Original übereinstimmen. Zum Nachschlagen sind die
Originalseitennummern am Buchrand angegeben. Der Inhalt wurde
möglichst originalgetreu übernommen.

Herstellung und Verlag: BoD – Books on Demand, Norderstedt

ISBN: 9783744820486

Greifberg, Kirchberg und Windberg
bei Jena.

Vorrede

Von den drei Kirchberg'schen Schlössern, die ehemals auf dem Rücken des Hausberges standen und einem edlen Geschlechte, den Burggrafen von Kirchberg, zum Wohnsitze dienten, ist nur noch ein einzeln stehender runder Thurm, der sogenannte Fuchsthurm, übrig, der weit gesehen wird, aber auch eine weite Umsicht darbieten soll.

Diesen Thurm wieder zugänglich zu machen, um die Aussicht von demselben genießen zu können, war schon längst gehegter Wunsch, und wurde besonders von dem am 22. Febr. vor. J. verstorbenen Herrn Hofadvocat und ersten Amtsactuars Schwabe in Jena bei der Gemeinde in Ziegenhain angeregt, den Bau, durch Sammlungen unterstützt, zu übernehmen.

Später wurde noch um die Genehmigung des Großherzogs nachgesucht, welche, auch unterm 21. Apr. vor. J. durch den Landrath Freiherrn von Lyncker erfolgte.

IV _Um auch von meiner Seite etwas zur Ausführung dieses Zweckes beizutragen, entschloß ich mich, zum Beßten dieses Baues die Geschichte der Kirchberg'schen Schlösser auf Unterzeichnung herauszugeben, wozu ich einen wackern Verleger an Herrn Commissionsrath Wagner in Neustadt a. d. O. fand. Der Erfolg, entsprach zwar nicht ganz den Erwartungen; indessen wurde fleißig an dem Werkchen gearbeitet. Eigne Neigung zog mich zu dergleichen geschichtlichen Forschungen hin; es ist aber auch der Wunsch der obersten kirchlichen Behörde, in den Ortschroniken auch das einzutragen, was aus frühern Zeiten bekannt ist. Avemann schien in seinem gründlichen und vielumfassenden Werke über die Burggrafen von Kirchberg hinlänglichen Stoff zu einer Geschichte der Kirchberg'schen Schlösser darzubieten; aber sein Augenmerk war mehr auf das burggräfliche Geschlecht, als auf die Kirchberg'schen Schlösser und deren Geschichte gerichtet; wiewohl die vielen, den Archiven entnommenen, in der Urschrift mitgetheilten Urkunden, über 200, reichliche Ausbeute liefern. Wiedeburg hat in seinem bekannten Schriftchen nur eine kritische Zusammenstellung dessen gegeben, was Adrian Beier in seinem Geographus Jenensis und Avemann in dem obenerwähnten Werke über die Kirchberg'schen Schlösser sagen und gelegentlich erwähnen. Um nicht das Bekannte wieder sagen zu müssen, forschte ich weiter, und es öffneten sich bald viele Quellen, und von vielen Seiten her wurde mir freundlich die Hand geboten.

Die Geschichte der Kirchberg'schen Schlösser, so- V wie die der meisten Burgen, ist sehr lückenhaft. Die ältesten Nachrichten sind nur Sagen, und bekanntlich beginnt die Geschichte da, wo die Sagen aufhören. Aber auch dann fließen die Quellen sparsam. Die alten Ritter wußten besser das Schwert zu führen, als die Feder, und was noch schriftlich vorhanden gewesen, ist mit ihren Burgen untergegangen. Nur in den Klöstern, mit denen sie in mannichfacher Berührung standen, haben sich in den gerichtlichen Verhandlungen, Käufen und Verkäufen, Nachrichten erhalten; die ein nothdürftiges Licht auf die Geschichte dieser Schlösser werfen. Dergleichen Klöster waren das von den Burggrafen von Kirchberg selbst gestiftete Kloster zu Kapellendorf und das Michaeliskloster zu Jena, deren Urkunden uns die Gunst der Zeit aufbewahrt hat. Abschriften der Kapellendorf'schen Klosterbriefe besitzt die Universitätsbibliothek zu Jena; welche einzusehen mir freundlichst gestattet wurde, sowie ich aus derselben mit den meisten nöthigen Hilfsmitteln zu dieser Geschichte, deren sie so viele besitzt, bereitwillig und zuvorkommend unterstützt wurde, was ich hiermit mit gebührendem Danke anerkenne. — Die Abschriften der Michaelisklosterbriefe zu Jena besitzt das Justiz-Amt daselbst, welche mir auch bereitwillig gereicht wurden. Hinreichender Stoff lag in diesen Urkunden vor, aber er gewährte wenig Ausbeute für die wirkliche Geschichte, und es kostete Mühe, Herr des Stoffes zu wer- den. Ich ging in die früheste Zeit zurück, welche in diesen Urkunden gar nicht berücksichtigt war, und ich glaube, Aufschlüsse gegeben zu haben, die früher nicht bekannt waren, und doch Bestand haben werden, namentlich, daß sich Kirchberg in den Händen der Markgrafen von Meißen befand, ehe es an die Burggrafen von Kirchberg kam. Auch die spätere Geschichte dieser Schlösser ist um Vieles deutlicher dargelegt worden, besonders durch Mittheilung einiger noch unbekannter Urkunden und Benutzung von Hortleder's hinterlassenen Handschriften, die sich auf der Regierungsbibliothek zu Eisenach in neun Foliobänden befinden. Und hier muß ich wieder mit der größten Dankbarkeit anerkennen, daß mir das geh. Staatsarchiv zu Weimar zu benutzen gestattet wurde, insbesondre Herr geh. Archiv-Secretair Kreuter freundlich an die Hand ging, noch unbenutzte Urkunden ausfindig machte und mir namentlich Hortleder's tabellarische Beschreibung des Amtes Jena gütigst mittheilte. Aber auch Herr Professor und Bibliothekar Dr. Hesse zu Rudolstadt, dessen geschichtliche Forschungen auch die Kirchberg'schen Schlösser mit berühren, hat mir durch Mittheilung von Büchern und Urkunden, sowie durch Auszüge aus Hortleder's handschriftlichen Nachrichten schätzbare Beiträge zu diesem Schriftchen geliefert, und durch berichtigende, und ergänzende und nachweisende Bemerkungen zu meinen Sammlungen viele Winke und wichtige Aufschlüsse gegeben. Ihm, sowie Hrn. Dr. Herzog in Jena und Andern, die mich ebenfalls freundlich mit Büchern und Nachweisungen unterstützten, fühle ich mich dankbar verpflichtet.

Bald aber unterstützte man mich noch auf andere Weise, um dieses Werkchen so vollständig und umfassend, als nur möglich, zu machen. Herr Porcellainmaler Fuchs in Jena erbot sich freiwillig, die nöthigen Zeichnungen unentgeltlich dazu zu liefern; so entstand

1) die Zeichnung mit den drei Burgen, welche zwar zunächst nach dem Wandgemälde in der Ziegenhainer Kirche entworfen worden ist, sich aber auch in Avemann's Geschichte der Burggrafen von Kirchberg, S. 36, und im dritten Berichte des Vereins für Erforschung des Alterthums (Naumburg, 1823.), vom Maler Weidenbach aus Naumburg gezeichnet, befindet. Es sei mir vergönnt, bei dieser Gelegenheit über die Darstellung selbst etwas zu sagen. Auf dem ursprünglichen Gemälde, mit Arabesken umgeben, sieht man zwischen den drei Schlössern Kriegsvolk, an dessen Spitze je ein gekrönter und berittener König, herabkommen, und unten zwei große gekrönte Köpfe, in der Nähe einer Hütte, in welcher vermuthlich die Mutter Gottes mit dem Jesuskinde die Geschenke aus den Händen der drei Könige aus dem Morgenlande in Empfang nahm. Man hat daher behauptet, daß dieses Gemälde keineswegs die drei Burgen auf dem Hausberge darstellen sollte, sondern vielmehr die Schlösser der drei Könige aus dem Morgenlande. Allerdings mag dies die ursprüngliche Idee des Malers gewesen sein, aber einmal ist die Bauart keineswegs morgenlän- <u>VIII</u> disch, sondern ächt teutsch, und dann ist bekannt, daß die Maler des Mittelalters Gegenstände, die sie darstellen wollten, immer aus der nächsten Umgebung nahmen, und was war natürlicher, als daß die drei Kirchberg'schen Schlösser auf dem nahen Hausberge als Muster dienen mußten. Auch findet sich in der ganzen Geschichte dieser Schlösser kein Widerspruch. Greiffenberg war das vesteste Schloß, Kirchberg hatte einen runden Thurm, der noch steht und eine Kapelle, und Windberg einen Thurm, aus welchem der junge Landgraf Dietrich, als es 1304. (S. 68.) von Feinden umgeben war, sein Panier aussteckte.

2) Der Fuchsturm, im Sturm aufgenommen, im Hintergrunde der Gebirgszug zwischen Zwäzen und dem Landgrafen, am Ufer der Saale Wenigenjena. Die Höhe dieses Thurms ist ungefähr 71 Fuß, und gerade so viel beträgt unten der Umfang. Die Dicke der Mauer oben ist 3 Fuß,

und der Durchmesser oben im Vollen 20 Fuß, und 1 Zoll Weimar. Werkmaß. Die Dicke der Mauer unten bei Eingange (S. 90.) rechts ist 7¾ Fuß und links 8¼ Fuß; der Durchmesser unten im Lichten ist 6½ Fuß. Möge sich bald in seinem Innern eine Treppe erheben und dem Schaulustigen auf seiner Zinne die entzückende Umsicht auf die Umgegend hin darbieten!

Herr Meusezahl, Stud. math. und Gehülfe auf der Großherz. Sternwarte zu Jena, übernahm willig die Zeichnung des beigegebenen Planes des Hausberges, aus der großen, von Herrn Amtsgeometer Wenzel in Jena aufgenommenen Terrain-Charte der Umgegend von Jena abgenommen.

Die Einleitung ist mir freundlichst zugekommen.

Die geographische Lage des Fuchsthurms, sowie die Höhe des Hausberges überhaupt (S. 94.), hat Herr Dr. Schrön mir freundlichst mitgetheilt, sowie Herr Prof. Dr. Zenker gern die Beschreibung des Hausberges in geognostischer und botanischer Hinsicht (S. 102.) übernommen hat.

So ist denn der Hausberg, auf dem ehemals drei stattliche Burgen prangten, und welcher vermuthlich von dem Stammhaus der Burggrafen seinen Namen hat, von allen Seiten beleuchtet worden, und ein Schriftchen, das anspruchslos in die Welt treten sollte, ist durch patriotische Beiträge und zusammenwirkende Kräfte so vollständig, als nur möglich, gemacht worden. Ein gutes Zeichen, daß auch der Ausbau des Fuchthurms, wenn auch aus dem Ertrag der Unterzeichnungen zu diesem Zwecke wenig oder nichts herausspringen sollte, doch baldigst zu Stande kommen werde.

Möchten nun auch bald die Nachbarburgen, namentlich die Lobdeburg und Gleisburg, von denen so manche Nachricht noch in Archiven verborgen liegt, ihre Erforscher der Vorzeit finden; möchte ihnen aber auch eben so freundlich die Hand geboten werden.

Mit dem größten Danke werde ich es anerkennen, ,wenn mir Freunde des Alterthums und Geschichtsforscher Nachweisungen, Ergänzungen und Berichtigungen zu diesem Schriftchen zukommen lassen wollen. Ist nicht unterhaltend genug; — ich fühle es am Beßten, daß es vollkommener sein könnte; aber einen großen Theil trägt der Mangel an interessantem Stoffe. Möge es indessen freundlich, so wie geboten ward, auch aufgenommen werden und etwas zu dem beabsichtigten Zwecke beitragen.

Jenapriesnitz,
den 3. September.
1830.

Eduard Schmid,
Pfarrer daselbst und in Ziegenhain.

Subscribenten-Verzeichniß.

Altenburg.
Fr. Gräfin v. Beust, geb. v. Wangenheim

Constanze, Gräfin von Beust.

Hr. Baurath Geinitz.

„ Reg.- u. Cammerrath Hermann.

„ Hofcantor Reese.

„ Prof. Dr. Ramshorn.

„ Dr. Rittler jun.

„ Reg. Secr. Römer.

„ Schnuphase, Buchh. 3 Ex.

„ Obersteuersecr. Wagner.

Fräul. Emilie v. Wangenheim.

„ Pauline v. Wangenheim.

Hr. Medicinalrath Dr. Winkler.

„ Geh. Leg. Rath Wüstemann.

Bauzen.
Hr. Schulze, Buchh.

„ Weller, Buchh.

Berlin.
Hr. Essen, Stud. j. a. Pommern.

„ Philippi, Stud. th. a. Hamburg.

„ Thamerus, Stud. philol. a. Gera.

Breslau.
Hr. Prof. Dr. Bernstein.

Cassel.
Hr. Pf. Collmann, Vorsteher einer Erz.-Anst.

Clodra.
Hr. Past. Bogenhard.

Coburg.
Hr. Dr. Ahl.

„ Diac. Dr. Amthor.

Hr. Candid. Baumann.

„ Justizr. u. Stadtbir. Bergner.

„ Archidiac. Dr. Henkel sen.

„ Diac. u. Garnisonspr. Dr. Muther

Frhr. v. Rademacher, Kammerh. u. Oberschenk.

Hr. Karl Riemann.

„ Karl Wohl.

„ Dr. Hachfeld.

„ Lehrer Lippold.

Dornburg.
Hr. Amtsaccessist Rich. Gabler.

„ Rector Gerhard.

„ Hofapotheker Goldhagen.

„ Ernst Hertzer, Kaufm.

„ Collaborator Hunnius.

„ Cantor u. Organist Kalbitz.

„ Actuarius Raabe.

„ Gottlob Schlott, Kaufmann.

„ Rentamtm. Schmalz.

„ Justizamtm. Schmith.

„ Hofgärtner Aug. Skell.

„ Dr. Stichling, erster Actuarius.

„ Louis Stohmann.

Ehringsdorf.
Fr. Hauboldin, Gastwirthin.

Hr. Vent, Schneidemühlenbesitzer.

Eisenach.
Hr. Prof. Dr. Dietrich.

„ Geleitsamtmann Kühn.

„ Reg. Rath Lauhn.

„ Mey, Schuladjunct.

„ Röse, Stud. j.

Erfurt.
Keyser'sche Buchh. 2 Ex.

Frankfurt a. M.
Hermann'sche Buchh.

Frauenpriesnitz
Hr. Mäder, Maurermeister.
„ Rentamtm. Rothenbücher.

Freiberg.
Hrn. Craz und Gerlach, Buchh.
2 Ex.
Hr. Engelhardt, Buchh.

Gera.
Heinsius'sche Buchh. 3 Ex.
Hr. Traugott Späth.
„ Hofrath Dr. Thamerus.

Göttingen.
Hr. Herm. Brandis, Dr. j. u.
Privatdoc.
„ Fleischer, St. j. a. Hanover.
„ Wislicenus, St. med. a. Dörn-
feld.

Golmsdorf.
Hr. Richter Weidner.

Gotha.
Hr. Gläser, Buchh. 6 Ex.
„ Mack, Pharmaceut.

Gumperda.
Hr. Major u. Adjut. v. Knebel
auf Gump.

Hanau.
Hr. Heinr. v. Winzingerode.

Hanstedt.
Hr. Pf. Güttich.

Heidelberg.
Hr. Beck, St. j. a. Brugg.
„ Burkard, St. j. a. Basel.
„ Fäsch, St. j. a. Basel

Hr. Ed. Martin, St. med.
„ Möller, St. j. a. Salzungen.
„ Scheel, St. j. a. Bützow.
„ Prof. Dr. Heinr. Schmid.

Hermstedt.
Frl. B. Ritter

Heusdorf.
Hr. Pf. Klopfleisch.

Hildburghausen.
Hr. Kesselring, Hofbuchhänd-
ler. 2 Ex.
„ Gerichtsdirector Mücke.

Hottelstedt.
Hr. Pf. Wesselhöft.

Jena.
Hr. Archidiac. Ackermann 2 Ex.
„ Ave-Lallement, Stud. th. a.
Lübeck.
„ Hofr. Dr. Bachmann, Prof.
„ Bahl, St. j. a. Mecklenb.
„ Bartels, Rathsapotheker.
„ Baumann, Hofgärtner.
„ Becker, Postmeister.
„ Bogenhard, St. th. a. Um-
pferstedt.
„ Briegleb, St. j. a. Coburg.
„ Carstens, St. th. a. Lübeck.
„ Compter, Bibliotheks-
schreiber.
„ Prof. Dr. Credner.
Die Cröker'sche Buchh. 3 Ex.
Hr. Geh. Cons. R. Dr. Danz. 3
Ex.
„ Duge, St. j. a. Mecklenb.
„ Eckart, Tuchhändler.
„ Eidam, Glasermeister.
„ Enders, St. j. a. Lengsfeld.
„ Ettmüller, St. philol. a. Laus-
nitz.

13

Hr. Freund, St. th. a. Meiningen.
„ Friedrich, Horndrechsler.
„ Frommann, Buchh. 6 Ex.
„ Gärtner, St. j. a. Blankenburg.
„ Gampert, St. th. a. Regensburg.
„ Gensler, St. th. a. Jena
„ Gerstenbergk, Musicus.
„ Gontzenbach, Stud. j. a. St. Gallen.
Hr. Prof. Dr. Göttling, Bibliothekar.
Frl. Alwine Göttling.
Hr. Bauinspector Götze.
„ Gramberg, St. th. a. Varel.
„ Grimm, St. th. a. Jena.

Hr. Groschvetter, Stud. th. aus Schmölln.
„ Groschvetter, Stud. jur. aus Schmölln.
„ Dr. Gruner, OAG Advocat.
„ Gutgesell, St. j. a. Meiningen.
„ Heinz, St. philos. a. Weimar.
„ Helbich, St. th. a. Salzungen.
„ Henkel, St. j. a. Stadtilm.
„ Hering, Zinngießer.
„ Dr. Herzog.
„ Heßler, St. th. a. Sondersh.
Fr. Amtm. Heunemann.
Hr. Hiller, St. th. a. Altenb.
„ Hobelmann, St. med. a. Westfalen.
„ Höfling, St. med. a. Römhild.
„ Kirchenrath, Dr. Hofmann.
„ Z. Hoffmann, Buchdrucker.
„ Hundius, Schornsteinfeger.
„ Prof. Dr. med. Huschke.
„ Kallmeyer, St. th. et philol.
„ Rath Kayser.

Hr. Kellermann, St. th. a. Sondershausen.
„ Kanzlei-Rath Kerl. 6 Ex.
„ Keyßler, St. th. aus Baiern.
„ Geh. Hofr. Dr. Kiefer.
„ W. Schubert v. Kleefeld.
„ Koch, St. med. a. Lengsfeld.
„ Köhncke, St. th. a. Hamburg.
„ Köhler, St. th. a. Altenb.
„ OARath Dr. Konopack.
„ Ernst Kreuzmacher, Gastwirth.
„ Leizmann, St. th. et phil. a. Schwerbonn.
„ Liebeskind.
„ Linke, Buchbindermeister.
„ Geh. Hofr. Dr. Luden.
„ Lurz, Damenschneider.
„ Magdlung, St. th. a. Lengsfeld.
„ Mahr, St. phil. a. Farnroda.
„ Prof. Dr. Martin.
„ Meyer, St. j. a. Mecklenb.
„ Mosché, St. med. a. Schwarzburg.
„ Müller, St. th. et phil. aus Meiningen.
„ Müller, Buchdrucker.
„ Naundorf, St. th. a. Sonneberg.
„ Alexander, Retz.
„ Paulßen, Buchhalter.
„ Peetz, St. th. a. Brand in Baiern.
„ Ragulik, St. th. a. Neust. in Ung.
„ Reindel, St. th. a. Schwabach.
„ Rödiger, Typotheta.
„ Rugo, St. th. a. Weimar.
„ Ryssel, Stud. jur. a. Stäffa (Schweiz)
„ Sachsse, St. med. a. Gotha.
„ Schäfer, Kaufm.

Hr. Prof. Dr. Scheidler.

„ Ernst Schenk, Zeichnenmeis-
ter.

„ Schlesinger, St. th. a. Sonneberg.

„ Schliemann, St. pharm. a.
Mecklenb.

„ Geh. Rath Dr. Schmid.

„ Reinh. Schmid, Dr. jur. u .
Privatdoc.

„ Moritz Schmid, Stud. j. a.
Hildburghausen.

„ Rud. Schmid, St. th. a. Sulzbach.

„ Aug. Schmid, Buchh.

„ Otto Schmidt, St. j. a. Tennstedt.

„ Schmidt, St. j. a. Schwerin.

„ Schmidt, Färber.

„ Amtm. Schneider.

„ Schorch, St. th. a. Her-
mannsgrün.

Fr. Geh. K. Räthin Schott.

Hr. Schreiber, St. th. a. Meiningen.

„ Schreiter, St. j. a. Kiel.

„ Ludw. Schuhaide, St. th. a.
Schemnitz.

„ Prof. Dr. Schulze.

„ Seeberger, St. th. a. Hof.

„ Seifart, Büchsenmacher.

„ Steger, St. j. a. Braunschw.

„ Steinmetz, St. j. a. Waldeck.

„ Stötzer, St. j. a. Weimar.

„ Talitsch, Stadtschreiber.

„ Thamerus, St. ph. a. Gera.

Hr. Timler, Hof-Maurermeister.

„ Timler, Kaufm.

„ Wilh. Treunert.

„ Vater, Buchbindermeister.

„ Vischer, St. j. a. Basel.

„ Vogelius, Factor.

„ Völcker, Kaufm.

Hr. Prof. Dr. Walch.

„ Weimar, Tuchhändler.

„ Welcker, St. th. a. Georgenthal.

„ Dr. Weller.

„ Werner, Bürgermeister.

„ Wesselhöft, Buchdruckerherr.

„ Wilhelms, St. j. a. Schwerin.

„ Zeh, St. th. a. Sonneberg.

„ Zeiß, St. th. et phil. a. Weimar.

„ Zetzsche, St. philol. a. Altenb.

„ Zeyß, St. th. a. Gotha.

Jenalöbnitz.

Hr. Cant. Werner.

Jenapriesnitz.

Pfarrarchiv.

Hr. Cant. Elle.

„ Christoph Gretscher, Schnei-
dermeister.

„ Gottfried Weidner.

Kahla.

Hr. Beck, Buchdrucker.

„ Jul. Landmann.

Kaltennordheim.

Hr. Amtsphysic. Dr. Eidam.

Kiel.

Hr. Prof. Dr. Brinkmann.

„ Hansen, St. th. a. Dorfgaar-
den.

„ Heinr. Krah, St. th. a. Renn-
dorf.

Kloster Rosleben.

Hr. Dr. Aug. Wilhelm.

Krautheim.

Hr. Pf. Koch.

Kunitz.

Hr. Pf. M. Schillbach.

Lederhose.

Hr. Cantor Röbling.

Leipzig.

Hr. Amthor, St. j. a. Lichtenstein.
„ Hempel, St. th. a. Stünzhain.
„ Kollmann, Buchh.
„ Reclam, Buchh.
„ Sühring, Buchh.

Lemgo.

Hr. Leopold Helwing.
„ Karl Schnitger, St. philos.

Leuchtenburg.

Hr. Candidat Burgold.

Lippersdorf.

Hr. Pf. Armack.

Löberschütz.

Hr. Pf. Bauer.

Lüneburg.

Hrn. Herold u. Wahlstab,
Buchh. 2 Ex.

Meiningen.

Geh. Hofrath u. Ordensritter
Schlegel.

Milsungen.

Fr. Amtsvoigtin Baumann.

Moderwitz.

Hr. Pf. Liebe

München.

Hr. Heyde, St. phm. a. Ansbach.
„ Reukamm, St. med. a.
Münchberg.

Naumburg.

Hr. Klassenbach, Leihbibl. 2 Ex.
„ OLGReferendar Lüddemann.
„ Candid. Karl Schmid.
„ Conrect. M. Schmidt.
„ Ferdin. Ad. v. Wangenheim.
„ Zimmermann, Buchh.

Neustadt a. d. Haide.

Hr. Justiz-Amtm. Appun.
„ Hofadvocat Jacob.

Neustadt a. d. O.

Hr. Prov. Seebach.

Niederbösa.

Hr. Pf. Cannabich.

Nordhausen.

Hr. R. Landgraf, Buchh.

Oldisleben.

Hr. Cant. Zöllner.

Pulsnitz b. Dresden.

Hr. Dr. Röderer, prakt. Arzt.

Ronneburg.

Hr. Weber, Buchh.

Rothenburg.

Claß'sche Buchh.

Ruttersdorf.

Hr. Pf. Faulwetter

Saalfeld.

Hr. Archidiac. Oettel.
„ Wiesel, Hofmaurer.

Schleiz.

Hr. Justizrath Weißker.

Schlettwein.
Hr. Pf. Ströbel.

Schöngleina.
Hr. Bau-Commiss. Heilmann.
„ Pf. Schwabe.

Sondershausen.
Hr. Cupel, Buchh. 2 Ex.
„ G. Kühn in Schlotheim.

Sonneberg.
Hr. Dr. Engelhardt.

Spören.
Hr. Pf. M. Schundenius.

Stadt Bürgel.
Hr. Roland, Kaufm.

Süß.
Hr. Pf. Sallmann.

Thal Bürgel.
Hr. Past. Dr. Andreä.

Themar.
Hr. Gerichtsdirector H. Mücke.

Utenbach.
Hr. Richter Riehme.

Weida.
Hr. Pohler.

Weimar.
Hr. Collaborator Birnstiel.
„ Blaufuß, Gymnas.
„ Julius Elkan, Banquier.
„ Julius Fröbel.

Hr. Gläser, Kupferstecher.
„ Prof. Hoffmann.
„ W. Hoffmann, Buchh. 2 Ex.
„ Holzapfel, Factor.
„ Candidat Klöppel.
„ Fr. Krämer, Leihbiblioth.
Fr. Generalsuperint. Krause.
Hr. Otto Kruse.
„ Prof. Dr. Leidenfrost.
„ Landesdirections R. v. Mannsbach
„ Geheim. Secr. Müller.
„ Ernst Schmid, Gymnas.
„ Otto Schmid, Gymnas.
„ Reg. Secr. Schröder.
„ Schulrath Dr. Schwabe
„ Candid. Timler, Hauslehrer.

Weinigenjena.
Hr. Adj. Dr. Putsche.

Wohlsborn.
Hr. Pf. Thiel.

.Zeiz. XVI
Hr. Kopp, Kaufm.
„ Buchh. Webel.

Ziegenhain.
Schulbibliothek.
Hr. Cantor Solle.
„ Christian Bauchspieß.
„ Heinr. Böhme, Maurermeister.
„ Mich. Böhmel, Schneidermstr.
„ Botanicus Mich. Dietrich.
„ Ambrosius Döpel.
„ Andreas Döpel, Gem. Synd.
„ Lorenz Döpel, Gem. Synd.
„ Martin Döpel, Schultheis.

Hr. Michael Döpel.
„ Gottlieb Gretscher.
„ Wilhelm Gretscher, Schuh-
machermeister.
„ Friedrich Germer.
„ Christian Heine.
„ Wilhelm Helbig.
„ Christoph Hübscher, Leine-
webermeister.
„ Wilhelm Kahle.
„ Georg Käfemadel.
„ Gottlieb Knabe, Gem. Synd.
„ Ernst Gottlieb Knabe.
„ Gottlob Knabe, Böttgermeis-
ter.
„ Georg Knabe.
„ Gottfried Knabe.
„ Wilhelm Knabe, Schuma-
chermeister.
„ Karl Köber, Schneidermeis-
ter.

Hr. Gottlieb Leser.
„ Wilhelm Löwe.
„ Heinr. Lutsche.
Fr. Maria Lutsche.
Hr. Jacob Orthaus, Schuhma-
chermeister.
„ Wilhelm Orthaus, Schuhma-
chermeister.
Fr. Maria Saupe.
Hr. Wilhelm Staudnitz.

Zwickau.

Hr. Candid. Trauerschmidt
„ Dr. Voigt.

18

Inhalt

* Die hier angegebenen Seitenzahlen beziehen sich auf das Original
(siehe Seitenangaben am Buchrand)

Einleitung.

Vorliegende Schrift ist ein neuer dankenswerther Beitrag zur Aufklärung und Erläuterung der vaterländischen Grafengeschichte, aus einem Zeitraume, der gewöhnlich mit dem Namen des Mittelalters belegt wird. An die dürftigen Ueberbleibsel einer vor Jahrhunderten verfallenen Grafenburg, die als Fuchsthurm, oder, nach einer Volkssage, als Riesenfinger (s. das Gedicht am Ende) sich auf dem Rücken des Hausberges erheben und freundlich in das reizende Saalthal und auf die Stadt Jena, den berühmten ehrenwerthen Musensitz, zu deren sieben Wundern oder Curiositäten die „Vulpecula turris" *) von den alten Geographen gezählt wird, herabblicken, knüpft der Verfasser die Geschichte der Burggrafen von Kirchberg, die hier hausten, und erzählt, was er in alten Zeitbüchern, Urkunden und Geschichten von ihren Thaten und Schicksalen aufgezeichnet gefunden hat.

Diese freundliche Gabe, welche die Vergangenheit vor unsern Augen vorbeiführt und uns zu einem frohen Genusse der Gegenwart einladet, mit einigen einleitenden Worten zu begleiten, hat uns der Verfasser zur angenehmen Pflicht gemacht, und wir glauben, seinem Wunsche nicht ___2 besser zu entsprechen und die Nachsicht der Leser zu verdienen, als wenn wir versuchen, in Kürze die Wichtigkeit der Ruinen in verschiedener Beziehung zu zeigen, und dieses mehr durch Zeugnisse erleuchteter und gediegener Männer, als durch unsere eigene Abstraction.

---

*) Nach dem bekannten Vers:
Ara, caput, draco, mons, pons, vulpecula turris,
Weigeliana domus: septem miracula Jenae.

Der Streit über die Verdienste des Mittelalters, ist unter allen verständigen Zeitgenossen geschlichtet. Weder die Ueberschätzung seiner Glanzpunkte, die gerade von den Dunkelmännern unserer Zeit am meisten angehoben und unterhalten wurde, um ihre selbstsüchtigen Zwecke, Aristokratie und Hierarchie, unter einem solchen Deckmantel um so sicherer und bequemer zu verfolgen, noch das unbedingte Verdammungsurtheil über alle seine Erscheinungen und Einrichtungen, das meistens von solchen Männern gefällt wurde, die an einer nervenschwachen Philanthropie laborirten, oder in der Beschränktheit ihres Geistes den Maßstab der eigenen Zeit an die Vergangenheit legten, findet vor dem Richterstuhle einer, durch vielseitige und gründliche Forschungen und Belehrungen in diesem Gebiete der Geschichte aufgeklärten, unparteiischen öffentlichen Meinung Gnade. Mit diesem unbefangenen Blicke auf die Licht- und Schattenseite die Denkmäler jener Zeit zu betrachten, ist vor Allem Pflicht des Geschichtsforschers, und in diesem Sinne sind die Ruinen der Vergangenheit für ihn nicht ohne Wichtigkeit. Wahr und kräftig erhebt sich darüber die Stimme eines unserer Geschichtsforscher: „Wer sind wir, daß wir im stolzen Dünkel geläuterter Vernunft auf den Trümmern der Vergangenheit rücksichtslos den Stab brechen über sie? - Zwerge, die erschaudern vor der Kraft, so oft sie aus dem Buche in das Leben will; Verehrer der Freiheit mitten in den Angewöhnungen der Knechtschaft; Bespötter der Unwissenheit, aber ohne Ermächtigung, ein mühsam und mit tausend Opfern errungenes Wissen verkündigen zu dürfen. Die Burgen sind gefallen; aber in dem Thale wohnt das Glück noch nicht. Keine Leibeigenen pflügen mehr das Feld des Herrn; aber wir sind mit gesunden Sinnen und vollem Bewußtsein Geisteigene geworden. Solche Betrachtungen drängen oft dem Geschichtschreiber sich auf, der auf Ueberresten gepriesener Herrlichkeit den Blick herabsenkt von den Höhen, wo Edle einst gewaltet und gehauset." (Dr. Ernst Münch in den Ritterburgen der Schweiz.)

Ein anderes Interesse hat der Dichter an diesen Denkmälern der Vorzeit. Für ihn sind sie die Jacobsleiter, auf der er ins Reich der Träume steigt; der Schacht, aus dem seine Phantasie Goldkörner und glänzende Krystalle bricht; die nie versiegende Quelle, aus der seine Sehnsucht den erquickenden Labetrunk schöpft. Durch die Saiten seiner Lyra rauschet ein wehmüthiger Hauch der Vergangenheit, und er singt mit Heine:

„Steiget auf, ihr alten Träume!
Oeffne dich, du Herzensthor!
Liederwonne, Wehmuthsthränen
Strömen wunderbar hervor.

Durch die Tannen will ich schweifen,
Wo die muntre Quelle springt,
Wo die stolzen Hirsche wandeln,
Wo die liebe Drossel singt.

Auf die Berge will ich steigen,
Auf die schroffen Felshöh'n
Wo die grauen Schloßruinen
In dem Morgenlichte stehn.

Dorten setz' ich still mich nieder
Und gedenke alter Zeit,
Alter blühender Geschlechter
Und versunkner Herrlichkeit.

Gras bedeckt jetzt den Turnierplatz
Wo gekämpft der stolze Mann,
Der die Besten überwunden
Und des Kampfes Preis gewann.

Epheu rankt an dem Balkone,
Wo die schöne Dame stand,
Die den stolzen Ueberwinder
Mit den Augen überwand.

„Ach! den Sieger und die Sieg'rin
Hat besiegt des Todes Hand. —
Jener dürre Sensenritter
Streckt uns alle in den Sand!
(Reisebilder. Hamburg 1826 1ster Thl.)

Aber nicht nur der Lyriker, auch der Tragiker hat großes Interesse an den Ruinen. Wem tritt hier nicht sogleich der schauervolle Thurm vor die Seele, in welchem Graf Ugolino sammt den Seinen dem schrecklichen Hungertode erliegt? Welch passendern Ort hätte Gerstenberg zu der Schlußscene seiner Tragödie wählen können, die Göthe und Schiller zu ihren besten Werken begeisterte? Und gewiß macht in Schiller's Räubern der Thurm, aus welchem Karl Moor seinen Vater befreit, keinen geringen Effekt. — Von der Wichtigkeit der Ruinen für den Romanschreiber und Novellendichter schweigen wir; denn wem sollte es unbekannt sein, daß hier ihr wahres Feld ist, und daß es selten einen Roman gibt, wo jene nicht eine Hauptpartie einnehmen oder wenigstens nicht als Folie zur Erhöhung des Colorits benutzt sind.

Aber mit ernster Miene, gerunzelter Stirne und bedeutungsvoll aufgehobener Hand, als zürnte er den Träumen und Phantasiespielen der Dichter, erscheint da der Philosoph und spricht gewichtige Worte: „Wandeln will ich in die Einsamkeit, um unter den Ruinen zu leben; fragen will ich die alten Denkmäler über die Weisheit vergangener Zeiten!" Und seht, er setzt sich auf jene umgestürzte Säule, blickt düster hin auf die zertrümmerten Prachtwerke der Baukunst, und man sieht deutlich an seinen Gesichtszügen, wie er von den Betrachtungen der Vergangenheit übergeht zu denen der Gegenwart und Zukunft, wie sein Blick sich erheitert und er ausruft: „L'espèce humaine s'améliorera!" Bei diesen fremden Worten haben wir verrathen, daß wir blos den berühmten morgenländischen Reisenden und Pair von Frankreich, C. F. Volney, im Sinne hatten und dessen

Worte anführten, welcher allerdings mit vollem Rechte als Repräsentant aller Philosophen über die Ruinen hingestellt werden kann; hat er doch so viel Gedanken an dieselben geknüpft, daß sie ein ziemlich ansehnliches Büchlein ausfüllen, viel stärker als das, was du eben vor dir hast, bester Leser. *) — An den Weltweisen mag sich sogleich der Vaterlandsfreund anschließen, welcher mit besonnenem Eifer für das Wohl, die Ehre und Hoheit des Landes glüht, das ihn erzeugte und mit unzähligen Wohlthaten beschenkte. Mit Stolz blickt er auf die Werke seiner Verfahren, welche denselben zu Monumenten geworden sind. In seinen Werken, seinen Bauten, seinen Kunstdenkmälern spricht sich der Geist eines Volks aus; dadurch stellt er in redenden Formen hin, was ihn erregt, durchdringt, erhebt; seine ganze Art und Weise muß hierbei sich offenbaren; seine Einrichtungen des Lebens in Staat, Kirche, Familie thun sich hier kund. — Dem Patrioten steht der Moralist nahe; muß doch jeder echte Freund des Vaterlandes auch Moralist sein, denn nur Sittlichkeit ist die Gesundheit des Lebens, auch im Staate, und die Unsittlichkeit ist zerstörende Krankheit. Jener also findet in den Trümmern die sprechendsten Beweise von der Vergänglichkeit menschlicher Pracht, und ihm dient die Einsamkeit darin zur Prüfung des innern Menschen. Wie unter andern Salzmann im Karl von Karlsberg sagt: „Wohl uns, wenn Gott uns in der Stille des Landlebens oder auf einer Bergruine zusammenführt und uns da auf eine Anhöhe oder das zerbröckelnde Gestein stellt, wo wir keinen Richter als den Allwissenden und unser eigenes Gewissen haben, und mit Mitleid auf diejenigen herabsehen können, die das Vorurtheil elend macht." — Auch der Naturfreund bleibt nicht zurück; es verschönern ihm diese Denkmäler ein Land-

---

*) Siehe Les ruines, ou méditations sur les révolutions des empires. Paris, 1822 ed. XII. Ch. IV. p. 20. et Ch. XIII.

schaftsgemälde, oder man überschaut es von da aus besser; und welch ein Nutzen folgt daraus! — „Es gibt keinen reinern, keinen dem Heiligen geweihtern Gedanken im Menschengeist, als diese lichten und leichten Phantasieen, welche uns von der Schönheit der Natur gegeben werden. Den Blick hinaus in das erstes frische Grün des Frühlings oder in den bunten Laubschmuck des Herbstes, in die Laubkrone des Baumes, wie der Wind sie bewegt, in die Blüthenfülle der Flur und in den Kelch der Lilie — lassen sie nicht den im Innersten angeregten Geist fühlen, jene platonischen Erinnerungen an ein früheres, göttliches Leben lassen sie uns nicht ahnen ohne Wort und Begriff das höhere Leben? Und nicht loses Spiel der Dichtung bewegt sich in diesen höhern Gefühlen, sondern heiliger Ernst der reinen Wahrheit. Am fernsten von aller Selbstsucht, von aller eigenen Sorge, von allen eigenen Betrachtungen, lebt dieses höhere Gefühl in der unbefangenen Anschauung der Naturschönheit, aber innig verbunden sind diesen lichten Phantasieen alle sanften und mächtigen Ideen der Kunstschönheit, alle Gefühle in reiner Auffassung des sittlichen Lebens und der Frömmigkeit, denn diese alle durchströmt gleiche Wärme der ewigen Wahrheit" (Fries: Julius und Evagoras 2, 146.). Oder wie eine andere Stimme spricht: „Auch historische Erinnerungen und andere Beziehungen auf das menschliche Leben erhöhen den landschaftlichen Genuß, wohin die Theilnahme gehört, mit welcher wir alte Ritterburgen und Abteien betrachten. Darum ist mein Vaterland das wahre Heiligthum der landschaftlichen Schönheit, weil einem überall geschichtliche Erinnerungen begegnen, weil man classischen Boden betritt." *)

---

*) De Wette: Heinrich Melchthal, oder Bildung und Gemeingeist (1829.) 2, 40. Ferner desselben Verfassers Theodor, oder Zweiflers Weihe (auch in Hinsicht auf teutsche Baukunst), 1ste Ausg. 2, 227. Vergl. v. Herden: Ideen zur Geschichte der Menschheit (1827. 3, 101 u. 263.).

Wir könnten leicht noch eine Menge stimmfähiger Männer in Reihe und Glied aufführen, wie den Maler, Architekten, Antiquarius u. s. w., welche Zeugnis von dem Interesse und der Wichtigkeit solcher Reste des Alterthums ablegen; aber wir glauben genug der Winke und Hindeutungen gegeben zu haben, um den Leser auf einen solchen Standpunkt zu versetzen, daß er die dargereichte Gabe nicht unfreundlich anblickt, oder gar unwillig ausruft: „Was geht mich der alte Steinhaufen an, einst vielleicht ein Räubernest, oder der Sitz eines Despoten, unter dessen eiserner Geisel die armen Bauern der umliegenden Hütten seufzten!"

Wir schließen mit dem Wunsche, daß der Fuchsthurm seinen Zweck erreichen und recht viele Gäste seiner Einladung entsprechen möchten, um auf seinen Zinnen die liebliche Aussicht ins Saalthal zu genießen, und durch einen freien, ungetrübten Blick auf Vergangenheit und Gegenwart sich mit frischem Lebensmuth zu stärken für die Lösung seines Tagewerkes.

1. Aelteste Zeit.

1. Am rechten Ufer der Saale, gerade gegen Morgen von Jena, erhebt sich der Hausberg, der sich in eigner Gestaltung zwischen zwei Bergreihen dahinzieht und in der Waldung, die Welmisse genannt, sich verliert. Rechts die Kernberge und am Ende des Thales Ziegenhain; links der Jenzig, im Thale die Gembdenmühle, weiterhin Wogau an der Gembde, und der runde Dorlberg, welcher das Thal schließt.

Auf dem schmalen Rücken dieses Hausberges standen nun ehemals drei Schlösser, von denen der weitgesehene Fuchsthurm noch übrig ist, ein Denkmal aus alter Zeit.

2. Die erste Entstehung und Erbauung derselben liegt im Dunkel sehr alter Zeit; nur Sagen und Vermuthungen sind es, die auf geschichtlichen Ereignissen ruhen.

Um das Jahr 640. nach Chr. bildete die Saale die Grenze zwischen den Thüringern und Sorben-Wenden. Diese waren eine Völkerschaft des großen asiatischen Völkerstammes der Reußen, welche sich selbst Slaven (proceres, die Ehrenwerthen, von Slava, der Ruhm) nannten, und ihre ersten bekannten Wohnsitze vor der großen Völkerbewegung im J. 375. hinter dem kaspischen See in Asien hatten. Die Sorben oder Schwarz-Reußen (Tzschorbe-Rewczen, von der Farbe ihres Paniers) waren wieder ein Zweig der Wenden (Winidi), welche vereinigt in Europa sich immer weiter ausbreiteten und im 7ten Jahrhundert von Böhmen aus die Gegend zwischen der Saale und Elbe einnahmen.

Schon im Jahr 634 überschritten, nach den fränkischen Schriftstellern, die Wenden die Saale und fielen in Thüringen ein, welches damals unter der Herrschaft der

9

Franken stand.*) Endlich trieb sie der von den Franken gesandte Herzog der Thüringer, Radulf, über die Saale und setzte ihnen diesen Fluß als Grenze. In dieser Zeit sollen die Grenzvesten längs der Saale, als die Sorbenburg bei Saalfeld, Rudolstadt, Orlamünde, Dornburg und andre entstanden sein, und nicht unwahrscheinlich ist es, daß auch in dieser Zeit die erste Anlage einer Burg auf dem Hausberge entstanden ist.

3. Eine andre Sage ist, daß Bonifacius, der Apostel der Thüringer, eine Kapelle in dieser Gegend erbaut habe. Von seiner Anwesenheit und Wirksamkeit in Thüringen, namentlich längs des Thüringer Waldes und der Unstrut (724 bis 730), geben viele Spuren und Sagen, wenn sie auch nicht jedesmal geschichtlich begründet werden können, Zeugniß.

S. Allg. Anz. d. Deutschen. 1825. Nr. 121.

Apolda (Fabric. orig. Sax. 710.) und Heilsberg bei Remda sind die nächsten Orte, wo Bonifacius gewesen sein soll. Nach der Zeitzer Chronik von Paul Lange, Mönch in Bosau (ed. Pistor. I, 760.), soll er auch die Sorben bekehrt haben, denen er in seinen Briefen nicht das beste Lob beilegt, **) und die er also doch gekannt hat. Nicht unmöglich ist es daher, daß Bonifacius auf dem Hausberge eine Kapelle zur Bekehrung der Sorben-Wenden gegründet habe, zu deren Beschützung gegen die heidnischen, der christlichen Lehre abgeneigten Sorben eine Burg erbaut wurde; daher vielleicht der Name Kirchberg.

Erwähnenswerth ist es, daß der um das J. 1745. verstorbene Gutsbesitzer in Ziegenhain, Friedrich von Geusau, bei Ausführung eines neuen Baues auf seinem Gute daselbst eine kupferne Münze in der Große eines Tha- 10

---

*) Winidi in Thuringiam et circumjacentes Francorum terras sese effunduut. Fredegar. c. 77.

**) Winedi, quod est foedissimum eat deterrimum genus hominum. Bonifac. ep. 19. ed. Serrar.

lers gefunden hat, auf welcher der obere Theil einer Ziege auf einem Postument, ringsum Wald, und dieser mit knieenden Personen umgeben und einer unleserlichen Umschrift, zu sehen war, welche Münze aber nach dem Funde wieder verloren gegangen ist.

S. Avemann, Kirchberg'sche Gesch. 62.

Nicht unwahrscheinlich deutet diese Münze auf slavischen Götzendienst; und Klugheitsregel war es, da christliche Kapellen zu errichten, wo heidnische Verehrungen stattfanden. Der Hain am Hausberge war vielleicht der Ort der Verehrung.

In der Kirche zu Ziegenhain wird die sogenannte Bonifaciusfahne aufbewahrt, die ehemals wohl als Processionsfahne bei Aufzügen diente. Sie ist von Nesseltuch, fünf Viertel Ellen lang und eine Elle breit, auf der einen Seite Bonifacius im bischöflichen Gewande, mit der Unterschrift: Sancte Bonifaci, ora pro nubis! Auf der andern Seite der gekreuzigte Christus mit einem Heiligen zur Seite, mit der Unterschrift: Anno domini 1028. Die Gemälde, recht fein, sind durch das Alter und öftern Gebrauch ziemlich mitgenommen, die Unterschriften aber ganz verschwunden. Auch diese Fahne, wenn sie auch nicht so alt ist, als die Jahrzahl anzeigt, erinnert daran, daß hier Bonifacius in gutem Andenken war.

4. Unter Karl dem Großen (768—814) überschritten die Sorben, von denen lange nichts gehört worden war, mehrmals die Saale, die ihnen als Grenze gesetzt worden war, und hausten insbesondere im J. 782 übel in Thüringen (Annal. Sax. a. h. a.). Ja, einige Schriftsteller wollen der Burggrafen von Kirchberg Ursprung und Herrschaft, die später auf dem Hausberge blühten, aus den Zeiten Karls des Großen herschreiben *).

---

*) Burggraviatus Kirchbergensis ad Salam procul dubio antiquissimus est, originemque ex Caroli Magni aevo sumisse fertur. *Benj. Leuber*, Dresden ed. Menk. III, 1881, 1919

Unter Karls des Großen Nachfolgern fügten sich die
Sorben bald in der Franken Joch, bald suchten sie es abzu-
werfen und verbreiteten sich weit über die Saale.

Im J. 849. ward Tachulf, Herzog der Thüringer
und Markgraf der sorbischen Grenze (Marchio limitis
sorabici), und als im J. 869. die Sorben mit den Böhmen in
Thüringen einfielen, sendete König Ludwig ihnen seinen
Sohn Ludwig mit einem sächsisch-thüringischen Heere ent-
gegen, welcher sie in einer großen Schlacht überwand und
zurücktrieb. Im August 873. starb Tachulf. Nach seinem
Tode fielen die Sorben von den Franken wieder ab. Radulf
ward sein Nachfolger, welcher im Januar des folgenden
Jahres (874.) mit Erzbischof Luitbert zu Mainz über die
Saale ging und sie wieder unter die fränkische Herrschaft
brachte.

Als die Sachsen von den Normannen gedrängt wurden, gingen im J. 880. die Sorben mit den Böhmen vereint
abermals über die Saale und verheerten Thüringen; aber
Markgraf Poppo, *) Herzog der Thüringer und Markgraf
der sorbischen Grenze, schlug sie so, daß beinahe Keiner
davonkam (Eckhart: res Francic. II, 404.). Die Thüringer
nahmen ihnen aber nach und nach immer mehr Land ab,
setzten ihnen neue Grenzen, vermischten sich auch mit den
Slaven, so daß die Saale nicht mehr als Grenze diente. Noch
im Jahre 929 fielen die Sorben unter ihrem Obersten
Mirscka in Osterland ein, verwüsteten das Bisthum Zeitz
und drangen weit über die Saale.

5. Aus diesen beigebrachten Zeugnissen geht hervor,
daß die Saale lange Zeit die Grenze zwischen den Sorben
und Thüringern bildete; daher hieß der ganze Strich von der
Gegend bei Saalfeld längs der Saale bis zum Ausflusse derselben in die Elbe die sorbische Mark, (limes sorabicus).

---

*) Poppo patrem sine dubio habuit Popponem, comitem in
Francia, Thuringiae vicina, sub Ludovico Pio clarum. Eccardi hist. geneal. princ. Sax. 237.

Auf dieser Linie lag auch der Hausberg. Das Land jenseits der Saale bis zur Elbe hieß das Sorbenland (Swurbelant, Urk. Nr. 3.), nach der Sorbensprache *Srbsko*, daher *Zrbia* (Cosmas Prag.), *Suirbia, Sworbia.*

In der Gegend von Saalfeld scheinen die Slaven besonders ihren Sitz aufgeschlagen zu haben. Noch im J. 1057, als Erzbisch. Anno II. zu Köln die Schenkung der Königin Richza in Saalfeld bestätigte, heißt es, daß sie nach dem Gesetze und Gebrauche jenes Volkes geschehen sei; *) und als im J. 1063. das Kloster in Saalfeld gestiftet wurde, sagt Lembert v. Aschaffenburg, daß der Ort in der Gegend der Slaven liege. **) Der Wald am rechten Saalufer hieß der Slavenwald (saltus Slavorum saltus slavicus: Brunweil. Mönch in Leibnitz script. rer. Bruns. I, 320.). — „Am linken Saalufer bei Saalfeld, zwischen Beulwitz und Wittmannsgereuth wird auf einem mit Fichten und Tannen bewachsenen Gebirgsvorsprung, der Kessel genannt, noch die Stelle gezeigt; wo im grauen Alterthume die Sorben ihr Gericht hielten. Noch heißt dieser Platz, dessen Lage, ausgesucht und versteckt, zu einer solchen Bestimmung paßte, das wendische Gericht."

Dr. Herzog: Taschenbuch für Reisende durch den Thüringer Wald, unter: Beulwitz.

Noch zu Anfange des 17ten Jahrhunderts soll man daselbst einen steinernen Tisch und steinerne Bänke in der Erde gesehen haben, ohne Zweifel für die wendischen Richter; und nicht weit davon an einer alten hohen Eiche eine alte verrostete Kette. ***)

<u>13</u>   „Auch die Dörfer Sirbis bei Eisenberg, Serbe (in Urk. Sörbaw) bei Bürgel und Schorbe (in Urk. Schorobe)

---

*) Facta est traditio in *Salaveldon* secundum *legem* et *ritum illius gentis*: Schultes Dir. dipl. I. 170.

**) In regione Slavorum, in loco, qui dicitur Salefelt. ed. Pistor. I, 230 ad ann. 1075.

***) Melissantes (Gregorii): Bergschlösser (1721.). 365.

bei Bucha am linken Saalufer zeugen noch deutlich von der Sorben Aufenthalt in hiesiger Gegend, so wie überhaupt die meisten Ortsnamen hiesiger Gegend slavischen Ursprungs sind, als der Jenzig (Janzk), die Gembde (Kömde) und andre. Der Name Priesnitz (urkundlich Briseniz) soll nach Hrn. Pfarrers Limmer in Gera mir mitgetheilter Erklärung vom slavischen Worte brit, ausrotten (als raser un forêt), kommen, daher eigentlich Rottdorf.

Was nun den Gau betrifft, in welchem diese Gegend des Sorbenlandes lag, so ersieht man aus der von Schultes (Dir. dipl. I, 318.) zuerst mitgetheilten Urkunde (Nr. 3.), daß die Abtei Bürgel im Gau Strupenice, der noch nirgends vorgekommen ist, lag, und da Bürgel so nahe angrenzt, so ist anzunehmen, daß sich dieser Gau bis an die Saale erstreckte. Der Wald bei Bürgel aber hieß Louba (Leube), wendisch: ein Waldgebirge, das vermuthlich mit der Welmisse zusammenhing. Die angrenzenden Gaue waren südlich und östlich der Orlgau und Geraha, gegen Abend aber Thüringen und zwar der Gau Husiti oder Usiti, welcher von Holstedt bis Utenbach reichte. Wiedeburg in seiner Beschreibung von Jena (1, 5.) sagt zwar, daß diese Stadt im Gau Zorba gelegen habe, und stützt sich auf die Zollmann'sche Charte vom ersten Jahrtausend nach Christus (1735.); und Rector Schöttgen in Dresden (Diplom. Nachlese. 1, 398.) verlegt diesen Gau, vom Ortsnamen Kusenti verleitet, in die Gegend von Kösen; dieser Gau aber ist vielmehr in der Gegend von Weißenfels zu suchen, wo sich im Dorfe Zorba, einem Gute der Oda, Gemahl Albrechts von Sumerscheburg († 1089.), der Gauname, und im Dorfe Kietschen oder Keitschen der Name Kusenti erhalten hat.

C. P. Lepsius: Dom zu Naumburg (1822). 47.

.2. Kirchberg

unter Kaiser Otto I.

6. Von nun an kommen wir auf vesteren Boden, da Kirchberg geschichtlich in Urkunden erscheint.

König Otto der Große schenkt nämlich im J. 937. alle Zehendeinkünfte, die von Kirchberg und Dornburg und den dazu gehörigen Bereichen gegeben werden, dem Kloster zu Quedlinburg (Anhang, Urk. Nr. 1.).

Daraus ersehen wir, einmal, daß Kirchberg wie Dornburg zu den Orten und Gerichtsbezirken gehörte, über welche der deutsche König frei verfügen konnte; und dann, daß auch von Kirchberg und den zu dieser Burg in einem gewissen Verband stehenden Leuten dahin gewisse Abgaben entrichtet werden mußten, die zunächst zu frommen Zwecken bestimmt waren. Schon zu Karls des Großen Zeiten war es angeordnet (Capitulare Car. M. §. 14.) und in den spätern Zeiten so gehalten; daß von den christlich gewordenen Bewohnern einer Gegend auf die nächste Burg gewisse Abgaben Gott zu Ehren, d. h. zur Ausbreitung der christlichen Religion und Erbauung und Erhaltung von Stiftern und Kirchen geliefert werden mußten. Damit war aber noch nicht verbunden, daß auf der Burg selbst eine Kirche oder ein Geistlicher war; wiewohl auf Kirchberg wie aus spätern Zeugnissen erhellen wird, sehr früh eine Kapelle sich befand.

7. Kaum dreißig Jahre darauf überläßt Kaiser Otto I. einem Benedictinermönch, Namens Boso, aus Regensburg in Baiern, welchen er ums J. 950. in seine Dienste genommen hatte, die Einkünfte von Kirchberg und Dornburg, sowie von den Kirchen zu Merseburg und Memleben. *)
Derselbe hatte sich sehr verdient gemacht um die

---

*) Boso ab Ottoan beneficium omne, quod ad ecclesias in *Merseburg* ac in *Mimilive* positas, ac ad *Thornburg* et *Kirchberge*

Bekehrung der Slaven im Osterlande (*Oriens* sagt Ditmar im Chron.). Daher erhielt er später noch das Einkommen der Kirche zu Zeitz, wo er auch in einem nahegelegenen Walde auf einer Anhöhe den Grund zu einer Kirche mit einem Dorfe und dem nachmaligen Kloster Bosau legte. *) Und da im J. 968. die drei neuen wendischen Bisthümer Meißen, Zeitz und Merseburg mit tüchtigen Männern besetzt werden sollten, überließ ihm der Kaiser nach Ditmar zwischen diesen dreien, nach der Urkunde vom Kaiser Otto aber (968 bei Leukfeld: antiq. Halberst. 656. Schultes: Dir. dipl. I, 89.) nur zwischen Zeitz und Merseburg die Wahl. Da aber Zeitz von den umwohnenden Slaven noch sehr beunruhigt wurde, wählte er Merseburg, und wurde auch am dritten Weihnachtsfeiertage desselben Jahre mit den zwei andern Bischöfen für Meißen und Zeitz in Magdeburg in Gegenwart Kaisers Otto und vieler andrer Fürsten vom Erzbischof Adelbert daselbst als erster Bischof nach Merseburg eingeweiht. Aber schon nach einem Jahre, 10 Monaten und 3 Tagen, den 1sten Nov. 970., starb er in seinem Vaterlande, in Baiern; sein entseelter Leib aber wurde nach Merseburg gebracht und in der St. Johanneskirche das. vor dem hohen Altare beigesetzt. **) Kirchberg gehörte

---

pertinens fuit, antequam ordinaretur, obtinuit. *Ditmar,* von 1009—19. Bischof zu Merseburg: *Chronicon,* von 976—1018. ed. *Wagner.* 40. Vermuthlich war indessen Kirchberg gegen einen näher gelegenen Ort von Quedlinburg durch Otto I. wieder eingetauscht worden.

*) Boso beneficium *Cicensis* ecclesiae, magni laboris sui debita remuneratione percepit; et juxta praedictam civitatem in quodam saltu, quem ipse construxit ac suo nomine vocavit, templum domino de lapidibus aedificat consecrarique fecit. Ditmar: l. c. cf. P. Lang. chronic. Citiz. ed. Pistor. I, 782.

**) Herr Schulrath Dr. Schwabe in Weimar hat in seiner Schrift: Die Pfalzstadt Dornburg (1825. 18.) die Meinung geäußert, daß das Bildnis des Boso auf einer Steinplatte in der Ziegen-

damals zum Kirchsprengel des Bischofs von Zeitz, welcher Hugo hieß. Die Böhmen und Polen vertrieben ihn aber mit seinen Stiftsherrn im J. 974 und verwüsteten die Pflege Zeitz, sowie überhaupt die daselbst wohnenden Wenden wilde Leute waren. Daher wurde um der Sicherheit und Ausbreitung der christlichen Religion willen im J. 1028 der Entschluß gefaßt, das Stift nach Naumburg zu verlegen, welcher auch im J. 1032 ausgeführt wurde.

(S. Urkunden bei Schultes: Dir. dipl. I, 143. 146 u. 147. Von der Bekehrung der Sorben-Wenden in Kreysigs und Francke's Beiträgen (1764) 6, 89. 110. u. a. Philippi: Gesch. des Stifts Naumb. u. Zeitz. 130.).

Als Papst Gregor IX. dem Bischof zu Naumburg in einer besondern Urkunde im J. 1228 (Anh. Nr. 27.) die Verlegung des Stifts Zeitz nach Naumburg, sowie dessen Güter

---

hainer Kirche sich befinde. Nach genauerer Untersuchung der sehr verstümmelten Umschrift fand ich aber doch ganz deutlich die Worte: Anno dni XV ^{c}... obiit . . ., welche anzeigen, daß an Boso nicht zu denken sei, und nach gemachter Mittheilung trug mir der würdige 83jährige Greis Folgendes in einer Note zu bemerken auf: „Als ich meine Schrift über Dornburg herausgeben wollte, reiste ich von Jena aus nach Ziegenhain, um die alte Kirche daselbst zu besuchen. Der Schullehrer Peter daselbst, mein ehemaliger Schüler, gab sich viele Mühe, mir alle Merkwürdigkeiten dieser uralten Kirche zu zeigen. Unter Anderm zeigte er mir die Steinplatte in der Mitte der Kirche und erzählte mir, was er mir auch in der Folge schriftlich mittheilte (ich weiß nicht, aus welcher Quelle): man habe sich große Mühe gegeben, die auf dem Steine befindliche Mönchsschrift zu lesen, man habe aber nichts herausgebracht, als das Wort Boso" — und nimmt hiermit die in seiner oben angeführten Schrift geäußerte Meinung zurück.

Diese aus zwei Stücken bestehende Steinplatte ist um das J. 1780. aus der alten Kapelle in die jetzige Kirche gebracht und zum Pflastern derselben verbraucht worden; der untere Theil mit den Beinen ist aber so an den obern gesetzt worden, daß diesel-

bestätigte, erwähnte er unter andern Klöstern und Kirchen insbesondre die Pfarrkirche St. Peter zu Lobeda mit den Kapellen in Kirchberg und Ammerbach. Hieraus geht offenbar hervor, daß auf Kirchberg längst eine Kapelle bestanden hat, die später zur Pfarr- und Mutterkirche nach dem benachbarten Lobeda geschlagen worden ist. Und gleich darauf wird die Pfarrkirche zu Dornburg mit ihren Kapellen und die Pfarrkirche zu Memleben mit ihren Zugehörungen erwähnt.

Diese wichtige Urkunde hat Hr. Landrath Lepsius zu Naumburg nach dem Originale im Capituls-Archive daselbst zuerst öffentlich mitgetheilt.

S. C. P. Lepsius: Ueb. das Alterth. u. d. Stifter des Doms zu Naumburg (1822). S. 51. Urk. Nr. 17.

Herr Landrath Lepsius hat es nun zwar bestritten, daß unser Kirchberg bei Jena gemeint sei, als Otto I. das Einkommen davon i. J. 937. dem Stift zu Quedlinburg, und später seinem Hofgeistlichen Boso überläßt, von dem es jedenfalls zum Stift Zeitz und dann nach Naumburg gekommen ist, „weil im J. 937. Kirchberg eine Stadt (civitas) genannt werde, und auf dem schmalen Bergrücken des Hausbergs unmöglich eine Stadt gestanden haben könne," und nimmt dafür Kirchberg bei Sondershausen an, welches eine Stadt genannt werde.

S. C. P. Lepsius: Ueb. d. Lage der alten kaiserl. Pfalz Dornburg, gegen Herrn Schulrath Schwabe. Halle, 1825. u. in Kruse's teutschen Alterthümern, 1sten Bds. 4tes Heft. 9. 11.

Aber einmal wird nicht das Einkommen von der Stadt Kirchberg, sondern das von Kirchberg und dessen Bereich (civitas) dem Stift Quedlinburg überlassen, und dann war Kirchberg bei Sondershausen eben so wenig

---

ben entgegengesetzt stehen; die eine Seite ist ganz abgehauen. S. Wiedeburg: Nachricht vom Fuchsthurm (1784.) 55, welcher auf diesem Grabsteine den Namen Ehrich liest.

eine Stadt, sondern Jovius in seiner Kirchbergschen Chronik (b. Avemann: Kirchb. Gesch. 27.) nennt es nur Schloß und Städtlein, und Müldener in den diplom. Nachrichten von einigen Bergschlössern in Thüringen (1752.) sagt (S.

44.) ausdrücklich, daß die 200.Schritte vom Schlosse Kirchberg bei Sondershausen entfernt liegende Wüstung Kirchberg ein Dorf gewesen sei.

Diese vom Herrn Landrath Lepsius mitgetheilte Urkunde vom J. 1228. läßt aber gar keinen Zweifel übrig, daß in den frühern Erwähnungen unter Otto I. unser Kirchberg bei Jena gemeint sei; sowie in denselben Stellen unter Dornburg nicht das an der Elbe, sondern das an der Saale zu verstehen ist (S. auch Jen. allg. Lit.-Zeit. 1827. Nr. 41. 42. Erg. Bl. 1827. Nr. 32—34.).

3. Kirchberg

unter den Markgrafen von Meißen.

8. Seit 150 Jahren wird von Kirchberg in den uns zugänglichen Geschichtsquellen nichts erwähnt.

Aber auf einmal erscheint es als ein vestes Schloß in den Händen der Markgrafen von Meißen im J. 1123., in welchem Jahre Markgraf Heinrich der Jüngere, Graf von Eilenburg, seinen Vetter, Graf Konrad, des Grafen Thimo von Wettin Sohn, auf Kirchberg gefangen hält.

Die Veranlassung war folgende:

Markgraf Heinrich der Aeltere, des Grafen Dedo II. von Eilenburg Sohn, war im J. 1103. ohne männliche Nachkommen gestorben. In diesem Falle erbte seine Besitzungen sein Vetter Konrad, Graf zu Groitzsch, deren Väter Brüder waren. Markgraf Heinrich hinterließ aber eine Gattin, Gertrud, aus dem Hause Braunschweig, die bei der Beerdigung ihres Gemahls ihren Vasallen offenbarte, daß sie vielleicht den künftigen Erben von ihres Mannes Besitzungen unter dem Herzen trage. Bald aber verbreitete sich das Gerücht, daß es eine vorgegebene Schwangerschaft sei. Um auch diesen Verdacht zu vernichten, versammelte sie in Eilenburg ihres Mannes Vasallen und viele Frauen um sich, und gab auf einem erhöhten Orte die Mutterpflicht höher haltend als die weibliche Scham, indem sie ihre Kleidung öffnete, den unzweideutigsten Beweis, daß sie schwangern Leibes sei.

19

Als sie von einem Knaben genesen war, war das geschäftige Gerücht wieder bemüht, auszubreiten, daß sie ein Mädchen geboren habe, daß aber zur selben Stunde ihrem Koch ein Sohn geboren und derselbe untergeschoben worden sei.

Sein Vetter Konrad gab dergleichen Gerüchten gern Gehör; und als Heinrich der Jüngere, der nachgeborne Sohn Heinrichs des Aeltern, 20 Jahre alt war, umfaßte Heldolf, Konrads Lehnsmann, den Altar in der St. Peterskirche zu Eilenburg und betheuerte, er wolle nicht gesunden Leibes sein, wenn Heinrich nicht ausgetauscht worden sei. Derselbe ließ ihn daher verfolgen; durch Gottes Fügung konnte er seinen Verfolgern nicht entfliehen und gerieth in die Gewalt Heinrichs des Jüngern. Dieser ließ ihn, damit seine Betheurung zu Schanden werde und er die Strafe seiner Verläumdung stets an sich trage, an Augen, Nase, Lippen, Zunge und Ohren verstümmeln.

Bald darauf äußerte Konrad, als in seiner Gegenwart Heinrich sein Vetter genannt wurde: eines Kochs Sohn sei nicht sein Vetter. Als dieses Wort Heinrich dem Jüngern hinterbracht wurde, befehdete er ihn, bekam ihn in einem Treffen gefangen und setzte ihn auf Kirchberg vest. Daselbst verwahrte er ihn in einem eisernen Lager (Eisenbauer), ließ ihn bewachen und baß plagen! *)

Aber im Jahre darauf (1123.) starb Heinrich der Jüngere (Menk. III, 996.). Konrad merkte aus der Trauer

---

*) Eumque captum et in castro *Kirchberg* custodiae traditum, lecto ferreo, et multis malis usque mortem (Henrici) oppressum detinuit. Chron. mont. ser. ed. Menk. II, 168.

der Familie auf dem Schlosse Kirchberg den Tod desselben und überredete seine Wächter, ihn zu entlassen. *)

„Konrad erhielt darauf, insbesondre durch Vermittlung der nachherigen Königin Richenza, einer nahen Verwandten (Menk. II, 759.), die Güter seines Vetters, die eben Graf Wiprecht von Groitzsch erhalten sollte, in Besitz.

9. Zu Konrads Besitzungen gehörte auch Kamburg (S. Goth. geneal. Kalend. 1818. S. 5.). In einer Urkunde vom J. 1196. (Urk. Nr. 16.) wird erwähnt, daß Luof von Kamburg die Weinberge um Kamburg, Jena, Kirchberg und Eisenberg angelegt habe. Dieser Luof von Kamburg erscheint in den Urkunden von 1133—56. und wird in der Urkunde vom 13. Mai 1147. ausdrücklich ein Sohn des Markgrafen Konrad genannt. **) In diesen Jahren scheint Luof von Kamburg das Schloß Kirchberg inne gehabt und die Weinberge daselbst angelegt zu haben. Markgraf Konrad hatte sechs Söhne (Menk. III, 345. Kreysig u. Francke: Beiträge (1764.). 6, 230.); Luof wird aber unter denselben nicht genannt. Das aber Kamburg zu den Besitzungen der Grafen aus dem Wettinschen Hause gehörte; erhellt aus vielen Urkunden und andern Zeugnissen. So kommt in den Jahren 1154 und 1156 Markgraf Otto von Kamburg zweimal als Zeuge vor (Schultes: Dir. dipl. II, 113. u. 125.); und Markgraf Dietrich der Bedrängte nennt in der Stiftungsurkunde des Klosters zu Eisenberg ums J. 1205 Kamburg seine eigenthümliche

---

*) Henricus marchio obiit. Cujus morte in castro *Kirchberg* nunciata, cum eam ex luctu familiae *Conradus* Comes intellexisset, persuasis suis custodibus, dimissus. loc. cit.

**) Laici: *Conradus* Marchio, filius ejus *Luof de Kamburch, Heinricus* comes, frater provincialis comitis. Urk. mitgetheilt in Kreysig's Beiträgen (1754.). 1, 9. Nr. 5. u. Schultes: Dir. dipl. II, 71., wo aber nicht besonders bemerkt ist, das dieser Luof von Kamburg ein Sohn des Markgrafen Konrad sei.

Besitzung (proprietas. S. Geschwend: Eisenberg'sche Chronik (1758.). 647. Nr. 9.). Vielleicht ist daher Luof von Kamburg von einer Seitenlinie des markgräflichen Hauses; 21 dieser Umstand verdient aber jedenfalls eine nähere Untersuchung.

4. Kirchberg
unter den Burggrafen von Kirchberg.

10. Ehe wir zur Geschichte der Burggrafen von Kirchberg, mit deren Leben und Wirken die Schicksale der Burgen am meisten zusammenhängen, übergehen, müssen wir zweierlei vorausschicken.

a) Sie waren Burggrafen. Dieselben wurden unmittelbar vom teutschen Kaiser über eine Burg gesetzt, um daselbst zunächst den Burgfrieden zu wahren, Recht zu üben und das Burggut zu verwalten. Zur Burg gehörten Burgmannen (castellani, castrenses), denen die Burghut oblag, und Leute, Hörige, die in den dazu gehörenden Orten wohnten. Die Burggrafen standen daher ursprünglich unmittelbar unter dem Kaiser und bildeten einen Reichsstand. Höher standen die Markgrafen, welchen die Grenze gegen die benachbarten Feinde zu wahren und vertheidigen oblag, und noch höher die Landgrafen, welche im Innern des Landes die höchste richterliche Gewalt übten; daher: Landgraf in Thüringen und Markgraf von Meißen.

Der Burggraf wurde unmittelbar vom Kaiser über eine dem Reiche zugehörige Burg und über die dazu gehörigen Güter gesetzt, um, wie gesagt, im Namen des Kaisers die höchste Gewalt daselbst auszuüben.

Zum Burggrafenamte gehörte daher wesentlich zweierlei: das Reichslehn und der Gerichtsbann.

Vermöge des Reichslehns stand er unmittelbar unter Kaiser und Reich, und der Gerichts- oder auch Blutbann (bannum legitimum, regium, imperatorium) bestand in der höhern Gerichtsbarkeit, Erhaltung des Landfriedens, Bestrafung der größern Vergehungen (Criminalia, Halsgericht, wohin vorzugsweise Brand, Mord, Nothzucht und Raub gerechnet wurden; ferner stand ihm zu, die Bewahrung der ihm untergebenen Burg (Burghut, burgwardium) und die Verwaltung der dazu gehörigen Güter (Burggut). Sein Einkommen bestand in dem sogenannten Wachgetraide und Wachgelde, oder in gewissen, ihm zugewiesenen Ortschaften.

Als die teutschen Kaiser wegen auswärtiger Händel sich nicht so genau um die Gerichtsverfassung und Verwaltung Teutschlands bekümmern konnten, gingen dergleichen Aemter und Würden auch auf die Nachkommen der Beamteten über, sie wurden erblich; am spätesten die der Burggrafen. Der Name Burggraf kommt in Urkunden zuerst im J. 1157. beim Burggraf von Leißnig vor, bei den Burggrafen von Kirchberg zuerst im J. 1194. Die Sache war aber längst da, obgleich der Name fehlte. Früher hieß der Burggraf *comes urbis, oppidi, civitatis*, insofern *urbs, oppidum, civitas* nicht blos die Stadt, sondern den Bereich der Stadt oder Burg überhaupt bedeutete; dann *castellanus* und *praefectus*, welche Namen die Burggrafen von Kirchberg vor 1194 immer führten, praefectus zuweilen auch nach diesem Jahre. Aber später wurden die Burgmannen, die Besatzung der Burg, wie im J. 1294., *castellani* genannt; daher kommt von nun an Castellanus für Burggraf niemals mehr vor, und später ist Burg- oder Schloßvoigt, Castellanus, dem nur von einem niedern Fürsten die Bewachung und Vertheidigung einer vesten Burg aufgetragen war, vom Burggraf wohl zu unterscheiden.

Gewöhnlich wurden zu Burggrafen die angesehensten und begütertsten Herren und Grafen des Landes gewählt. Davon hing auch ihr Rang und Ansehen mit ab. Obgleich sie aber gewöhnlich nur einem kleinen Bereich, oft mitten in einer größern Grafschaft, vorstanden, so hatten sie doch oft einen höhern Rang, als die Grafen. Jedoch folgen die Burggrafen von Kirchberg in Urkunden aus den

Jahren 1166. und 1168., wo immer genau die Rangfolge beobachtet wurde, nach den Herren von Lobdeburg; später (1172.) folgen diese auch nach. Sie schrieben sich auch von 1214. an: von Gottes Gnaden, was den Reichsstand bezeichnete, und wurden *Nobiles* genannt, welche sogleich nach den Reichsfürsten folgten.

Als die teutschen Kaiser oft außer Landes und die Burggrafschaften erblich geworden waren, begaben sich die Burggrafen gewöhnlich in den Schutz des Herrn des Landes; in welchem ihre Herrschaft lag, um in vorkommenden Fällen gesichert zu sein; nahmen auch wohl von ihnen Lehne an, und traten so in ein Lehnsverhältniß zu ihnen, ja wurden ihre Vasallen, obgleich ihre Burggrafschaft immer Reichslehn blieb.

Ehe die Burggrafen von Kirchberg als solche in Urkunden erscheinen, hatten die Markgrafen von Meißen, wie schon erwähnt, das Schloß Kirchberg inne. Zuerst kommen sie unter Kaiser Friedrich dem Rothbart im J. 1166. als Burggrafen vor, in dessen Gefolge sie von nun an oft erscheinen, welcher auch im J. 1181. einen Dietrich von Kirchberg seinen Vasallen (Ministerial.) nennt. Aber mit den Markgrafen aus dem Meißnischen Hause, die in dem benachbarten Kamburg eigne Besitzungen hatten, scheinen sie jetzt in genauer Verbindung gestanden zu haben, wie aus den gleichzeitigen Urkunden hervorgeht, so daß man auf die Vermuthung kommen könnte, ob etwa die Burggrafen von Kirchberg aus diesem Hause stammten.

Aber sie hatten auch ihre eigne Besitzung, die Herrschaft Kapellendorf, „ein eigen Haus" (Allodium), mit einer Burg daselbst, vielleicht, früher Aspa genannt, dem Münzrecht, Marktzoll und Wochenmarkt, wo sie später ein Nonnenkloster stifteten, mit vielen Ortschaften, die sie theils als Reichs-, theils als geistliches Lehn besaßen, deren Umfang die Größe dieser reichsunmittelbaren Herrschaft anzeigt; denn sie reichten von der Ilm bis in die Nähe der

Saale, aus denen theils das nachmalige, 1822. mit den benachbarten Aemtern vereinigte Amt Kapellendorf bestand.

Erst seit 1218. erscheinen sie auch in der Nähe der Landgrafen in Thüringen. Ohne Grund wird aber wohl behauptet, daß der Kaiser Lothar im J. 1130. die Burggrafen von Kirchberg zu Hofbeamten des Landgrafen Ludwig in Thüringer bestellt habe, denn 1) führen dieses nicht gleichzeitige, sondern jüngere Schriftsteller an, die den Glanz des Hofes der Landgrafen in Thüringen gern erheben wollten; 2) gehörte damals Kirchberg noch zu Meißen, und seit 1315. ist es zum Thüringischen Haupttheil geschlagen worden, und endlich 3) werden blos folgende vier Hof- und Erbbeamte angeführt: a) der Marschall, b) der Kämmerer c) der Truchseß und d) der Schenk.

Markgraf Heinrich der Erlauchte von Meißen nennt zwar einen Burggrafen im J. 1253. seinen Getreuen, ja die Burggrafen nennen im J. 1290. einen Grafen von Orlamünde ihren Herrn, zu denen sie aber vermuthlich in einem Lehnsverhältnisse als Lehnsleute standen. Ohne allen Grund ist aber, daß sie zuvor Burggrafen von Bayerfelden (in der Grafschaft Erbach im Würtembergischen?) gewesen wären und Vasallen von Rüxleben gehabt hätten, welche vielmehr 1347. Güter zu Kirchberg bei Sondershausen hatten (Müldener: v. den Bergschl. (1752.). 57.). Vasallen aber hatten sie zu Wachau und Briseniz, wo sie auch zuweilen wohnten, sowie zu Lehesten, wo sie eine Burg, und zu Hainchen, wo sie ein Jagdschloß hatten; doch scheinen diese beiden letzten Orte zur Herrschaft Kapellendorf gehört zu haben.

Sie legten den Namen Burggraf nicht ab, als auch andre weit unter ihnen stehende Beamte, als Vorsteher von Ganerbschaften, Burgemeister, Schloßvögte, Rathsherren und andre denselben annahmen, ja sie behielten ihn bei, als sie auch andre Besitzungen erworben hatten; daher kommen, außer Burggrafen von Kapellendorf, auch Burggrafen von Orlamünde vor, so daß dieser Titel forterbte, wenn auch jüngere Linien sich bildeten. So stammten von den Burggrafen von Altenburg die von Dewin, von denen wieder eine jüngere Linie die Burggrafen von Starkenberg waren.

Die Burggrafen von Kirchberg sind nebst den Burggrafen von Dohna, obgleich nicht im Besitz ihrer Burggrafschaften, am spätesten ausgestorben. *)

11. Die zweite Bemerkung ist:

b) Die Burggrafen von Kirchberg sollen eines Stammes mit den Grafen von Kirchberg bei Sondershausen gewesen sein. Diese Behauptung hat Avemann: (Gesch. der Burggr. v. Kirchb. 20 u. 24.) aufgestellt, ohne einen triftigen Grund anzuführen. Beide Familien waren freien Geschlechts und führten einen Namen, aber dieß ist noch nicht hinreichend, das gleiche Herkommen zu beweisen; denn außerdem kommen sie niemals in irgend einer Verbindung vor, noch fällt die Grafschaft Kirchberg bei Sondershausen, als die Familie ausstirbt, an die Burggrafen von Kirchberg bei Jena zurück, sondern an die Grafen von Klettenberg, und von diesen an die Grafen von Hohnstein. Schon Jovius **) und Sagittar ***) __26

---

*) Ueber Burggrafen, deren Amt und Würde S. Lerßner: Frankfurter Chronik. 252—266. — Lucä: Fürtsen-Saal. 796. — Juncker: Mittl. Geogr. 524—528. — Loeber; Diss. de burggrav. Orlamund. 39. — Avemann: Kirchb. Gesch. 4—11. — Heydenreichs Gesch. der Grafen von Orlam. 3ter. Bd. — Von den alten Burggrafschaften des Meißner Landes in Kreysig's u. Francke's Beitr. zur sächs. Gesch. (1761) 5, 387. — Limmer: Entw. einer Gesch. des Voigtl. (1825) 1, 210. — Schultes: Dir. dipl. (1825) II, 83. 153. 632. 638.

**) Paulus Jovius, eigentlich Paul Götze, zu Themar an der Werra im Herzogthum Meiningen geboren, war zuerst an der Schule zu Arnstadt angestellt, und starb als Rector zu Ebeleben bei Sondershausen, den 4ten Juli 1633. Er hat die Schwarzburg'schen Archive fleißig benutzt und einen Stammbaum der Grafen und Burggrafen von Kirchberg in teutscher Spra-

in ihren handschriftlichen Chroniken der Kirchberg'schen Grafen wollen von einer Verwandtschaft zwischen beiden Geschlechtern nichts wissen, und Heidenreich in der handschriftlich hinterlassenen Geschichte der Grafen von Hohnstein (2, 177.) *) bestreitet es geradezu, daß sie eines Stammes gewesen wären. Aus der folgenden Geschichte der Burggrafen von Kirchberg wird hervorgehen, daß dieselben in keiner Hinsicht mit den Grafen von Kirchberg bei Sondershausen in Beziehung gestanden, oder in irgend einer Angelegenheit gemeinschaftlich mit einander gehandelt hätten. Da aber beide Geschlechter in nicht allzugroßer Entfernung von einander lebten und daher oft verwechselt werden könnten, will ich eine kurze Nachricht von den Grafen von Kirchberg bei Sondershausen vorausschicken.

12. Die Grafschaft Kirchberg bei Sondershausen wird schon in der Bonifacius-Legende (Menk. I, 862.) erwähnt, wo es heißt: „Der andre Dingstuhl ward gesatzt, da nun Tommesbrucken leit (liegt). In demselben Viertel

27

---

che ausgearbeitet, welche Schrift sich jetzt in der Handschrift auf der kurfürstlichen Bibliothek zu Kassel befindet und Avemann benutzt hat. (Vergl. Dr. Hoffmann: Günther von Schwarzburg (1819.) 39.)

***) Caspar Sagittar, 1643. zu Lüneburg geboren, seit 1668. Rector zu Saalfeld verließ 1671. wegen Streitigkeiten mit dem Superint. Braune das. diese Stadt und ging auf gut Glück nach Jena, wo er d. 9ten März 1694. als Prof. der Geschichte starb. Er hatte einen Entwurf der Burggrafen von Kirchberg ausgearbeitet, der aber beinahe ganz dem Jovius folgt und sich ebenfalls auf der kurfürstl. Bibliothek zu Kassel in Handschrift befindet (Avemann: Vorr.).

*) Dr. Gottl. Adolph Heinr. Heidenreich, Hofrath und geheimer Archivarius zu Weimar, gestorben das. d. 15. Febr. 1772., hat eine Geschichte der Grafen von Hohnstein handschriftlich hinterlassen, die sich im geheimen Staatsarchive zu Weimar befindet, aus welcher obenerwähnte Stelle mir gütigst mitgetheilt worden ist.

des Landes leit die Graffschaft Kirchberg. Das Burgwal leit noch zwischen Strußberg und Lora, und der geistliche Stuhl heißt Gicheburg bei Sundershusen." *)

Nach Müldener (Raths-Syndicus in Frankenhausen: Diplom. Nachrichten von einigen Bergschlössern in Thüringen. 1752. 44) liegt dieses Kirchberg am Ausgange des Kirchthals zwischen der Herrschaft Sondershausen und Lohra, ½ Stunde vom Bergschlosse Strausberg in der s. g. Haynleede, und ist jetzt nur noch der Graben zu sehen, der die Burg umgeben hat.

Auf diesem Kirchberge traf ums J. 997. Kaiser Otto III. mit dem Erzbischof Hatto von Mainz und nachherigen Bischof Burkard von Worms zusammen, als er aus Italien kam und nach einigen Tagen von da nach Heiligenstadt ging (in Burkard's Leben beim Serrar. in Johanis res Mogunt. 5, 453.).

Daselbst bestätigte auch König Heinrich II. dem Erzstift Magdeburg im J. 1009. sämmtliche Güter und Rechte (Leuckfeld: Hist. Halberst. a. a. 1009. p. 341.).

13. Die Grafen von Kirchberg bei Sondershausen nach der Zeitfolge sind folgende:

1) Elisabetha, Gräfin von Kirchberg, war im J. 1030. an Graf Heinrich V. v. Schwarzburg vermählt (Avemann: Kirchb. Gesch. 20. 99.).

2) Conrad I., Graf von Kirchberg, wird vom Kaiser Heinrich IV. in einer Urkunde vom J. 1071. (IV. Kal. Dec.), welche Heidenreich in seiner handschriftlich hinterlassenen Geschichte der Grafen v. Hohnstein mittheilen wollte, aber sich nicht vorfindet, sein Getreuer (Fidelis) oder Vasall genannt, dem er 20 Hufen von seinen Gütern in Grone und Pölde schenkt. ___28

*) Secunda sedes posita est, ubi jam Thammes-Brucken sita est. In ista quadratura situata est *comitiva Kirchberg*. Domus jam desolata inter Strussberg et Lare. Sedes vero Clericalis jam in Jecheburg locata perspicitur. Menk. I, 850.

3) Christian I., Graf von Kirchberg, Schirmvoigt von Jechaburg, im J. 1128., vermuthlich ein Sohn des obigen (Müldener: 47—49. Urk. Nr. 2. u. 3.). Dessen Bruder, Heinrich I., war Abt in Corvey, im J. 1127. erwählt und 1128. verstorben (Avemann: 100.).

4) Ditmar von Kirchberg, von freien Eltern geboren (vir liberis progenitus parentibus), ein Sohn Christian's I. (Avemann: 102. Urk. Nr. 1. Schultes: Dir. dipl. I, 313.), 1134. 1146. Noch zwei andre Brüder Emicho und Conrad II. von Kirchberg kommen vor. Conrad allein: 1140. (Müldener a. a. O. 49.) u. 1143. (Schultes: Dir. dipl. II, 30. 33. u. 38.), Emicho und Conrad zusammen: 1144. (Schultes: II, 49.).

Ein Bruder Christian's, vermuthlich Gozmar, der im Schannat (Traditt. Fuld. 292. Nr. 104.) erwähnt wird, hatte drei Söhne: Hermann, Volrat und Hertac. Die beiden letzten werden im J. 1134. (Avemann: Urk. Nr. 1.), aber alle drei im J. 1146., (Avemann: Urk. Nr. 2.) erwähnt. Volrat soll in der Abtei Corvey im J. 1129. gute Dienste als Rath gethan haben und daselbst gestorben sein (Avemann: 103.).

5) Friedrich I., Graf von Kirchberg, Ditmar's Sohn, kommt in den Jahren 1155. 1174. 1178. (Schultes: II, 117. 237. 256.) urkundlich vor. Endlich kommt er in Erfurt, als König Heinrich VI. im J. 1185. auf seiner Reise nach Polen die im Streit begriffenen Parteien, Erzbischof Conrad von Mainz, aus dem Hause Wittelsbach, und den Landgrafen Ludwig III. von Thüringen nebst andern Reichsfürsten dahin beschieden hatte, sie zu vertragen, den 26sten Juli im Kothe, der sich unter dem Versammlungssaale auf dem Castell des Marienbergs daselbst (Dompropstei auf unsrer lieben Frauen Berge) angesammelt hatte, mit 6 Grafen und Herren elend um, da die morschen Balken die Menge der Versammelten und des Volks nicht zu tragen vermochten (Kreysig: Beiträge zur sächs. Gesch. 1, 10. Schultes: Dir. dipl. II, 314. Dr. Erhard: Ueberlieferungen (Magdeb. 1825.)

1, 140. Menk. III, 1272. *Peccenstein*: Theatr. Sax. III, 185. Avemann: 106—108.). Sein Bruder Walram oder Wolfram war Abt zu Werden, in der Grafschaft Mark, stiftete und erbaute im J. 1181. ein Nonnenkloster, Marienberg, auf einer Anhöhe vor Helmstädt, und starb zu Helmstädt den 9ten Juli 1183., im neunten Jahre seiner Abtswürde. Von ihm wird angemerkt, daß er, sowie er eine Forelle, lebendig oder todt, ansichtig geworden wäre, in Ohnmacht gefallen sei (Avemann: 108.). Eine Schwester, Berthradis, war an Graf Eliger III. von Ilefeld verheirathet, deren Sohn gleichen Namens der erste Graf von Hohnstein war (Avemann: 110.).

6) Gosmar II., Graf v. Kirchberg, Friedrich's Sohn, kommt urkundlich vor 1198. 1206. 1209. 1217. (Schultes: Dir. dipl. II, 397. 440. 460. 525. Avemann: 111.). Im J. 1227. reist er mit Landgraf Ludwig dem Frommen nach Palästina, beide kommen aber nicht wieder zurück (Avemann: 117. Müldener: 48.). Sein Bruder Christian II., Graf von Kirchberg, kommt nur ein Mal im J. 1198. urkundlich mit dem eben erwähnten Bruder vor (Avemann: 119.). Ein andrer Bruder, Friedrich II., Graf von Kirchberg, 1190. Domherr zu Halberstadt und 1209. Bischof das., erscheint als solcher in Urkunden in den Jahren 1112—1136. (Avemann: 111.). Eine Schwester, Margarethe, Aebtissin zu St. Katharin vor Eisenach, nahm im J. 1226. einen Eberhard von Kirchberg, schwäbischen Stammes, der im Kriege und sonst sich viel zu Schulden hatte kommen lassen, in ihr Kloster auf und erzeugte ihrem Namensvetter viele Wohlthaten, worüber sie und ihr Kloster eine eigne Urkunde ausstellte (Avemann: 120. Urk. Nr. 4.).

.7) Heinrich II. Graf von Kirchberg, Gosmar's ältester Sohn, erscheint urkundlich in den Jahren 1224—1245. (Avemann: 121. Urk. Nr. 5. Müldener: Dipl. Nachr. v. Bergschlössern 37. Schultes: Dir. dipl. II, 594.). Derselbe hatte noch fünf Brüder: a) Christian III., Graf von Kirchberg, erscheint urkundlich 1236—1244., dessen

Gemahlin Mechtilde hieß (Avemann. 123. Urk. Nr. 5.).
b) Friedrich III., Graf von Kirchberg, Gemahlin Bertha,
erscheint urkundlich 1234—1259. (Avemann: 124. Urk.
Nr 7.). c) Rudolph, Domherr und Pförtner im Stift zu
Halberstadt, erscheint urkundlich 1226—1266. (Avemann:
427.). d) Werner I. war 1248 am erzbischöflichen Hofe zu
Magdeburg, 1231 Propst zu Jechaburg und bald darauf
Vice-Dominus zu Magdeburg, erscheint urkundlich 1259.
und 1268., und soll zuletzt an den Kur-Mainzischen Hof
gekommen sein (Avemann: 127.). e) Siegfried, Gemahlin Mechtilde, Schwester der Frau seines Bruders Friedrich's
III., erscheint urkundlich 1243. und 1244. (Avemann: 128).

8) Vollrath II., Christian's III. ältester Sohn war
Domherr zu Halberstadt, erscheint urkundlich als solcher
1240. bis 1263. und erhielt dann ein Kanonicat bei dem Stift
Hildesheim, war aber auch Kanonicus zu Halberstadt 1271.
(Avemann: 128.). Er hatte vier Brüder: a) Heinrich III.,
Graf von Kirchberg, stand in großem Ansehen, und erscheint in Urkunden vom J. 1244—1285. Im J. 1290. ist er
im Kl. Ilefeld gestorben, wo noch seine Grabschrift zu lesen
ist (Avemann: 130. Urk. Nr. 189. Müldener: 54. Urk. Nr.
6.). b) Gosmar, Graf von Kirchberg, erscheint in Urkunden v. 1244—1287 (Avemann: 132. Urk. Nr. 6. 172. 190.).
c) Christian IV. wird nur in den J. 1236. u. 1244. als unmündig erwähnt (Avemann: 130. Urk. Nr. 5. und *Jovius*:
Chron. Kirchb. Msc.). d) Dietrich, der jüngste Sohn Christian's III., wird nur 1236 erwähnt und ist vielleicht jung gestorben (Avemann: 134.). Noch hatten sie drei Schwestern, Leukarde, Mechtilde und Berchta, von denen die
eine an Grafen Friedrich von Klettenberg und eine andre an
einen Herrn von Lupin verheirathet war (Avemann: 123.
Urk. Nr. 5.).

Ein jüngerer Bruder Christian's III., Friedrich III.,
hatte fünf Söhne, als a) Heinrich IV., muß früh verstorben oder ins Kloster gegangen sein, da seiner nicht gedacht
wird, außer 1266. von Paulini (Kirchb. Msc. p. 158. Ave-

mann: 134.). b) Hermann II. war Domherr in Halberstadt, zuletzt Protonotarius das. und erscheint in Urkunden v. 1266—1289. (Avemann: 135. Urk. Nr. 8. u. 9.). c) Werner II. erscheint urkundlich 1265—1272. (Avemann: 136. Urk. Nr. 8. u. 9.). d) Friedrich IV. war ein leidenschaftlicher Jäger, und als er einstmals meinte, einen Hirsch geschossen zu haben, fand er, als er hinzukam, einen todten Maulwurf, der alle Viere in die Höhe streckte. Darüber wurde krank und starb. (Paulini: Msc. Kirchb. 164.) Er kommt in Urkunden 1265. u. 1266. vor (Avemann: 136. Urk. Nr. 8.), Sie hatten noch drei Schwestern: a) Gisela, verheirathet an Werner v. Scherenbeck, Landrichter zu Halberstadt (Avemann: 137. Urk. Nr. 9.). b) Sophia, war am Schwarzburg'schen Hofe, und c) Lucard, lebte im Stift Quedlinburg (Avemann: 138.).

9) Heinrich V., Graf von Kirchberg, ein Sohn Heinrich's III., der letzte seines Stammes, erscheint in Urkunden von 1280—1294., Gemahlin Sophia, Freiin v. Kranichfeld, aber ohne Nachkommen, ist gestorben ums J. 1320. (Avemann: 139. Urk. Nr. 10. 190—199.). Noch drei Schwestern hatte er, von denen zwei, Hedwig und Jutta, im Stift Quedlinburg Kanonissinnen waren, und die dritte Elisabetha, war Anfangs Kanonissin im Stift Gernrode, dann aber Pröpstin im Kloster Frosa im Anhaltschen, in den Jahren 1280—1291. (Avemann: 142. Urk. Nr. 190. 194. 198.).

Wie das Schloß Kirchberg mit den dazu gehörigen Gütern an die Grafen von Klettenberg und Hohnstein _32_ gekommen ist, setzt Müldener (Nachr. v. Bergschlössern 50. Urk. Nr. 4. und 5.) und Heidenreich in der handschriftlich hinterlassenen Geschichte der Grafen von Hohnstein (im Weimar'schen geh. Staats-Archiv. 2, 177.) auseinander.

Schon ums Jahr 1260. sind diese Schlösser zerstört worden. (Hack: 338. Avemann: 134. Müldener: 53.).

Im J. 1347. besaß die Güter und Burglehne zu Kirchberg Heinrich von Rüxleben (Heinricus de Rüxleben, famulus residens in Kirchberg (Eckstrom. Chron. Walk-kenr. 149.).

14. Nach diesen vorausgeschickten Bemerkungen und Nachweisungen folgen die Burggrafen von Kirchberg, mit deren Schicksalen die Geschichte der Kirchberg'schen Schlösser genau zusammenhängt.

1. Otto I.
von Kirchberg,

wird weder Graf noch Burggraf genannt, sondern nur als ein Blutsverwandter mit einer Bertha von Gleisberg im J. 1133. angeführt. Dieselbe hatte nämlich nach dem Tode ihres Oheims väterlicher Seite, Walther's von Gleisberg und ihres Bruders Ekbert's v. Gleisberg, nach der begonnenen Einrichtung des Klosters zu Bürgel, ihr Erbtheil mit Zustimmung ihrer Blutsverwandten, Otto's v. Kirchberg und Lutold's v. Gleisberg, zur Erlösung ihrer daselbst bestatteten Eltern, Damina und Ottilia, zu einer Stiftung für sieben fromme Schwestern zu Bürgel zur Ehre Gottes und der Maria mit Eigenthumsrecht übergeben (Anh. Urk. Nr. 2.). Dessen Sohn,

2. Dietrich I.,
Burggraf von Kirchberg,

33 wird bald Castellan, bald Präfect von Kirchberg genannt und kommt demnach als Burggraf urkundlich zuerst vor. Wir finden ihn oft in der Nähe des Kaisers Friedrich I., aber auch mit dem markgräflichen Hause in Kamburg steht er in Verbindung.

Schon im Frühjahre des Jahres 1166. hatte der Kaiser Friedrich der Rothbart in Ulm eine Versammlung, wo er dem Erzstift Magdeburg die Abtei Nienburg, mit Ausnahme des Vogteirechts, und das Schloß Freckleben gegen Schönberg am Rhein, Oberwesel und Weinheim bei Hildesheim abtritt, welche er zu Reichsgüter erhebt, und deshalb unterm 8ten März eine Urkunde ausstellt (Schultes: Dir. dipl., II, 176.). Zugegen waren sein Verwandter, Heinrich der Löwe, sein Sohn, Friedrich von Schwaben (Stoupha, Hohenstauffen), der Pfalzgraf Otto von Wittelsbach, Graf Rudolph von Phullendorf, der Burggraf Burckard von Magdeburg; ferner Heidenreich und Heinrich von Seeburg, Siegfried von Suterhausen und Andre, sowie der Dompropst Otto von Magdeburg in Auftrag des Erzbischofs Wichmann daselbst. Diese waren theils seine treuen Gefährten auf allen seinen Zügen.

Im Sommer desselben Jahres waren Dieselben, außer Heinrich der Löwe, auf Boimeneburg, dem kaiserlichen Schlosse in Hessen, versammelt und noch viele andre Große des Reichs und Vasallen, wo Kaiser Friedrich denselben Tausch, nachdem Markgraf Albrecht der Bär dem Erzstift Magdeburg auch das Vogteirecht über die Abtei Nienburg zugestanden hatte, nochmals bestätigte, und deshalb unterm 20sten August eine Urkunde ausstellte, in welcher auch Burggraf Dietrich von Kirchberg als Zeuge vorkommt. (Anh. Urk. Nr. 5.)

Aber noch eine andre Veranlassung war es, warum viele Große des Reichs aus Boimeneburg beim Kaiser zusammenkamen.

Heinrich der Löwe, Herzog von Sachsen und Baiern, war sehr anmaßend und erregte durch seine Ländergier den Unwillen der teutschen Fürsten. Sie kamen daher auf Boimeneburg zusammen, um gegen ihn gemeinschaftlich zu handeln, als eben der Kaiser zum dritten Male nach Italien ziehen wollte, um den von dem Gegenpapste Alexander III. vertriebenen Paschal III. wieder auf den päpstlichen Stuhl zu setzen; und der Kaiser scheint diese Verbindung gegen Heinrich den Löwen nicht ungern gesehen zu haben, weil er auch gegen ihn sich auflehnte. Außer den Obengenannten waren hier versammelt: Markgraf Albrecht der Bär von Nordsachsen, Landgraf Ludwig in Thüringen,

Markgraf Otto von Meißen, Herzog Dipold von Böhmen, des Markgrafen von Meißen Brüder, Dedo zu Groitzsch und Friedrich zu Brene, Marquard von Grumbach, Burggraf Dietrich von Kirchberg, Heinrich von Buch, Gero von Seeburg, der Truchseß Ulrich, der Schenk Conrad, Volkmar von Giebichenstein und viele Andre. Kaum war der Kaiser abgereist, so brach auch der Krieg gegen Heinrich den Löwen los, der mit abwechselndem Glück geführt wurde. Als aber auch der Kaiser flüchtig aus Italien zurückkam, berief er vor allen Dingen die streitenden Theile, mit ihnen Heinrich den Löwen, auf Boimeneburg zusammen, vermittelte am 31sten Mai 1168. zwischen ihnen den Frieden, damit sie ihre Kräfte, die er für Italien brauchen wollte, nicht vergeblich aufreiben möchten, so daß ein jeder Theil dem andern das Seinige herausgeben mußte (Chron. Alb. Stad. 192. sqq.).

In demselben Jahre kommt Dietrich noch zwei Mal als Zeuge bei Verhandlungen in Kamburg vor, ein Mal, als Markgraf Otto von Meißen auf seinem Schlosse Kamburg die Ueberlassung eines Berges bei Radolferode dem Kloster Volkenrode bei Mühlhausen überläßt, und dann, als Gerhard's von Kamburg Wittwe, Bertha, einer nicht genannten Kirche, vermuthlich in Kamburg, zwei Hufen im Dorfe Lozna, mir Zustimmung des Markgrafen Otto, dessen Vasall er war, übergibt. Dort heißt er Castellan und hier Präfect (Urk. Nr. 6. und 7.).

35 ‚Endlich erscheint er als Zeuge im J. 1168. in einer vom Bischof Udo zu Naumburg ausgestellten, die Güter und Grenzen des Klosters Pforta betreffenden Urkunde (Nr. 8.).

Derselbe hatte noch zwei Brüder: a) Otto II., Graf von Kirchberg, der im J. 1163. der glänzenden Versammlung in Würzburg mit beiwohnte, als Kaiser Friedrich zwischen den streitenden Fürsten Sachsens Frieden stiftete (Urk. Nr. 9.), desgleichen der feierlichen Einweihung des von demselben Kaiser in seiner Reichsstadt Altenburg

gegründeten Marienklosters (Urk. Nr. 10. und 11.). Graf
Otto von Kirchberg war demnach oft in des Kaisers Nähe,
obgleich er nicht Burggraf war, aber wohl zu den edelsten
Geschlechtern des teutschen Landes gehörte, die die
Reichsstande ausmachten. Im J. 1181. scheint er gestorben
zu seyn (Urk. Nr. 13.). Aber doch erscheint im J. 1182. noch
ein Graf Otto von Kirchberg, welcher in Erfurt zugegen war, als Kaiser Friedrich Frieden zwischen seinem Enkel, Landgraf Ludwig in Thüringen und dem Abt Siegfried
zu Hersfeld stiftete (Urk. Nr. 14.). Ein zweiter Bruder war:
b) Hartmann, Graf von Kirchberg; er befand sich
ebenfalls im Gefolge der Kaisers Friedrichs I., als derselbe
im J. 1175. dem Abt Rudiger des St. Georgenklosters vor
Naumburg die Mühle an der Saale bei Teutsch - Jena,
ingleichen die bei der Wohnung des Abts in Naumburg
zusichert, sowie die Abtei und ihre Güter in seinen Schutz
nimmt und darüber eine Urkunde ausstellt (Nr. 12.). Endlich kommt er mit dem Grafen Theoderich zu Groitzsch als
Zeuge bei dem Bündniß vor, welches der neugewählte teutsche König Philipp mit dem König Philipp von Frankreich
am 1sten Jul. 1198. zu Worms schloß (Urk. Nr. 17.). Der
Propst Hack in Eisenach*) sagt von ihm (334.), daß er dem
König lieb und werth und dessen Kammerherr gewesen sei.

3. Dietrich II.,

Burggraf von Kirchberg,

kommt in Urkunden in den Jahren 1181—1235. (Nr. 13. bis
29.) vor. Er war ein Sohn Otto's II., Grafen von Kirchberg,
und der Ida, welche aus dem Geschlechte der Grafen von

---

*) Werner Hack von Teutleben, Probst in Eisenach (1509. bis
1517.) hat von den Burggrafen eine Chronik unter dem Titel:
Chronicon de comitib. templimontanis (herausgeg. v. Chr. Fr. Paullini
in rer. germ. syntagm. Francf. a. M. 1698. 325-364.) hinterlassen, die
aber im Geist der Zeit viel Wunderbarer erzählt und Alles unter-
einanderwirft, daher wenig Ausbeute gewährt.

Orlamünde stammte, mit denen Burggraf Dietrich im Streit lebte und deshalb mit sechs vom Kaiser Friedrich I. unterm 27sten Nov. 1181. zu Erfurt bestätigten Hufen zu Stobra, Schöten und Krippendorf den ersten Grund zur Errichtung eines adeligen Fräuleinstifts zu Kapellendorf legte (Urk. Nr. 13.), welches 24 Jahre später erst zu Stande kam (Urk. Nr. 18.). Bei dieser Gelegenheit nennt ihn Kaiser Friedrich seinen Vasallen (Ministerial), und seinen Vater Otto einen Edlen (Nobilis) von Kirchberg.

Da Dietrich Ansprüche an Landestheile der Grafen von Orlamünde machte, und wohl einen Theil derselben, vielleicht Altenberge bei Orlamünde, erhielt, nannte er sich im J. 1206. Burggraf Theoderich von Orlamünde, Burggraf von Kirchberc (Urk. Nr. 20.) und einmal blos Burggraf von Orlamünde (1225. Nr. 26.); einige Male auch blos Theoderich Burggraf (1194. u. 1230. Nr. 15. u. 28.). Auf diese Wahrnehmung hin hat M. Gotthilf Friedemann Löber aus Orlamünde die Behauptung gegründet, daß Orlamünde eine Burggrafschaft gewesen sei, welche er in einer gelehrten, reichlich mit Noten versehenen Dissertation (212 Seiten in 4.) dargelegt und am 24sten Sept. 1741. in Jena mit Wigbert Christian Huß aus Orlamünde öffentlich vertheidigt hat.

Zuerst gebraucht Dietrich II. im J. 1194. den teutschen Namen Burggraf (Nr. 15.), da forthin Castellani die Burgmannen genannt werden, und schreibt sich: von Gottes Gnaden (1216. Nr. 23.), welches den Reichsstand bezeichnete.

Ihn stellt Landgraf Ludwig in Thüringen als Bürgen, daß er den Frieden halten wolle, als der Kaiser Friedrich der Rothbart nach langem Hader den Landgraf und Erzbischof Conrad zu Mainz am 30sten Nov. 1182. zu Erfurt vereinigt hatte (Nr. 14.). Als König Friedrich II. im J. 1220. in Erfurt war und das Kloster Lausnitz in seinen Schutz nimmt, kommt er als Zeuge vor (Nr. 25.).

Ferner war er Zeuge, als Landgraf Hermann im J. 1206. für das Kloster Heusdorf und Landgraf Ludwig auf dem Landgericht zu Crumpe i. J. 1218. für das Kloster Lausnitz Urkunden ausstellten (Nr. 20. u. 24.).

Auch erscheint er beim Burggericht zu Wettin, als im J. 1209. die Burggrafen von Giebichenstein ihr väterliches Schloß zu Spören mit ihren Gütern zu Spören, Prussendorf u. s. w. bei Zörbig der Kirche zu Naumburg übergaben (Nr. 21.).

Endlich finden wir ihn drei Mal in Orlamünde als Zeuge, ein Mal, als d. 16ten Jan. 1194. der Erzbischof Conrad von Mainz die Marienkirche zu Orlamünde einweihte (Nr. 15.), dann, als Graf Siegfried von Orlamünde seine beiden Töchter dem Kloster zu Heusdorf übergibt (1206. Nr. 19.), und endlich, als Graf Hermann von Orlamünde im J. 1225. dem Kloster Georgenthal eine Urkunde ausstellte (Nr. 26.).

Im J. 1230. schlichtete er mit Heinrich von Lobdeburg einen Streit zwischen dem Schenken von Apolda und dem Kloster zu Heusdorf, wegen der Schirmvogtei (Nr. 28.).

Daß er sich um die Stiftung des Klosters zu Kapellendorf sehr bemüht hat, davon zeugen vier Urkunden. ___38

Im J. 1181. bestimmt er sechs Hufen in Stobra, Schöten und Krippendorf bei Apolda zur Gründung eines Nonnenklosters in Kapellendorf, welche seine Gattin Ida wegen Streit mit ihren Verwandten zu Orlamünde vom Kaiser in Lehn erhalten hatte (Nr. 13.). — Aber mit der Ausführung verzögert es sich. Denn 24 Jahre später, im J. 1205. erst, trägt der Mainzer Erzbischof Siegfried II. den Pröpsten zu Ichtershausen und Heusdorf auf, dem Burggrafen von Kirchberg bei seinem Vorhaben behilflich zu sein (Nr. 18.).

Im J. 1216. kauft er von dem Herrn Ludwig, Ritter von Hausen genannt, in Sumeringen gelegen, zwei Hufen in Aspa für 20 Mark und überläßt sie den Rittern Si-

mon und Ernst und seinen Burgmannen Conrad von Löbe-
nitz, Thimo und Albert von Kapellendorf zur Erhaltung der
Kirche in Kapellendorf, der er sie übergibt, bis der obenerwähnte Ritter, Herr Ludwig, sein Eigenthumsrecht an denselben geltend gemacht habe (Nr. 23.).

Aber noch machte der Abt zu Fulda Ansprüche an
die Einkünfte von den Gütern in der Parochie zu Kapellendorf. Auf inständiges Ersuchen des Burggrafen Dietrich gibt
endlich der Abt unter gewissen Bedingungen seine Ansprüche auf und stellt im J. 1235. deshalb eine Urkunde aus (Nr.
29.).

Aber bald darauf muß der Burggraf gestorben sein.
Denn im J. 1237. überläßt der Bischof Engelhard zu Naumburg allen Zehend von den Weinbergen an dem Berge Jenzig, der ihm aus der Zeit Dietrich's, Burggrafen von
Kirchberg, berühmten Andenkens (clarae memoriae), zustehen, der neuen Pflanzung in Kapellendorf (Nr. 30.).

Burggraf Dietrich hatte noch einen Bruder, Heinrich von Kirchberg, welcher Ritter (miles) *) genannt
wird, und dreimal in Urkunden, in den Jahren 1162. 1181.
und 1194. (Nr. 4. 13. u. 15.) vorkommt.

Dietrich II. hatte drei Söhne:

4. Otto III.,

Thegenhard und Wolfgang. Die beiden ersten kommen
aber nur ein Mal, und zwar als unmündig, in einer Urkunde
vom J. 1181. (Nr. 13.) und dann nicht wieder vor, und Graf
Wolfgang von Kirchberg zieht ins heilige Land. Bei
dessen Zurückkunft widmet dessen Gattin, Agneta von
Kamburg, aus Dankbarkeit i. J. 1208. die hinter dem
Hörnßken-Born bei Stadt Bürgel gelegenen Aecker zur Er-

---

*) Die Freien des Mittelalters ließen sich, um sich nicht gegen
bereits graduirte Militairs zurückgesetzt zu sehen, in die Ritter-
zunft aufnehmen. Zum Edelmann gehörte der Rittergrad, und
Adelstand und Ritterstand verschmolz sich.

bauung einer Kapelle, dem heiligen Georg geweiht, zwischen der Stadt, dem Kloster und Hospital unten am Berge, für sieche und elende Brüder und Schwestern; und im J. 1215. wurde dieselbe unter Abt Albert zu Bürgel vom Bischof Engelhard von Naumburg in Gegenwart vieler Zeugen eingeweiht (Avemann: 153.).

Ferner wohnte Wolfgang der Einweihung des Mönchsklosters zu Eisenberg im J. 1217. bei.

S. Basil. von Gleichenstein: Bürgel'sche Chronik (1729.). 13. 20.

Auch erzählte die damalige gläubige Zeit, daß, wenn Jemand aus der burggräflich Kirchberg'schen Familie habe sterben wollen, die Glocke auf der Georgenkapelle von selbst geläutet habe. Gleichenstein: l. c. 128.

5. Dietrich III.,

Otto's III. einziger Sohn, erscheint urkundlich zuerst mit seinem älteren Sohne gleichen Namens und seiner Gattin 40 Sophia im J. 1246. (Nr. 32.).

Um diese Zeit ging es sehr unruhig in Teutschland zu, und auch Burggraf Dietrich mußte an diesen Unruhen Theil nehmen, zeichnete sich aber als mannhafter Held aus.

Kaiser Friedrich II. war dem Papste verhaßt, und durch seinen Betrieb wurde Landgraf Heinrich von Thüringen, Raspo genannt, den 22sten Mai 1246. zum teutschen König erwählt. Um sich vestzusetzen, schrieb er einen Reichstag nach Frankfurt a. M. aus, wo er im Aug. d. J. eine Schlacht gegen Conrad, Friedrich's Sohn, gewann; wurde aber dann bei der Belagerung von Ulm verwundet, und starb in Folge dieser Wunde den 16ten Febr. 1247. auf der Wartburg, beigesetzt im Katharinenkloster zu Eisenach.

Er war der letzte Landgraf in Thüringen, und nun war die Frage, ob Markgraf Heinrich der Erlauchte oder Heinrich das Kind von Brabant, welche beide vom Landgraf Hermann von Thüringen abstammten, die Landgraf-schaft erben sollte.

Dadurch entstand Zwietracht und ein herrenloser Zustand in Thüringen.

Ein treuer Anhänger des Markgrafen, Rudolf Schenk von Vargula, verheerte und zerstörte viele Güter der Grafen in Thüringen. Dadurch reizte er sie zum Widerstande. Graf Heinrich von Gleichen verband sich mit einigen Grafen, und bei Mühlhausen im Eichsfelde kam es den 11ten Febr. 1248. zum Treffen. Anfangs fochten diese glücklich; aber im entscheidenden Augenblicke kam Burggraf Dietrich von Kirchberg hinzu und kehrte die Siegesfreude in Leid. Vier Grafen wurden gefangen, Günther von Kevernberg, sein Sohn Berthold und zwei Grafen von Schwarzburg, Heinrich und sein Bruder Günther von Blankenburg, mit zwanzig andern Rittern und Mannen. — Berthold von Kevernberg hatte im J. 1245. den Bischof von Babenberg gefangen genommen und auf seinem Schlosse vest gehalten, bis.dasselbe mit Feuer zerstört und der Bischof vom neuerwählten König Heinrich seiner Fesseln entlassen worden war. Daher traf diesen Grafen jetzt Gottes gerechte Rache. *)

Zu dieser allgemeinen Verwirrung kam noch innerer Zwist. Vasallen empörten sich gegen ihre Herren.

Beringer von Meldingen hatte sich mit Giselher von Tullestete (Döllstedt) und 70 Reisigen gegen den Burggrafen von Kirchberg und die Edlen von Lobeda verbunden, um sie, als Anhänger des Markgrafen, zu bekämpfen. Am 27sten Septbr. desselben Jahres (1248.)

41

----

*) Anonymi chronic. Erfordiense ed. Schannat. vind. lit. (1723) coll. I, 102. und Chronic. sampetrin. ed. Menk. III, 262. Beide Zeitbücher ergänzen und berichtigen sich gegenseitig. Avemann (172.) hat übersehen, was das Chron. sampetr. (ed. Menk.) 261. sagt, da das Chron. Erford. (ed. Schannat.) bei der letzten Nachricht *Kirchberg* für *Kevernberg* setzt, was allerdings ungereimt wäre.

trieb Beringer von Meldingen und seine Verbündeten vor den Augen des Burggrafen eine Viehheerde bei Jena als Beute weg. Der Burggraf auf Gott vertrauend, verfolgte ihn mit wenigen Mannen, traf bei Magdala mit ihm zusammen und kämpfte so ritterlich, daß er nicht nur den Sieg davon-trag, sondern auch den Urheber des Streites, Beringer von Meldingen, stark verwundet, und zwanzig Andre gefangen bekam. *)

Noch kommt er in folgenden Urkunden vor.

Im J. 1246. stiftet er mit seinem Sohne eine immer brennende Lampe zum hohen Baum bei Quedlinburg (Nr. 32.); daselbst, auf einem Landgericht, soll eine Irrung zwischen ihm und dem Kloster Heusdorf entschieden werden. Schiedsrichter waren Heinrich von Weida und Beringer von Meldingen (1253. Nr. 34); im J. 1251. bestätigt er die von der Gräfin Heilwigis von Berka dem Kloster zu .Georgenthal übergebenen Güter zu Tambach 42 (Nr. 33.) und im J. 1257. schlichtet er mit 4 andern Edeln einen Streit zwischen dem Kloster Pforta und drei Brüdern von Gelamsdorf (Nr. 39.). Im J. 1253. übergibt er der Kir-che zu Lausnitz einen Meierhof (villula) in Rechain, und im Bestätigungsbriefe des Lehnsherrn (Urk. Nr. 35.) nennt ihn der Markgraf Heinrich der Erlauchte seinen Vasallen. Wir sehen daraus, daß jetzt die Burggrafen von Kirchberg wohl um anderer Ländereien willen in die Lehnsdienste der Markgrafen getreten waren (s. den trefflichen Artikel über Lehnswesen von H. L. im Conversat.-Lexik. 7te Aufl.). So erscheint es auch im Jahre darauf als Zeuge in einer Urkun-de dieses Markgrafen (Nr. 36.).

Vorzüglich verdient hat er sich aber um das von sei-nen Vorfahren schon begründete adelige Frauenkloster zu Kapellendorf gemacht, dem er ums J. 1256. viertehalb Hufen in Taubach bei Weimar, sowie drei Bauern in Um-

---

*) Chron. Erford. ed. Schannat. loc. cit.

pferstedt übergibt (Urk. Nr. 37.); ferner bestätigt er in demselben Jahre die bessere durch den Prior Heinrich von Weida aus Erfurt bewirkte Einrichtung des Klosters und Vertheilung der Güter unter die Nonnen, da nur neun derselben in demselben wohnen konnten, zu jener Zeit aber noch 15 außerhalb desselben im Orte wohnten (Urk. Nr. 38.); stellt im J. 1259. eine Urkunde übers dieses neubegründete Kloster mit einem Verzeichnisse der Güter desselben, sowie ums J. 1266. eine ähnliche Urkunde aus (Nr. 40. u. 44.), weshalb seiner im J. 1280. (Nr. 60.) noch ein Mal rühmend gedacht wird; verkauft demselben im J. 1263. den Weinberg unter dem Kirchberg des Markgrafen, welchen Heinrich von Ortendorf von ihm in Lehn hatte (Urk. Nr. 42.), und bestätigt im J. 1263. den Verkauf von vier Hufen im Orte, ehemals Aspa genannt, welche vom Grafen von Gleichen zu Lehn gingen, aber in des Burggrafen Bereich lagen (Urk. Nr. 43.). Auch borgt er mit seinem Sohne in demselben Jahre vom Kloster 12 Mark Silber, wofür sie demselben 15 Hufen ihres Eigenthums in Hermstedt als Unterpfand einsetzen (Urk. Nr. 41.).

43

So trifts zu, was der Propst Werner Hack *) vom Burggraf Dietrich zum J. 1257. sagt: er sei berühmt im Krieg gewesen, aber auch mild und wohlthätig gegen die Geistlichkeit.

Ums Jahr 1266. scheint er im hohen Alter gestorben zu sein, denn seine Gattin, die mit ihm in vier Urkunden (Nr. 32. 37. 38. u. 44.) erwähnt worden war, erscheint von nun an allein in Urkunden mit ihren Söhnen (Nr. 46. 49. u. 50.).

Mit Dietrich III. zugleich kommt sein älterer Sohn

6. Dietrich IV.

in sieben Urkunden (Nr. 32. 35. 37. 38. 40. 41. u. 42.) vor,

---

*) De comitib. templimontanis, ed. Paullini (1694.). 338: *Tidericus templimontanus* bello inctylus fuit, alias mitis et erga Clerum beneficus.

dem der Vater vermuthlich die Erbfolge zugedacht hatte, da er des jüngern Bruders Otto nicht ein Mal erwähnt. Aber der Himmel hatte es anders beschlossen. Nur im J. 1267. kommt er zwei Mal vor, ein Mal als Zeuge in einer vom Landgr. Albrecht dem Unartigen zu Altenburg ausgestellten Urkunde (Nr. 45.), und dann, als er mit seiner Mutter Sophia und seinem Bruder Otto dem Kloster zu Kapellendorf drei Hufen in Hermstedt und Ginna verkauft (Nr. 46.). Denn im J. 1268. kam er, als er vom Turnier bei Merseburg zurückkehrte, in der Saale bei Naumburg mit drei Reisigen elend ums Leben, an demselben Tage, an welchem der Markgraf Johannes von Brandenburg auf eben diesem Turniere unglücklicher Weise getödtet worden war. *) So folgte er schon nach zwei Jahren seinem Vater nach.

Die Mutter Sophia kommt noch drei Mal in Urkunden, in den Jahren 1271. und 1272. (Nr. 49—51.), vor und scheint um diese Zeit gestorben zu seyn. 44

Im J. 1268. ging die Burggrafschaft Kirchberg mit den Schlössern auf seinen Bruder Otto den Jüngern über, der auf Windberg wohnte.

5. Windberg

unter dem Burggrafen von Kirchberg,

7. Otto IV.,

von Avemann nur der Große genannt. Er kommt in sehr

---

*) Ipso die redeuntes de eodem torneamento *Theodericus Praefectus de Kirchberg* in Sala apud Nuwenburg cum tribus armigeris miserabiliter submersus est. Chron. sampetrin. ed. Menk. III, 274. Ferner Ad. Ursin. Chron. Thur. ed. Menk. III, 1297. Hist. de Landgr. thur. ed. Pistor. I, 930. Georg Rüxner erwähnt in seinem Thurnierbuche (von Feyerabend in Frankf. a. M. 1578. herausgegeben), dem überhaupt nicht zu trauen ist, dieses Turnier gar nicht.

vielen Urkunden vor, in den Jahren 1267—1308. (Nr. 46. bis 102.), und aus einigen ersieht man, daß er seinen Burgsitz auf Windberg hatte. Da dieses Schloß früher noch nicht erwähnt worden war, so ist ungewiß, von wem und zu welcher Zeit es erbaut worden ist. Vielleicht war der Raum, wo Kirchberg stand, zu klein, und daher wurde diese Burg auf einem geräumigern Platze nach Briseniz zu aufgeführt. In zwei Urkunden, aus den Jahren 1279. und 1294., wird es ausdrücklich bemerkt, daß sie auf dem Schlosse Windberg ausgestellt sind (Nr. 57. u. 79.); in einer vom Jahre 1294. wird erwähnt, daß ein Kauf in Gegenwart seiner Castellane (Schloßvögte oder Burgmannen) auf Windberg abgeschlossen worden sei (Nr. 76.), und im J. 1298. kommen Heinrich Ritter (miles) von Lichtenhain und Dietrich Ritter von Libgastiz als Zeugen vor, welche Burggraf Otto seine Castellane nennt (Nr. 88.).

Aus der unglücklichen Belagerung dieser Schlösser, der sie gegen das Ende seines Lebens, im J. 1304., unterlagen, ersieht man, daß zu seiner Zeit dieselben in ihrer Blüthe standen. Ehe wir aber diese Belagerung und theilweise Zerstörung selbst schildern, müssen wir kurz die Verhandlungen erwähnen, welche auf Windberg selbst, aber auch zu Kapellendorf, vorgenommen worden sind, welche meistens das Kloster Kapellendorf betreffen, eines Theils, weil dieses Kloster von seinen Vorfahren gegründet und daher von ihm gepflegt und begünstigt wurde, dann aber auch, weil ein günstiges Schicksal diese Klosterbriefe aus dem Strome der Zeit erhielt und uns zugänglich machte. Es haben sich aber auch einige andre, namentlich das Kloster Heusdorf betreffend, erhalten. Um sie nicht den Jahren nach aufzählen zu müssen und eine Uebersicht zu gewinnen, bringen wir sie dem Inhalte gemäß in eine gewisse Ordnung.

a) Burggraf Otto bestätigt dem Kloster Heusdorf im J. 1269. drei Aecker am Walde Ginna (Nr. 47.), ferner dem Kloster Kapellendorf einige von demselben erkauften Grundstücke oder erworbenen Rechte in den Jahren 1274. 1282. 1288. 1290. 1291. u. 1296. zu Umpferstedt, Teutsch-Schwabhausen, Rödigsdorf, Hausdorf und Kapellendorf (Nr. 53. 64. 69. 70. 72. 74. u. 83). Ja, er bestätigte die von seinem Vater und Bruder im J. 1259. ausgestellte Stiftungsurkunde des Klosters Kapellendorf blos mit Anhängung seines Siegels, wie sich das Original sowohl als auch diese Bestätigung noch im geh. Staats-Archive zu Weimar vorgefunden hat, ohne seinen Namen hinzuzufügen, aber mit der Jahrzahl 1200., wodurch große Verwirrung in der burggräflichen Genealogie entstanden ist (S. Avemann Urk. Nr. 15.), und ebenso im J. 1268. eine von Dietrich von Schwabhausen über ein Holz dem Kloster Kapellendorf ausgestellte Urkunde (Menk. I, 687. Nr. 21.), welche _46 sich ebenfalls im geh. Staats-Archive zu Weimar mit dem Siegel Otto's befindet.

b) Er gestattet demselben Kloster, nachgelegene Aecker mit denen seiner Leute auszutauschen (1271. Nr. 48. u. 50.).

c) Er verkauft dem Ritter Heinrich von Isserstedt einen Wald, der Hainforst des Burggrafen genannt (1279. Nr. 58.); dem Kloster Kapellendorf sein Schutzrecht über 8½ Hufen zu Hausdorf (1271. Nr. 48.), drei Hufen zu Kapellendorf (1271. Nr. 49.), eine halbe Hufe ebendas. (1281. Nr. 63.), eine Hufe zu Hermstedt (1292. Nr. 75.), einen Hof mit den dazu gehörigen Gütern in Schwabhausen (1294. Nr. 76.), seine freie Besitzung (allodium) von sechs Hufen zu Kapellendorf (1294. Nr. 77.), eine Hufe zu Holstedt (1298. Nr. 86.), 1½ Hufen zu Osmanstedt (1300. Nr. 92.) und alles Recht am Mühlenwasser zu Kapellendorf (1305. Nr. 98.).

d) Er eignet demselben Kloster zu: das Lehnrecht an einem Weinberge zu Jena (1272. Nr. 51.), zwei Hufen zu Umpferstedt (1273. Nr. 52), eine Hufe zu Göttern (1279. Nr. 59.), eine Hufe zu Hermstedt (1294. Nr. 78.), zwei Hufen zu Kapellendorf (1297. Nr. 85.), einen Weinberg am

Jenzig (1298. Nr. 87.), eine Mühle bei Sichmansdorf, sowie das Dorf selbst (1298. Nr. 88.), eine Hufe zu Holstedt (1303. Nr. 95.) und das Lehnrecht einer Hufe zu Osmanstedt (1308. Nr. 102.).

Dem Kloster zu Heusdorf: den Hainforst und Teich Laina (1274. Nr. 54.), das Holz Hain an der Ginna (1284. Nr. 67.) und alles Recht an zwei Hufen zu Holstedt (1290. Nr. 73.); der Kirche zu Briseniz alles Recht an einem von Dietrich von Lubiwisz derselben geschenkten Garten daselbst (1294. Nr. 79.) und dem Kloster Gandersheim die Schirmvogtei über Tennstedt und das Recht an zwei Hufen daselbst (1294. Nr. 80.).

47 _ Nicht allein für Kirchen und Klöster war er bedacht, er sorgte auch für die bessere Lage seiner Untergebenen. Zwei Brüder, Dietrich und Witgo von Condiz (Kuniz), welche ihm nach dem Smurdenrecht zustanden und zur Dienstbarkeit (Hörigkeit) verbunden waren, befreite er im J. 1279. von den ihm zu leistenden Diensten (Nr. 57.); und eben so gab er im J. 1300 zwei andre Brüder, Heinrich und Werner, die ihm zu Lehnsdiensten verpflichtet waren, frei (Nr. 90.). — Daher heißt er auch die Liebe der Geistlichen und des ganzen Volks. *) Ja, er soll zur Erinnerung, daß Jesus auf einem Esel nach Jerusalem geritten, stets einen Esel mit sich geführt haben, der aber, wie der Prior Az zu Eisenach dem Propst Albrecht zu Creuzburg im J. 1280. berichtet, die Natur eines Wolfs angenommen und Menschen und Thiere angefallen habe (*Hack:* 341. Avemann: 178. Urk. Nr. 36.). Doch dem sei, wie ihm wolle.

Wir finden von ihm noch, daß er die Burg zu Tonndorf im Besitz hatte, aber im J. 1287. auf einem Tage zu Eckartsberge zu Gunsten des Erzbischofs von Mainz darauf verzichtet habe (Nr. 68.); ferner kommt er im J. 1300. als Zeuge in einer dem Kloster Dobralug in der Laus-

---

*) Amor Clericorum et omnis populi. *Hack:* De comit. templ. ed. Paullini. 340.

nitz ausgestellten Urkunde vor (Nr. 91.).

Viele Schriftsteller behaupten, daß Greifberg, als im J. 1290. Kaiser Rudolf beinahe ein ganzes Jahr zu Erfurt sich aufhielt, zu den 66 Raubschlössern gehört habe, welche er in der Fastenzeit durch die Erfurter und Thüringer brechen ließ. *) Aber es ist ausgemacht, daß Greifberg in diesem Jahre nicht zerstört worden ist, denn ein Mal findet man auch nicht die geringste Spur von einer Zerstörung, ja im J. 1304. erscheint dieses Schloß als das vesteste unter den _48 drei Kirchberg'schen Schlössern; dann war Burggraf Otto in diesem Jahre (1290.) selbst in Erfurt, wie eine daselbst ausgestellte Urkunde beweist (Nr. 73.). Wenn demnach Peccenstein (Theat. Sax. III, 186.) und nach ihm Beier (Geogr. Jen. ed. II, 266.) und Melissantes (Bergsch. 195.) angeben, daß Greifberg in diesem Jahre zerstört worden sei, so haben sie entweder keinen sichern Gewährsmann, oder sie verwechseln es mit der im J. 1304. geschehenen Belagerung von Greifberg **), oder mit dem Schlosse Greifberg am Harz, welches im J. 1297. von Herzog Otto zu Braunschweig und Lüneburg zerstört worden ist (Beier: Geogr. Jen. 267.).

Um so gewisser ist aber die Belagerung und Einnahme der Kirchberg'schen Schlösser und Zerstörung von Kirchberg und Windberg durch die Erfurter und Mühlhäuser im J. 1304, welche für die Burggrafen von Kirchberg von den wichtigsten Folgen war, die sie nicht überwinden konnten, und bald finden wir diese Schlösser auch in andern Händen. Da mir aus Heidenreich's noch ungedruckter Geschichte der Grafen von Orlamünde und Weimar (2,. 114.) die Schilderung dieses traurigen

---

*) S. Menk. II, 491. 1751. III, 295. Fabric. orig. Sax. 596 Avemann: 35.

*) Wie Hack (de com. templ. ed. Paullini. 341.) meint, daß Otto kein Raubritter gewesen, aber die Zerstörung geschehen sei, um Raubrittern, die im Land zerstreut lebten, keinen Zufluchtsort zu lassen.

Ereignisses aus einer geschriebenen Erfurt'schen Chronik mitgetheilt worden ist, welche Umstände enthält, die entweder in den uns zugänglichen Geschichtsquellen nicht vorkommen, oder von den gewöhnlichen Geschichtserzählungen abweichen, so lasse ich diese Schilderung zuerst folgen, und knüpfe dann einige ergänzende und andre Bemerkungen daran. Sie lautet:

„Anno Christi 1304. da fuhren die achtbaren Bürger von Erfurt an Sant Walpurgentag über die Saal und legten sich mit der Stadt Krafft vor die drey edlen Heußer genandt Wintbergk, Kirchbergk und Greiffenbergk, und überwunden die mit der Hülffe Gottes also vollendtlich, daß sie derselben Heuser zwey brachen, als Kirchbergk und Wintbergk; Greiffenbergk bestund an der Stadt Gewalt also vestiglich, daß sie dasselbige Haus besetzten und thaten daraus und einen, was sie wollten. Für dasselbige genant Hauß furen unsere getreuen Freunde, die Bürger von Mülhausen, die erbaren Leute mit ihrer tapfern und achtbaren Hülffe."

„Die Bürger von Northausen kamen auch zu denen Bürgern von Erfurdt mit kranker Hülffe und blieben nicht lenger, denn drey Nacht und drey Tage. Auch was (war) da des edlen Fürsten Landtgraue Albrichts Marschalk in Duringen undt der edle Graue Hermann von Orlamünde undt auch die edlen Herrn, Herr Hermann undt Herr Albrecht, die Gebrüdere von Lobdaburgk und Herren zu Leuchtenburgk. Dieselbigen vorgenannten Herrn lagen durch Liebe der von Erffurdt vor den genannten Heusern die Heerfahrt aus und aus. Das war dem edlen Herrn Titzmann oder Dietrichen, Landtgrauen Albricht Sone von Doringen, wieder, undt hatte die von Erffurdt gern zu Schaden bracht. Aber er hatte keine Macht, undt da er das nicht vermochte, da namb derselbige Herr Titzmann das Haus zu Windtbergk ein und stackte sein Panier heraus undt wollte die Stadt Erffurdt betreuwet habenn. Der Treuwung entsatzten sich die vonn Erffurdt nicht um ein

Har; sie blieben alda und die erbaren Bürger von Mülhausen mit ihnen und bauweten ein Hauß vor Windtbergk und gewonnen Windtbergk mit Gewalt und wieder den Willen Herrn Titzmanns, Landgraue Albrichts Sohn von Doringen, undt zerbrachen beyde Heußer Kirchbergk undt Windbergk undt liessen Greiffenbergk bestehen undt besatzten das Wall mit getreuwen achtbaren Lütten und furen wieder genn Erffurdt mit groser Heerfart."

„Etwas abweichend von dieser Schilderung, die von 50 einem Zeitgenossen herzurühren scheint, erzählt Gudenus in der Geschichte von Erfurt ebenfalls nach handschriftlichen Chroniken von Erfurt und Thüringen diese Begebenheit auf folgende Weise:

„Unter Adolf's Regierung hatte die Raublust sehr überhand genommen. Das Schloß Hopfgarten (bei Erfurt) hatten Räuber inne, welche der Stadt sehr lästig fielen. Die Erfurter belagerten daher das Schloß (1300), nahmen es nach einigen Wochen ein, ließen es brechen und 39 Räuber hinrichten, unter denen sich einige von Adel befanden, deren Verwandte und Freunde einen unversöhnlichen Haß auf die Erfurter warfen und an ihnen Rache zu nehmen suchten. — Am Meisten feindete sie der Graf von Kirchberg an. Gegen denselben ergreifen sie abermals die Waffen (1304.). Dieser Heereszug wurde aber schwieriger, weil er sich auf den Beistand des jüngern Landgrafen verließ und Viele von Adel auf seine Seite gezogen hatte. Die Erfurter forderten auch die Mühlhauser und Nordhäuser zur Theilnahme auf: „es sei dahin gekommen, daß die Grafen und Adeligen sich zum Untergange der Stadt verschworen zu haben schienen; dafür sprächen die ewigen Räubereien, die die Städte erfahren müßten, und es schiene nicht mehr Beute, was dem Bürger abgenommen werde. Sie möchten es verhandeln und für die gemeine Noth die Waffen ergreifen, um die mit Gewalt zu bändigen, die durch Gesetze nicht gebändigt werden könnten."

Mühlhausen war bereit, die Hälfte der Bürger zu

schicken; auch Nordhausen ging in das Bündniß ein, und es ward beschlossen, nicht eher die Waffen niederzulegen, als bis die feindlichen Schlösser Winterberg, Kirchberg und Greiffenberg eingenommen wären. Kaum waren die Hülfsvölker angekommen, so zog man aus der Stadt und besetzte die Schlösser zugleich. Die Mühlhäuser kämpften tapfer, aber die von Nordhausen waren zu nichts aufgelegt, dienten daher nur zum Spott und zogen nach wenigen Tagen wieder nach Hause. Darum wurde aber die Belagerung nicht lässiger fortgesetzt; Zufuhr in Menge wurde aus der Stadt herbeigebracht, und obgleich die Straßen von Bewaffneten immer voll lagen, so wurde doch durch gute Mannszucht die Sicherheit der Straßen erhalten und Niemand eines Hellers beraubt. Zuerst wurde Kirchberg eingenommen. Da dies der junge Landgraf Friedrich erfuhr, drohte er den Erfurtern; da er aber mit seinem Vater Albrecht in Zwietracht lebte, vermochte er, außer Drohungen, nicht viel, auf die nicht geachtet wurde. Er drang daher mit einiger Mannschaft durch die Lager der Belagerer und kam den Belagerten auf Winterberg zu Hilfe. Mit großem Jubel wurde er aber daselbst aufgenommen; und damit er zeigte, wen die Erfurter belagerten, stellte er am Schloßthurme seinen Harnisch aus (cataphractam exposuit), mit der vergeblichen Hoffnung sich schmeichelnd, sie würden zurückgehen, wenn sie wüßten, daß sie den Landgrafen belagerten. Indessen wurde Greiffenberg überwunden, und der Landgraf sah sich genöthigt, für sich einen freien Abzug auszubedingen, das Schloß aber und die Uebrigen ihrem Schicksale zu überlassen. Die überwundenen Schlösser Winterberg und Kirchberg wurden geschleift, Greiffenberg aber mit hinreichender Mannschaft besetzt, welches der Graf erst im 14ten Jahre dieses Jahrhunderts zurückerhielt, als er durch Abgeordnete sich gedemüthigt hatte.*)

---

*) Joann. Maurit. Gudeni historia Erfurtensis. Libr. IV. Duderstad.

Die Erfurter Chronik nennt D i e t r i c h , der dem Burggrafen helfen wollte, G u d e n u s den Landgrafen F r i e d r i c h . Aber F r i e d r i c h nannte sich zu jener Zeit M a r k g r a f v o n Meißen, und war nach einer Urkunde vom J. 1303. mit seinem Vater einig, der ihn in diesem Jahre von der Wartburg aus nach Weißensee gesandt hatte, um die Ermordung ,eines Kindes durch die Juden zu untersu- 52 chen (Tenzelii vita Frid. adm. ed. Menk. II, 945.). Und D i e t - rich nennt sich selbst im J. 1306. „Junger Lantgraue in Do- ringen" (Menk. II, 948.). Derselbe soll seinen H a r n i s c h ausgestellt, viel wahrscheinlicher aber, wie die Erfurter Chronik allein sagt, sein P a n i e r aufgesteckt haben.

F a b r i c i u s *) und die meisten Schriftsteller, die die- se Belagerung erwähnen, geben als V e r a n l a s s u n g dersel- ben den unversöhnlichen Haß an, den Landgraf Albrecht auf seine Söhne erster Ehe geworfen hatte, der seit 1281. immer wieder angeregt wurde und neuen Stoff fand. Auch war, wie die Erfurter Chronik allein erwähnt, des Landgra- fen Albrecht's Marschalk im Lager, der nach einer Urkunde vom J. 1301. (Menk. I, 630. Nr. 42.) Hermann Goldacker hieß. Doch mag der Burggraf von Kirchberg auf irgend eine Art den Unwillen der Erfurter sich zugezogen haben, daher der Landgraf die Gelegenheit wahrnahm, ihn in seinen Bur- gen zu überfallen. Daher sagt auch Hack in seiner Kirch- berg'schen Chronik: „Otto hatte die Erfurter nicht belei- digt, sie glaubten sich aber von ihm beleidigt. Daß der Landgraf (Dietrich) ihm wohl wollte, machte sein frommer und aufrichtiger Sinn. Die Erfurter legten aber Alles anders aus." **) Und der Verfasser der Bischöfe von Naumburg

---

1675 72-75.

*) Orig. Saxonic. Libr. VII. Jenae. 1597. 604.

**) Non offenderat Otto Erphordenses, ipsi tamen se laesos putabant ab eo. Quod Lantgrafius ei faveret, causa erat pietas et sinceritas ejus. Sed Erphordenses omnia in contrarium explicabant. *Hack:* ed. Paull. 341.

sagt: „Der gute Otto war unschuldig, aber die aufgebrachten Erfurter wußten nicht Heiliges und Gemeines gehörig zu unterscheiden." *)

Nach vielen Chroniken, die diese Eroberung kurz und beinahe immer mit denselben Worten erwähnen **), sollen die Erfurter vorher Lehesten eingenommen haben; der Mönch Paul Lange will dies aus Chroniken der Thüringer, welche zu Erfurt auf dem St. Petersberge seien, ausgeschrieben haben. ***) Daß eine Burg in Lehesten bei Dornburg war, davon zeugt eine noch ziemlich starke Ruine im Dorfe, von welcher noch Mauern und der mit Wasser angefüllte Graben zu sehen ist. Vermuthlich nach dieser Zerstörung kam diese Burg an die teutschen Herren; denn später war daselbst ein Comturhof und gehörte zur Comturei nach Zwäzen.

Von Kapellendorf, obgleich diese Burg zu jener Zeit auch den Burggrafen gehörte, wird nirgends erwähnt, daß er angegriffen worden sei.

Die Belagerung der Kichberg'schen Schlösser, so wie Zerstörung von Kirchberg und Windberg scheint ungefähr acht Wochen gedauert zu haben; denn nach der zuerst mitgetheilten Stelle aus der Erfurt'schen Chronik zogen die Erfurter am 1sten Mai (Walpurgentag, 1304.) über die Saale und in einer unterm 31sten Juli 1304. von Landgraf Albrecht den Erfurtern zu Gotha ausgestellten Urkunde dankt er ihnen, daß sie ihm und zur Erhaltung des Landfriedens so kräftig beigestanden hätten; ferner verspricht er ihnen daß, wenn sie irgend eine Anfechtung oder

<hr>

*) Innocens erat bonus Otto, sed furiosi homines nec sacra nec profana rite discernebant. Acta praes. Numb. ed. Paull. 141
**) Menk. II, 34. (P. Lang. Chron. Numb.). 495. (Erphurd. variloq). 564. (Chron. Erford.) III, 314. (Chron. S. Petri.) Pistor. I. 262. (additt. ad Lamb). 821. (P. Lang. Chron. Citiz.) 933. (Hist. de Landgr. Thur.). *Eccard*: Hist. dom. Sax. 451. Imhof. not. proc. II, 100.
***) Haec ex Chronicis Doringorum, quae Erphordiae in monte divi Petri, transcripsi. P. Lang. Chron. Citiz. ed. Pistor. I, 821.

Beschuldigung wegen Belagerung und Einnahme der vesten Oerter L e h e s t e n , G r e i f f e n b e r g , K i r c h b e r g und W i n t p e r g erfahren sollten, er sie treulich und aus allen Kräften vertreten wolle; und da ˛sie bei der Belagerung die- ser vesten Oerter Thüringischem Landfrieden nach (juxta pacis statuta) mitgewirkt hätten, so werde er über diese bezwungenen und durch Gottes Gnade mit seiner Hülfe noch zu bezwingenden bevestigten Oerter verfügen, was ihr Wille sei (Anh. Urk. Nr. 96.).

Aus dieser Urkunde geht deutlich hervor, daß L a n d g r a f A l b r e c h t diese Belagerung betrieben habe, daß die E r f u r t e r aber manche Vorwürfe fürchteten und sich deshalb dieselbe ausstellen ließen.

Vier Jahre früher war Burggraf Otto Zeuge in einer von Landgraf Albrecht im J. 1300. zu Zeitz ausgestellten Urkunde (Urk. Nr. 89.), und jetzt zerstört er seine Schlösser. Zu jener Zeit soll auch Z i e g e n h a i n zerstört worden sein (W i e d e b u r g : Nachr. vom Fuchsthurm. 58.).

Nachdem die Erfurter diese Schlösser zerstört und Alles, was sie gefunden, verbrannt oder geraubt hatten, floh Burggraf Otto zum Bischof B r u n o nach Naumburg, einem Edlen von Querfurt (Acta praes. Numb. ed. Paullini 141.).

In Zeitz, wo sich die Bischöfe von Naumburg öfters aufhielten, stellte er auch im Jahre darauf eine Urkunde aus (Nr. 98.), und im J. 1306. übergibt er dem Kloster Bosau die Parochialkirche zu B r i s e n i z (Urk. Nr. 99.), sowie die Kapelle auf K i r c h b e r g (Nr. 100.), welche Uebergabe seine Söhne Otto, Albrecht und Hartmann später besonders bestätigten (*Lang:* Chron. Citiz. ed. Pistor. I, 824.), dagegen das Kloster zu Bosau dem Burggrafen verspricht, die geistliche Oberaufsicht über die ihm übertragenen Ortschaften da, wo sie sich aufhalten würde, nämlich auf dem Berge K i r c h - b e r g oder im Dorfe B r i s e n i z zu übernehmen (Anh. Urk. Nr. 101.). Demnach haben die Burggrafen nicht nur auf dem H a u s b e r g e , der hier Kirchberg genannt wird, ihren

Burgsitz gehabt, sondern zuweilen auch im Dorfe Briseniz gewohnt.

Nach dem Pirnaischen Mönch (Menk. II, 1570.) ist von der Herrschaft der Kirchberger das Brüderkloster des Predigerordens in Jena im J. 1285. erbaut worden; aber nach einer andern Nachricht ist dieses Dominikanermönchskloster im J. 1286. von den beiden Brüdern Hermann und Albrecht von Lobdeburg auf Leuchtenburg nur erneuert worden, daher vermuthlich eine Verwechselung.

Zu Ende des Jahres 1282. starb des Burggrafen Otto erste Gemahlin, die nicht genannt wird, weshalb er dem Kloster zu Kapellendorf zur Unterhaltung einer immer brennenden Lampe ein Haus das. und drei Weinberge in Closwitz, und bald darauf zur Bewahrung ihres Gedächtnisses demselben das Patronatrecht der Kirche zu Teutsch-Schwabhausen übergibt (Urk. Nr. 65. u. 66.). Seine zweite Gemahlin hieß Sophia, welche zuerst im J. 1294. (Nr. 77.) erwähnt wird; seine Söhne erscheinen nach und nach in Urkunden, zuerst Dietrich und Otto im J. 1292., dann kommt Albrecht hinzu im J. 1294.; Hartmann erscheint zuerst vier Jahre später, 1298.; Heinrich 1308., und in demselben Jahre, aber in einer spätern Urkunde, Hermann.

Des Burggrafen letzte Urkunde ist vom 21sten März 1308., und den 13ten Juni desselben Jahres stellen seine sämmtlichen Söhne, wo Herrmann zuerst erscheint, eine Urkunde (Nr. 103.) allein aus; in diesem Zeitraume von 10 Wochen scheint Burggraf Otto der Große gestorben zu sein.

Noch kommt ein Burggraf Heinrich von Kirchberg urkundlich vor, vermuthlich der jüngste Bruder dieses Otto, der sich dem geistlichen Stande gewidmet hatte. Denn im J. 1280. erscheint er als erster Zeuge in der Urkunde, in welcher zwischen dem Stifte zu Fulda und dem Kloster zu Kapellendorf eine Uebereinkunft getroffen wird und wo er sich Magister nennt; und im Jahre darauf vermacht er dem Nonnenkloster zu Frauenprießniz 100 Gulden, da er erkrankt sei und der Arzt wenig Hoffnung zu seiner Genesung mache. (Urk. Nr. 60. u. 62.).

Der älteste Sohn Otto's des Großen, Dietrich V., wird 56 in den Jahren 1292—1308. gemeinschaftlich mit seinem Vater, und bis 1311. mit seinem Bruder in Urkunden erwähnt, scheint aber dann gestorben oder in ein Kloster gegangen zu sein (Nr. 75—105.).

Sein zweiter Sohn,

8. Otto V.,

übernahm nach des Vaters Tode (1308.) gemeinschaftlich mit seinen Brüdern desselben Rechte, Besitzungen und Güter. Der andere Bruder, Albrecht I. erscheint weiter unten, nach Otto's V. Tode (1331.), als Besitzer von Greiffenberg; der dritte Bruder Hartmann aber erhält bald das Haus Kapellendorf; daher er auch einige Urkunden allein ausstellt und sich in denselben Herr von Kapellendorf nennt (Nr. 112. 116. 120.), öfters auch als Zeuge in denselben vorkommt (Nr. 110. 111. 122.). Ein vierter Bruder Heinrich (Nr. 102. u. 103.) erwählte den geistlichen Stand und erscheint in Urkunden aus den Jahren 1346. u. 1348. (Avemann: 205. Urk. Nr. 169. u. 82) als Bischof von Wirich; wo aber dies Bisthum gelegen, ist noch nicht ausgemittelt. Endlich der jüngste Bruder Hermann kommt, außer in der Urkunde, nach des Vaters Tode (1308. Nr. 103.) in den Jahren 1337 u. 1343. (Nr. 132 u. 134.) urkundlich vor, doch ist's möglich, da er in 36 Jahren nicht vorgekommen ist, daß in diesen Urkunden Hartmann für Hermann zu lesen ist, welche Namen ohnedem zu jener Zeit sehr oft verwechselt wurden.

Otto V. und seine Brüder

    a) bestätigen als Lehnsherren verkaufte Güter zu Obleckwiz (1308. Nr. 103.), Herressen

(1315. Nr. 106.), Hermstedt (1322. Nr. 114. u. 115.) und Wogau (Nr. 116.).

b) verkaufen das Meißenkorn zu Kospoda (1311. Nr. 104. u. 105.), Güter zu Umpferstedt, Hammerstedt, Grünstedt, Frankendorf und Löbstedt (Nr. 107—109. 113. und 117.)

c) sie schenkten dem Kloster zu Eisenberg Güter zu Duntzsch (Nr. 118.) und dem Kloster zu Kapellendorf den Weinberg Dacian am Jenzig (Nr. 121.).

d) stiften im Kloster zu Kapellendorf einen Altar und überlassen zur Dotirung desselben den Weinberg Weißenborn am Greiffenberg und andere Güter (Nr. 124. u. 125.), und endlich

e) werden sie in Berücksichtigung der vielen dem Kloster Paulinzelle erzeigten Dienste in die Brüderschaft desselben aufgenommen (Nr. 126.).

Im J. 1331. starb Otto V., Burggraf von Kirchberg. Er hinterließ eine Wittwe, Agnese von Schwarzburg und zwei unmündige Kinder, Otto VI. und Albrecht II. Dieselbe verkaufte das Haus Windberg mit allen Rechten und Zugehörungen den Brüdern Heinrich und Günther, Grafen von Schwarzburg und Herrn zu Arnstadt, um 630 Schock Groschen, von welcher Summe sie sogleich 250 Schock erlegten, mit der Bedingung, daß 200 Schock sogleich ans Gut gelegt würden, 400 Schock aber behielten sie inne, bis die Kinder mündig geworden, ihr Erbe und Lehn vor ihrem Herrn aufgelassen, was aber eigen ist, vor Gericht aufgegeben haben (Urk. Nr. 127.).

Aus dieser Urkunde ersieht man, daß das Schloß Windberg nach der Zerstörung desselben im J. 1304. wieder aufgebaut worden ist. Mit dem Schlosse Kirchberg ist es ungewiß, wiewohl später (Nr. 100. u. 145.) die Kapelle auf demselben erwähnt wird. Das Schloß Greiffenberg aber wird nach Gudenus (Histor. Erfurt. 75.) erst im J. 1314. dem Burggrafen zurückgegeben. In diesem Kaufe war es aber nicht mit eingeschlossen, da wir es bald in den Händen des Burggrafen Albrecht I. finden.

6. Greiffenberg
unter dem Burggrafen von Kirchberg.

9. Albrecht I.

Nach dem Tode seines Bruders, Otto's V., stellt er meistens mit seinem Bruder Hartmann, der Kapellendorf besaß, die noch vorhandenen Urkunden aus; denn 1331. bestätigen sie eine vom Nonnenkloster zu Jena erkaufte Hufe zu Klein-Kuniz (Nr. 128.) 1334. schenken sie dem Kloster Heusdorf eine Hufe in Stobra, die Hirtenhufe genannt (Nr. 129.); 1335. schließen sie mit dem Landgrafen Friedrich dem Ernsten und vielen Grafen und Städten einen Landfrieden (Nr. 130.) Im J. 1337. ersucht er mit dem jüngsten Bruder Hermann den Landgrafen, als Oberlehnsherrn, verkaufte Güter im Flur des wüsten Dorfes Schenschiz bei Lehesten und zu Ginna zu bestätigen (Nr. 132.)., und im J. 1343. tauschen sie das Kirchlehn zu Rothenstein gegen das Kirchlehn zu Löbstedt mit dem Mich. Kloster zu Jena aus (Nr. 134.).

Im J. 1340. ist Albrecht Zeuge, als die Grafen von Beichlingen die Stadt Frankenhausen für 6500 Mark Silber an die Grafen von Schwarzburg verkaufen (Nr. 133.) und im J. 1345. muß Albrecht Verzicht leisten auf das Haus zu Greiffenberg (Nr. 135.).

Der Landgraf Friedrich nämlich suchte auf jede Weise seine Macht zu erweitern. Den Städten verschaffte er, zum Nachtheile der Grafen des Landes, das Recht, Ritter- und Lehngüter zu erwerben und zu besitzen, was nur dem Adel zukam. Dadurch wurden die Städte seine natürlichen Verbündeten, die Grafen des Landes aber, die er in ihren alten hergebrachten Rechten beeinträchtigte, seine Feinde;

und leicht fanden sich Veranlassungen zu Fehden. Eine solche war auch im J. 1342 zwischen dem Landgrafen von Thüringen und den Grafen von Schwarzburg ausgebrochen. Schon ungern hatte es der Landgraf gesehen, daß 1340. die Grafen von Schwarzburg die Stadt Frankenhausen mit ihren ergiebigen Salzquellen von den verschuldeten Grafen von Beichlingen erkauft hatten, die er gern selbst besessen hätte. Mit den Grafen von Schwarzburg verbanden sich die von Weimar, zu denen viele Grafen und Edle des Landes sich hielten. Der Landgraf Friedrich hatte die Burg und Grafschaft Orlamünde käuflich an sich gebracht, und sich auch, wie es damals gewöhnlich wurde, den Titel eines Grafen von Orlamünde beigelegt. Dieß nahmen die Grafen von Weimar, die früher auch Orlamünde besaßen, übel auf, und als um diese Zeit Landgraf Friedrich mit großem Gefolge und lauter Musik durch Erfurt zog, wo eben Graf Hermann von Weimar auf dem Rathause bei einem glänzenden Gelage mit vielen Grafen und edlen Frauen versammelt war, rief er ihm im unziemlichen Scherze zu: „Fritz, woher? Fritz wohin?"

Um ihn zu demüthigen, sammelte der Landgraf in seinen Landen, besonders in Meißen und Osterland, Mannschaft. Indessen verwüsteten die Grafen von Weimar und Schwarzburg des Landgrafen Lande und das Gebiet von Erfurt. Die von Erfurt fielen wieder in die feindlichen Grafschaften und zerstörten viele Ortschaften.

Im folgenden Jahre begann die Fehde von Neuem. Da rief der Kaiser Ludwig die streitenden Parteien vor sich nach Würzburg, gebot ihnen Friede, alles Eroberte sollte zurückgegeben und die Gefangenen ohne Lösegeld freigelassen werden; am 17ten Mai 1343.

Bald aber gab es neue Veranlassungen zu Unfrieden. Die Grafen von Schwarzburg brachten Haus und Herrschaft Dornburg an sich, dagegen die Schenken von Dornburg das Schloß Gleisberg oder einen Theil von Lobdeburg erhalten sollten. Der Landgraf Friedrich sah mit ungünstigen Augen auf diese neuen Erwerbungen. Dazu kam eine Heirath, die in Eisenach bei einem Turniere zwischen dem Landgrafen Friedrich und dem gefürsteten Grafen Heinrich von Henneberg verabredet worden war, die aber nicht zu Stande kam, weil der Landgraf für seinen Sohn als Mitgift mehr Schlösser und Städte verlangte, als der Graf von Henneberg seiner zwei andern Töchter wegen verwilligen konnte, und sich deshalb für beschimpft hielt. Die Grafen von Orlamünde waren ebenfalls betheiligt, welche ihrer Frauen wegen Ansprüche an die Henneberg'schen Erbgüter machten. Kurz vor Fastnacht 1345. brach der zweite s. g. Thüringische Grafenkrieg aus. Bald wurden die Grafen von. Schwarzburg mit hinein verwickelt.

Den Anfang machte der Landgraf Friedrich damit, daß er am Fastnachtsabend das Schloß Altenberge bei Orlamünde, welches seine Seltenlinie der Burggrafen von Kirchberg besaß, mit eigner Mannschaft, von den Erfurtern unterstützt, überfiel, dreizehn Mann, welche man daselbst fand, gefangen, von denen sogleich drei Mann erschossen, die übrigen in Erfurt an der Aschermittwoche (9ten Febr.) öffentlich enthauptet wurden. *)

An dieser Fehde nahm auch Burggraf Albrecht auf Greiffenberg Theil, der der Grafen von Schwarzburg getreuer Freund und Bundesgenosse war (*Jovius:* Chron. Kirchb. Msc.). Der unglückliche Ausgang dieser Fehde hatte aber den Verlust von Greiffenberg zur Folge.

Als Altenberge eingenommen und die Mannschaft hingerichtet war, zogen die Grafen von Schwarzburg in des Landgrafen und der Erfurter Gebiet, verheerten Dörfer, machten die Erfurter zu Gefangenen und richteten die Saatfrüchte zu Grunde.

Vor Arnstadt, das man belagern, aber der Landgraf erhalten wissen wollte, entzweiten sich die Erfurter mit ihm,

---

*) Dr. Hoffmann: Günther von Schwarzburg (1819.) 91-100. Dr. Herzog: Gesch. des Thür. Volkes (1827.). 350-357.

und der Landgraf zog mit seinen Leuten ab. Da fielen die Grafen von Schwarzburg mit ihren Verbündeten und den Bürgern von Arnstadt aus der Stadt und verfolgten die Erfurter bis Erfurt. Der Landgraf, davon benachrichtigt, des eben vorgefallenen Zwistes nicht eingedenk und die Bürger achtend, kehrte alsbald um, die Erfurter thaten einen Ausfall und trieben die Schwarzburger bis vor Egstedt zurück. Hier hatte der Graf Günther einen Hinterhalt gelegt; versteckte Reiter überfielen plötzlich die Erfurter; indem erscheint der Landgraf mit seinem Kriegsvolke, und die Grafen von Arnstadt und ihre Verbündeten werden bis Arnstadt zurückgetrieben. Hier überläßt der Landgraf sich und seine Kriegsgenossen der Ruhe; aber jetzt erscheint ein Graf von Virneburg, des Erzbischofs von Mainz Bruder, mit 200 Gewappneten vor Arnstadt, ein Bundesgenosse der Grafen von Schwarzburg. Vereinigt mit ihm fallen sie nochmals über den Feind, und er wäre aufgerieben worden, wenn nicht ein Mißverständniß dem Treffen Einhalt gethan hätte. Ein Zug frommer Mönche kommt von Erfurt her, um die Todten abzuholen und christlich zu bestatten. Staubwolken lassen nicht unterscheiden, ob es ein friedlicher Zug ist oder Kriegsvolk. Dieß letzte wähnend, ließ der Graf von Schwarzburg vom Kampfe ab, und der Landgraf, obgleich schwer verwundet, zog mit seinen Genossen als Sieger in Erfurt ein, wo er vier schmerzvolle Wochen zubrachte, um sich zu heilen. Indessen dauerten die Feindseligkeiten fort. Tonndorf nahmen die Erfurter, des Landgrafen Truppen zerstörten Rudolstadt, Kahla, Schauenforst und nahmen die Burgen ein. Kahla wurde geschleift.

Bald darauf fielen dem Grafen Günther zwanzig Reiter in die Hände, welche in des Landgrafen Lager ziehen wollten. Dieselben schickte er nach Dornburg zur sichern Verwahrung. Der Landgraf, nach wiederhergestellter Gesundheit, eilte, Alles verwüstend, vor Dornburg, um sie zu befreien. Im Lager vor Dornburg reifte endlich der Friede, am Dienstage nach Jacobi (26sten Juli 1345.), der zwei Tage darauf in Weißenfels bevestigt und abgeschlossen wurde. Burggraf Albrecht von Kirchberg, der Grafen von Schwarzburg Schwager, mußte dem Landgrafen Greiffenberg abtreten und völlig Verzicht darauf leisten (Urk. Nr. 135.).

Auch war Burggraf Albrecht in derselben Urkunde als Schiedsrichter wegen Schauenforst gewählt worden.

Demnach befindet sich jetzt das Haus und die Herrschaft Windberg in den Händen der Grafen von Schwarzburg und das Haus Greiffenberg in den Händen des Landgrafen von Thüringen.

Ehe wir aber von den Burggrafen scheiden und die ferneren Schicksale ihrer Burgen verfolgen, müssen wir noch Einiges vorausschicken, was in genauem Zusammenhange mit denselben steht und zur nähern Kenntniß dieser Geschichte dient.

15. Burggraf Otto der Große hatte sechs Söhne hinterlassen: 1) Dietrich V., welcher nach 1311. nicht mehr urkundlich vorkommt. 2) Otto V., welcher ums J. 1330. gestorben ist und eine Wittwe und zwei unmündige Kinder hinterließ. 3) Albrecht I. dessen Geschlecht sich bis auf die neueste Zeit fortgepflanzt hat. 4) Hartmann, Herr von Kapellendorf. 5) Heinrich, Bischof von Virich und 6) Hermann, der vermuthlich jung gestorben ist. Von diesen sechs Söhnen haben nur drei Söhne: Otto, Albrecht und Hartmann, Nachkommen hinterlassen, die wir kurz noch erwähnen wollen.

a) Otto V. hinterließ zwei Söhne, Otto VI. und Albrecht II. Otto VI. nennt sich in einer Urkunde vom J. 1346. Burggraf von Kirchberg, Herr zu Kaulsdorf (Avem.: Nr. 169.), welche Besitzung er vermuthlich nach dem Verkaufe von Windberg erhalten, da nach der, von der Mutter der __63 Grafen von Schwarzburg, ausgestellten Urkunde (Nr. 127.) ein Theil des Kaufgeldes wieder an das Gut gelegt werden sollte. Dieser Ort kommt schon im J. 1074. unter dem Namen Chulisdorf (Schultes: Dir. dipl. I, 194.) vor, liegt unweit der Saale bei Saalfeld, ist ein Rittersitz, von Schwarzburg und Preußen eingeschlossen, und gehört zum Königreich Baiern. Im J. 1349. gab er dem Markgrafen von Meißen die Versicherung, daß er seine Güter nicht auswenden wolle (Urk. Nr. 137.). Als ihr Oheim, Burggraf Hartmann, einen Weingarten, Rotenberg (am Hausberge), zwischen dem Moncheberge und Heyneman, und auf den Schuczedarm stoßend, zu einem Altare in der Johanniskirche, außerhalb der Mauern zu Jena, der jetzigen katholischen Kirche daselbst, dem Priester Eyliger verkauft hatte, gab er und sein Bruder Albrecht unterm 19ten Octbr. 1351. ihre Einwilligung dazu (Avem.: Nr. 89.).

Sein Bruder, Albrecht II., soll sich nach dem Verkaufe von Windberg eine Zeitlang bei seinen Vettern, den Grafen von Schwarzburg auf Dornburg, davon sie damals einen Theil inne hatten, aufgehalten haben (*Jovius:* Chron. Kirchb. Msc. Avem.: 206.). Nach Heidenreich's Schwarzburg'scher Geschichte (71.) war er mit Anna, des Grafen Johannes von Schwarzburg Tochter, vermählt. Beide Brüder sollen aber nach einer andern Nachricht unvermählt gestorben seyn, kommen auch im J. 1357. (Amts Jena, Copialbuch I, 429.) das letzte Mal urkundlich vor, doch wird von einem Burggrafen Albrecht von Kirchberg in Zeitbüchern (Ad. Ursin. ed. Menk. II, 1557. Hist. de Landgr. ed. Pistor. I. 944.) berichtet, daß er, von schlechter Gesellschaft verführt, auf Abwege gerathen und von einem Bürger zu Erfurt, Namens Paradis, der ihn mit seiner Frau im Ehebruche begriffen antraf, im J. 1373. erstochen und nachher öffentlich außerhalb der Stadt enthauptet worden sei. „Das andre geschriebene Chronikon läßt diese Geschicht oder Gedicht ausen" — sagt Hortleder in seinen hinterlassenen Handschriften. Sein Lehrer soll Konrad von Kassel gewesen sein. Ist es an dem, so hat er keine guten Früchte gezogen.

16. b) Albrecht I., Otto's des Großen dritter Sohn. Er ist es, durch den das Geschlecht der Burggrafen von Kirchberg bis in die jüngste Zeit fortgepflanzt worden ist.

Seine Gemahlin war Elisabeth (Else), eine Tochter des Grafen Heinrich von Orlamünde, der er im J. 1346. nach dem Verluste von Greiffenberg Güter in Stobra und Hermstedt als Leibgeding aussetzte (Heidenreich's Gesch. der Grafen von Orlam. II, 42.[b] Avem.: Nr. 169.). In Urkunden kommt er bis zum J. 1363. vor, von denen die wichtigsten sind:

Im J. 1348. schenkt er dem Kloster zu Kapellendorf Güter in Hermstedt (Avem.: Nr. 83.). In dieser Urkrunde nennt er sich Herr zu Wippra (Wippere); Avemann (S. 60. 196.) glaubt, daß Schloß und Stadt Wippra im Mansfeldischen darunter zu verstehen sei; wahrscheinlicher ist es aber, daß er Besitzer von Wipfra bei Ilmenau geworden ist.

Im J. 1350. verkauft er dem Rathe zu Erfurt die Dörfer Frankendorf, Stobra und Hermstedt für 370 Mark (Dr. Erhard: Ueberlief. (1825.) l, 117.).

In den Jahren 1354. 1355. u. 1357. übergibt er, mit Zustimmung seines Bruders Hartmann und der Söhne seines Bruders Otto, als Lehnsherren, dem Mich. Kloster zu Jena alle Güter und Recht in dem Dorfe zu dem Hayne (Hainchen bei Dornburg), mit der Hofstätte der Burg, Burgstadil genannt, was die Herren von Molewiz in Lehn hatten, sowie das Vorwerk, was Günther, Schenk von Kevernberg, und seine Brüder besaßen (Avem.: Nr. 91. 92. u. Amts Jena, Copialbuch I, 429.).

Im J. 1359. gibt er mit seinem Bruder Hartmann das Kirchlehn zu Löbgeschiz (Löbstedt) dem Mich. Kloster zu Jena zurück, dagegen sie das zu dem Rothenstein wieder erhalten (Avem.: Nr. 94. S. 1323. u. 1343. Nr. 117. u. 134.).

65

Das letzte Mal kommt er urkundlich vor, als er im J. 1363. mit seinem Sohne Dietrich und den beiden Söhnen seines Bruders vier Hufen mit sieben Höfen zu Ulrichshalben dem Kloster zu Kapellendorf mit allen Rechten übergibt (Avem.: Nr. 95.).

Albrecht I. hatte drei Söhne und zwei Töchter:

a) Dietrich V. kommt 1369. nur noch vor (Avem.: Nr. 97.) und muß bald darauf unvermählt gestorben sein.

b) Albrecht III. ein gewandter, in Geschäfften erfahrner und bei dem Landgrafen Balthasar, sowie bei dessen Söhnen, Friedrich dem Strengen und Wilhelm II. wohlgelittener Staatsmann, deren geheimer Rath (Heimlicher nach damaligem Sprachgebrauche) er war, der eine große Menge Streitigkeiten zwischen Fürsten und Grafen geschlichtet, wie besonders die Urkunden in Horn's Leben Friedrich des Streitbaren (1733.) beweisen, half 1412. dem Markgrafen zu Meißen das Schloß Heldrungen einnehmen und war Zeuge und Theilnehmer bei den wichtigsten Unterhandlungen.

Er muß aber auch noch Rechte und Güter in der jetzt sogenannten Herrschaft Windberg besessen haben; denn im J. 1372. nennt er sich in einer mit seiner Mutter Elisabeth von Orlamünde ausgestellten Urkunde nicht blos Burggraf von Kirchberg, wie alle Nachkommen, sondern auch Herr zu Windberg und Ziegenhain, was ganz ungewöhnlich war (Anh. Urk. Nr. 140.); im J. 1383. eignet er einen Weinberg, der Spiegel genannt, welchen sein Vasall, Heinrich von Lichtenhain, besessen, dem Mich. Kloster zu Jena zu (Avem.: Nr. 100.); ingleichen dem Kloster zu Kapellendorf einen Weinberg am Greiffenberg bei Jena (Avem.: Nr. 101.); im J. 1395. gibt er sein Recht an den beiden Dörfern Nieder- und Oberlöbniz, welche an den Stadtrath zu Jena verkauft wurden, für 15 Schock Meißn. Groschen auf, sowie er für zwei darin gesessene Mannen 10 schmale Schock Groschen erhält (Beier: Geogr. Jen. 334.); und im J. 1424. stiftet er in Ziegenhain an der neuerbauten Kapelle eine Vicarie, der er die Zinsen von einem Weingarten, Preger genannt, widmet (Urk. Nr. 144.). Außerdem verkauft und bestätigt er viele Güter und Zinsen zu Groß- und Kleinromstedt, Oberndorf, Umpferstedt u. s. w.

Seine Gemahlin war Margaretha, Freiin von Kranichfeld, mit welcher er die Niederherrschaft Kranichfeld erhielt (1384.), muß aber dem Landgrafen Balthasar das Oeffnungsrecht gestatten (1387.) und zu Lehn auftragen (1389.). Im J. 1412. kauft er von den Grafen von Schwarzburg die Oberherrschaft dazu und schreibt sich daher auch Herr von Kranichfeld. Auch erhält er durch Erbschaft die Herrschaft Altenberge, mit welcher ihn der Erzbischof Johann von Mainz im J. 1387. belehnte und sie seiner Gemahlin als Leibgeding aussetzte, daher er sich auch zuweilen Herr von Altenberge schreibt.

Des Klosters zu Kapellendorf nahm er sich sehr an, obgleich es nicht mehr in seinen Händen war, aber eine besondere Vorliebe zu demselben hatte, weil es von seinen Vorfahren gestiftet war (Avem.: Nr. 108.); und noch heute ist ein herrlicher Beweis dieser Zuneigung in der Kirche zu Kapellendorf zu sehen, nämlich ein Denkstein, auf welchem er und seine Gemahlin knieend, mit Beider Wappen, über ihnen der Erlöser mit dem Palmenzweige in trefflich erhabener Arbeit ausgehauen sind. Die wohlerhaltene Umschrift lautet: Anno dni M·CCCCX· dns. Albert. burgrauius de Kerchberg. Anno dni. M·CCCCX· dna. Margareta. Kranchfelt — ejus uxsor. Keineswegs ist dieses Denkmal ein Grabstein, da Beide 1425. noch gelebt haben; vermuthlich hatten sie aber dieses Kloster, dem sie sehr gewogen waren, zu ihrer Grabstätte erwählt. Avemann hat S. 220. seines gründlichen Werks über die Burggrafen von Kirchberg (1747.) eine recht 67 wohlgelungene Abbildung dieses Denkmals mitgetheilt, aber der gut erhaltene Denkstein in der Kapellendorfer Kirche nimmt sich doch noch besser aus, was selten der Fall ist, und verdient daher wohl in Ehren gehalten zu werden: Albrecht III. muß nach den vorhandenen Urkunden zwischen dem 15ten Febr. u. 29sten Jun. 1427. gestorben sein.

c) Oswald kommt 1390. und 1395. in Urkunden vor, und bleibt in der Schlacht vor Aussig (15ten Juni 1426.), in welcher viele Edle aus Meißen, Thüringen und Osterland durch Verrath Apel's von Vitzthum umkamen.

d) Irmgard war Aebtissin zu Quedlinburg und stirbt 1405.

e) Dorothea war Aebtissin zu Jena ums J. 1397.

Albrecht III. hatte zwei Söhne und zwei Töchter:

a) Dietrich VII., Burggr. v. Kirchb. kommt zuerst nach einer mir aus dem geheimen Staatsarchive zu Weimar abschriftlich mitgetheilten Urkunde vom 18ten Jun. 1413. vor, als die Landgrafen Friedrich, Wilhelm und Friedrich in Thüringen die Marienkirche zu Altenburg zu einem Dom erhoben und ihr das Patronatrecht von vielen namhaft aufgeführten Kirchen verleihen. Gemahlin war Agnes von Schönburg. Im J. 1427., nach des Vaters Tode, verkauft er mit seinem Bruder Hartmann die eine Hälfte der niedern Herrschaft Kranichfeld an Heinrich von Heldrungen, welcher Kauf vor gehegter Dingbank zu Jena am 24sten März 1434. bestätigt wird; und zu Ende dieses Jahres verkaufte er seinen Antheil an der Niederburg Kranichfeld seinem Bruder Hartmann.

Als er und sein Bruder im J. 1429. dem Stadtrathe zu Jena das ganze Dorf Löbniz mit Gericht über Hals und Hand verkaufen, wird unter andern Zeugen mit aufgeführt: Conrad Francke, unser Schultes zu Ziegenhain (Avem.: Nr. 113.); und in demselben Jahre gaben sie als Lehnsherren ihre Zustimmung, als Reinhard von Lichtenhain wohnhaftig zu Doberschen (Döbritzschen) seine Zinsen zu Rodegast bei Borgelin verkauft (Avem.: Nr. 114.). Endlich gerieth er in Folge des unglückseligen Bruderkriegs in Armuth und mußte 1451. die halbe Oberherrschaft Kranichfeld an seinen Schwager Heinrich von Greiz und zwei Jahre darauf die andere Hälfte an den ältern Bruder verkaufen (Limmer: Voigtland. 3, 768.), mit der Verpflichtung, ihn lebenslang zu unterhalten. Von jetzt an kommt er auch nicht mehr in Urkunden vor.

b) Hartmann II. kommt mit seinem Bruder seit 1417. immer gemeinschaftlich vor. Bei der Theilung der Güter mit seinem Bruder im J. 1435. erhielt er Altenberge (Avem.: Nr. 115.), daher stellt er auch von 1437. an seine Urkunden allein aus, in welchem Jahre er als Lehnsherr den

Verkauf von Zinsen zu Jittern (Göttern) und Otstete bestätigt (Amts Jena Copialb. II, 849.). Zwei Jahre darauf geht er nach England.

Während des Bruderkriegs trat er in die Dienste des Kurfürsten Friedrich des Sanftmüthigen. Dafür zerstörte ihm Herzog Wilhelm der Tapfere im J. 1450. das Schloß Aldenberge (Menk. II, 426.), und als er im Herbst dieses Jahres am Gallustage (16ten Octbr.) ein schreckliches Blutbad in Gera anrichtete, dessen daselbst noch heute jährlich gedacht wird, wurde er mit dem jungen Heinrich von Gera und Grafen Friedrich V. von Orlamünde gefangen; da aber Heinrich von Gera des Herzogs Gefangener nicht sein wollte, wurde er mit seinen Leidsgenossen nach Böhmen abgeführt und starb in Prag an der Pest (Menk. III. 1204. Limmer: Voigtl. 3, 792.). Auch Schauenforst zwischen Rudolstadt und Orlamünde hat er besessen (1457. Beier: Geogr. Jen. 248.)., und im J. 1461. kaufte er von Kersten (Christian) Keudel, einem Edeln aus Hessen, Burg und Dorf Farnroda bei Eisenach (Avem.: Nr. 119.). Seine Gemahlin war Elisabeth, nach Andern Sabina von Gleichen.

.c) Irmgard ward 1419. an Heinrich den Jüngern von Greiz verheirathet, welcher 1449. starb. Sie lebte noch bis 1462, in welchem Jahre sie im Kloster zu Mildenfurt dem Reußischen und Kirchberg'schen Geschlechte ein jährliches Gedächtnis stiftete. Sie besaß Stadt und Schloß Werda und nannte sich Reußin von Plauen, Frau von Werda (Limmer: Voigtl. 765.).

d) Anna, geb. 1409., war Aebtissin im Kloster zu Ilm und starb ums J. 1470.

Dietrich VII. hatte einen Sohn und drei Töchter:

a) Albrecht IV., dient 1436. den Erfurtern als Sachwalter, geht 1461. mit Herzog Wilhelm ins gelobte Land, macht 1465. mit Heinrich von Plauen und Erwin von Gleichen eine Reise nach Gallien, Spanien und Sicilien, kehrt nach vier Jahren wieder zurück und stirbt 1471. Seine Gemahlin war Catharina v. Greußen.

b) Margaretha war eine Nonne im Kloster zu Roda um 1472. u. 1486. c) Anna und d) Agnes waren im Kloster zu Quedlinburg.

Albrecht IV. hatte zwei Söhne:

a) Hartmann war Rector Magnificus zu Erfurt 1484., studirte fleißig, kam 1487. als Canonicus nach Mainz, wurde 1490. legum Doctor, 1513. Abt zu Fulda und Hersfeld, stand mit dem gelehrten Hermann Busch im Briefwechsel, und starb 1529. den 1sten Apr., liegt aber zu Mainz begraben, dessen Grabstein Avemann (254.) im Kupferstiche mittheilt.

b) Albrecht V. studirte mit seinem Bruder zu Erfurt und starb daselbst 1495. Mit ihm ist diese Linie erloschen.

Hartmann II. aber hatte einen Sohn:

Georg I. war Amtmann auf der Burg zu Creuzburg 1482., dessen Gemahlin, Ursula von Plessen, 1485. mit Abel Weißbach und vielen Schätzen heimlich davonging, aber in Ockershausen wieder eingeholt wurde; Weißbach kam aber mit den Schätzen davon (Menk. III, 1348. Avem.: 261.). Er starb 1519. Dessen Sohn

Sigmund I., geb. 1494., nimmt sich des Klosters zu Kapellendorf im Bauernkriege (1524.) sehr an (Avemann: Nr. 134. 166.), hatte sich aber auch mit den aufrührerischen Bauern verbunden und unterschrieb 1526. in ihrem Namen die Gegenversicherung (Revers), welche Graf Wilhelm von Henneberg denselben geben mußte (Encykl. v. Ersch u. Gruber unter: Bauernkrieg). Wird 1532. mit Farnroda beliehen und stirbt den 3ten Mai 1567. Dessen Sohn

Sigmund II., geb. 1531., wohnte der feierlichen Einweihung der Universität zu Jena am 2ten Febr. 1558. bei, wird 1568. mit Farnroda beliehen und stirbt 1570. Dessen Sohn

Georg III., geb. 1569., studirte in Heidelberg, Straßburg, Genf und Basel; den 6ten Nov. 1620. brannte sein neuerbautes Schloß zu Farnroda nieder, viele Urkunden verbrannten mit, 1627. ward er als Statthalter des Fürstenthums Eisenach während der Kriegsunruhen bestellt und starb 1641. Dessen Sohn

Georg Ludwig, geb. 1626., studirte zu Marburg, war des Landgr. Ludwig von Darmstadt geheimer Rath, dessen zweite Gemahlin, Magdalena Christine (1763.) von ihrer Mutter Ernestina, einer Tochter des Grafen Ernst von Sayn; die halbe Grafschaft Sayn oder Sayn - Hachenburg geerbt hatte, dagegen die andere Tochter des Grafen Ernst von Sayn, Johannetta, Gemahlin des Herzogs Johann Georg zu Sachsen-Eisenach, die andere Hälfte der Grafschaft Sayn, oder Sayn-Altkirchen erhalten hatte. Er starb 1686. Dessen Sohn

Georg Friedrich, geb. 1683., unter dessen Protection der burggräflich-kirchberg'sche Rath und Canzlei-Director zu Hachenburg, H. F. Avemann, sein gründliches Werk über die Burggrafen von Kirchberg ausgearbeitet hat, studirte zu Halle, Giesen und Utrecht und erbte von seiner 71 Mutter die halbe Grafschaft Sayn, hielt sich häufig zu Hachenburg auf dem Westerwalde auf, und starb 1755. Dessen Sohn

Wilhelm Ludwig, geb. 1709., vermählt mit Louisen, Wild- und Rheingräfin von Daun und Kyrburg. Dessen Sohn

Karl Friedrich, geb. 1746., starb den 11ten Apr. 1799., letzter Burggraf von Kirchberg und Großoheim der am 29sten Apr. 1772 geborenen nachherigen Herzogin Louise Isabella von Nassau Weilburg, einer geborenen Burggräfin von Kirchberg, der Mutter des jetzigen Herzogs Wilhelm von Nassau-Weilburg, welche 1799. Sayn-Hachenburg nach dem Tode ihres Großoheims durch Erbrecht erhielt und an das Herzogthum Nassau-Weilburg brachte. Demnach fließt im Herzog von Nassau-Weilburg noch burggräflich-kirchberg'sches Blut.

17. c) Hartmann I., Otto's des Großen vierter Sohn, Herr von Kapellendorf, stellte gewöhnlich mit

seinem Bruder Albrecht und seines Bruders Otto's Söhnen die Urkunden gemeinschaftlich aus, was das gemeinsame Erbe betraf, jedoch auch einige allein.

Im J. 1334. tauschte er vom Kloster zu Kapellendorf ein Grundstück, der Krautgarten genannt, aus, den er in einen Fischteich zu seinem, Gebrauch verwandelt hatte, gegen ein Grundstück, hinter dem Markte genannt, noch heute unter diesem Namen, gegen Holstedt zu gelegen, bekannt (Avem.: Nr. 79.).

Im J. 1338. bestätigt er mit seinem Insiegel einen Vertrag des Klosters zu Kapellendorf (Menk. I, 728. Nr. 103.). Desgleichen im J. 1340. den Kauf von Zinsen in Umpferstedt (Umverstete) (Menk. I, 731. Nr. 107.).

Im J. 1346. ist der mit seinem Bruder Albrecht Zeuge, als Friedrich von Heldrungen dem Heinrich von Molewiz seine Gerichtsbarkeit zu Kloßwitz verkaufte, demselben die Vogtei über dasselbe Dorf verleiht und zum Erbvogt über seine Güter bestellt (Avem.: Nr. 82.).

Nachdem im J. 1331. Windberg an Schwarzburg und 1345. Greiffenberg an Meißen gekommen war, veräußert im J. 1348. auch Hartmann seine freie Besitzung, Schloß und Haus Kapellendorf an Erfurt. Der Unterhändler scheint aber Bischof Heinrich zu Constancia, Hundolf genannt, von Mainz, gewesen zu sein, der es laut Kaufbrief vom 7ten Oct. 1348. (von Dr. Erhard in den Ueberlieferungen zur vaterländ. Gesch. 1, S. 130 Urk. Nr. 1. mitgetheilt) den Erfurtern halb frei übergibt, die andere Hälfte aber gegen 15 Mark Silber jährlicher Zinse, so lange er lebe (Leibrente) verkauft, nachdem sie den Juden zu Gotha und Erfurt 50 Mark Silber, was er ihnen schuldig war, gezahlt hätten. Vier Tage darauf bestätigt Burggraf Hartmann von Kirchberg diesen Kauf und gibt, was er von andern Herren zu Lehn gehabt habe, den Erfurtern in Lehn (Dr. Erhard: a. a. O. Urk. Nr. 2. Original im geh. Staatsarchive zu Weimar Nr. 8[b.]), vermuthlich um größerer Sicherheit willen, bis die Erfurter von den rechtmäßigen Lehnsherren die Belehnung ausgebracht hatten (Menk. II, 585. 1571. Guden. hist. Erf. 104.).

Unterm 21sten Mai 1667. sind von Kur-Mainz 70 Documente an das geheime Staatsarchiv zu Weimar, Kapellendorf betreffend, abgegeben worden, welche, dem Inhaltsverzeichnisse gemäß, viele wichtige Urkunden, diesen Verkauf betreffen, enthalten.

Nach Urk. Nr. 4. erlaubt 1348. Landgr. Friedrich Herrn Henrich, Bischof zu Constancia, daß er möge das Schloß Kapellendorf von dem Grafen Hartmann von Kirchberg kaufen.

Daselbst soll sich auch der eigentliche Kaufbrief Nr. 5. befinden; Nr. 59. (1348.) Schadlosverschreibung des Constancia wegen des Raths zu Erfurt für ihn eingegangenen Bürgschaft, und Nr. 19. (1350.) der Burggrafen Albrecht und Hartmann Lehenbekenntniß wegen Haus Kapellendorf.

In demselben Jahre (1350.) verkauft er dem Rathe _73 zu Erfurt die Dörfer Holstedt, Hammerstedt, Hausdorf, Ditterstedt, Schwabhausen, Koppanz, Ingau und Wilgelau (Dr. Erhard: Ueberlief. I, 117. Urk. im geh. St. Arch. zu Weim. Nr. 23.).

Aus diesen und den von seinem Bruder Albrecht verkauften Orten bestand die Herrschaft Kapellendorf, und noch nähern Aufschluß gibt ein im J. 1350. verfertigtes Verzeichnis derselben, welches Dr. Erhard in der Geschichte des Schlosses und der Herrschaft Kapellendorf (Ueberlief. 1, 135. Nr. 5.) nach einer fehlerhaften Abschrift mittheilt, die Urschrift befindet sich aber im geh. Staatsarchive zu Weimar unter den obenerwähnten Documenten Nr. 6.

Aus demselben geht hervor, daß Frankendorf, Hammerstedt, Holstedt und Hausdorf eigen waren; Schwabhausen und Coppanz vom Kaiser und Reich, und Ingau und Wilgelau vom Abt zu Hersfeld zu Lehn gingen. Auch Atzmannsdorf und Stobra erhielten 1356. die Erfurter, welche vorher den Burggrafen gehörten (Guden. hist. Erf. 108.).

Endlich im J. 1352. den 8ten Novbr. bestätigte Kaiser Karl. IV. den Erfurtern den Kauf von Kapellendorf und gab ihnen zu Lehn „das Haus zu Kapellendorf, das von Alter ein eigen Haus gewesen, die Muntze, den Wochenmarkt, einen Marktzoll und zwei Dörfer Swabehausen und Coppenze" (Avem.: Nr. 154. Dr. Erhard: Nr. 4. geh. Staatsarch. z. Weim. Nr. 7.).

Ehemals stand man in der Meinung, Kapellendorf sei eine Stadt gewesen, und noch jetzt theilt das Staatshandbuch von Weimar (1830.) dieselbe. Diese Meinung beruht auf folgenden Gründen. 1) Burggraf Dietrich nennt zwei Bewohner von Kapellendorf Bürger (cives) (Anh. Urk. Nr. 23.); 2) der Ort wird in zwei Urkunden (1338. u. 1382.) ein Städtlein und *oppidum* genannt, und 3) auch ein Markt war da. Aber einmal heißen *cives* auch Burgmannen, sowie *civitas*, die Burgmannschaft. 4) entspricht *oppidum* dem teutschen Städtlein, welches Wort sehr häufig von solchen Orten gebraucht wird, die durch eine Burg entstanden und weniger als Stadt (urbs) und mehr als Dorf (villa) sind. Endlich 5) wo die Besatzung dem Ackerbaue nicht obliegen kann und sich mit Handwerk beschäftigt, da entsteht Kauf und Verkauf, was auch hier der Fall war; Marktzoll und Münze wurde vom Reiche verliehen (vergl. Fischer: Gesch. des teutschen Handels I, 348.).

Die ferneren Schicksale des Schlosses und der Herrschaft Kapellendorf theilen mit: Dr. Erhard's Ueberlief. zur vaterländ. Gesch. Magdeb. 1825. 1stes Heft. S. 108. u. fg. und Ersch und Gruber: Encycl. der Künste und Wissensch. unter: Kapellendorf.

Im J. 1351. schenkt er gemeinschaftlich mit seinen Verwandten Güter und das Patronatrecht zu Nora dem Nonnenkloster zu Berka (Avem.: Nr. 85. n. 86.)

Im J. 1352 kündigt Burggraf Hartmann dem Abte zu Fulda die Vogtei über Kapellendorf, von dem sie zu Lehn ging, auf (Dr. Erhard: a. a. O. 132. Nr. 3.), obgleich später die Burggrafen von Kirchberg sich immer des Klosters annehmen und es sehr begünstigen.

In den folgenden Jahren stellt er immer gemeinschaftlich mit seinen Verwandten Urkunden aus; nach dem J. 1359. scheint er aber gestorben zu sein. Denn im J. 1363. kommen seine beiden Söhne

Dietrich VI. und Otto VII.

das erste und das letzte Mal vor (Avem.: Nr. 95.), und mit ihnen scheint euch diese Linie erloschen zu sein.

18. Noch sind die Burggrafen von Altenberge, eine Seitenlinie der Burggrafen von Kirchberg, zu erwähnen. Sie führen alle den Namen Dietrich und stammen vermuthlich von Dietrich II., Burggrafen von Kirchberg, dessen Seite 36. gedacht worden ist und der sich öfters auch 75 Burggraf von Orlamünde schrieb. Altenberge bei Orlamünde und Kahla war ihr Sitz, aber in einem langen Zeitraume kommt in Urkunden kein Burggraf von Orlamünde oder Altenberge vor. Ungewiß ist es, ob der im J. 1275. erwähnte Burggraf Dietrich von Kirchberg (Urk. Nr. 55.) zu dieser Linie gehörte, da er nicht näher bezeichnet ist.

Mit Gewißheit kommt aber in den Jahren 1295. und 1296. Burggraf Dietrich von Altenberge vor, ein Mal als Zeuge (Urk. Nr. 81.), und dann, als er dem Kloster zu Kapellendorf, in welches seine Tochter Sophia aufgenommen wurde, Güter zu Magdala überläßt (Nr. 82.). Noch soll er 1305. das Weihnachtsfest auf der Wartburg beim Landgraf Albrecht gefeiert haben (*Jovius*).

Zwei Söhne von ihm, Dietrich und Dietrich werden in der letzten Urkunde (Nr. 83.) erwähnt, welche 1326, dem Nonnenkloster zu Ober-Weimar eine Mühle zu Tamfurt verehren, als des ältern Dietrich's Tochter Elisabeth in dasselbe aufgenommen wurde.

Des jüngern Dietrich's Sohn, Dietrich, der sich Burggraf zu dem Altenberge, Herr zu Altendorf nennt, eignet 1350. mit seiner Mutter Gelycke und seinen Brüdern Johannes und Dietrich zum Heile ihres Vaters und ihrer Nachkommen der Pfarrei zu Zwabiz (bei Kahla) einen Weinberg am Hornitzenberge zu (Avem.: Nr. 84.); und im J. 1351. bekennt das Nonnenkloster zu Ober-Weimar, daß es Güter in Kötschowe (Kötschau), welche ihm Burggraf Dietrich von Aldinberg zugeeignet habe, dem Kloster zu Kapellendorf verkauft habe (Avem.: Nr. 170.).

Dessen Sohn Dietrich, Purggrave, Herr zum Aldenberge, bestätigt 1390. einen der Kirche zu Orlamünde überlassenen Zins (Avem.: Nr. 173.). Im daran hängenden Siegel, welches geschacht oder gewürfelt ist, heißt er der Aeltere. Adrian Beier (Geogr. Jen. 247.) hat noch im J. 1396. in einer Urkunde einen Burggrafen Dietrich von Altenberge gefunden; derselbe muß aber bald darauf gestorben sein, denn die Herrschaft Altenberge fällt um diese Zeit durch Erbrecht an den Burggrafen Albrecht III., Herrn von Kranichfeld, mit welcher 1398. Erzbischof Johann von Mainz ihn belehnte.

Von den Burggrafen kam diese Herrschaft in dem Bruderkriege ums J. 1446. an die Grafen von Gleichen, von ihnen 1492. an Ludwig von Redewiz, der sie 1515. an die von Weißbach verkaufte. 1574. kaufte sie Fabian von Feilitsch, dann Johannes von Puster, von ihm Freiherr Johann Riedesel von Eisenbach, der sie 1671. dem Reichshofrath Nicolaus von Hünefeld um 35,000 Rthlr. überließ, von dem sie endlich an die Herren von Schwarzenfels kam, in deren Händen sie sich noch jetzt befindet (Avem.: 55.).

19. Der Burggrafen Vasallen und Lehnsleute sind mehrmals erwähnt worden, und wir müssen hier besonders etwas von ihnen sagen.

Schon im J. 1238. kommen in einer vom Markgrafen Heinrich dem Erlauchten ausgestellten Urkunde ein

Wirich und Werner von Kirchberg vor (Urk. Nr. 31.) und 1278. werden Volkmar Ritter von Kamburg und dessen Schwiegersohn Wirich genannt von Kirchberg als Lehnsleute des Landgrafen Albrechts genannt (Urk. Nr. 56.), welcher im Jahre darauf bei der Freilassung der beiden Brüder von Kuniz durch Burggraf Otto den Großen unter den Zeugen auf Windberg erscheint (Urk. Nr. 57.) und im folgenden Jahre mit seiner Ehefrau Bertha dem Kloster zu Kapellendorf ihre Zinsen in Döbritzschen und Drackendorf übergeben (Urk. Nr. 61.). Endlich kommen 1301. die Gebrüder Heinrich und Wirich von Kirchberg als Cämmerer und Dienstleute Albrecht's des Unartigen vor (Nr. 93.), und 1303. erscheint Wirich von Kirchberg als Zeuge und Notar in einer von Markgraf <u>77</u> Friedrich mit der gebissenen Wange ausgestellten Urkunde (Nr. 94.).

Ebenso kommt in der von Burggraf Otto dem Großen 1279. ausgestellten Urkunde ein Gottfried Ritter von Kirchberg vor, welcher 1296. mit seiner Gattin Elisa dem Kloster zu Kapellendorf Güter in Bucha und Hermstedt verehren (Nr. 84.).

In welchem Verhältnisse diese des Namens von Kirchberg zu den Burggrafen gestanden haben, wird nicht recht deutlich, indessen scheinen sie ihnen doch nicht ganz fremd gewesen zu sein, da 1279. Gottfried und Wirich von Kirchberg unter den Zeugen auf Windberg erscheinen.

Vasallen der Burggrafen von Kirchberg, die Güter von ihnen besaßen, demnach ihre Lehnsleute, ihnen aber auch zu Kriegsdiensten verbunden waren, daher gewöhnlich Ritter (milites), kommen häufig in Urkunden vor und haben sich häufig auf Kirchberg und Windberg aufgehalten, ja einige werden ausdrücklich Burgvögte (castellani) genannt. Sie heißen mit Anführung der Urkunden, wo sie meistens als Zeugen vorkommen:

Gottschalk von Sulzbach: Nr. 23. u. 32., sowie Gebhard oder Gerhard von Sulzbach, vielleicht dessen Sohn: Nr. 72. 85.

Otto von Zwäzen: Nr. 32. 35. u. 37.

Irenfried von Ranstete: Nr. 34. 38.

Meinhard von Lesten: Nr. 34. 38. u. 42. 48. u. 57., dessen Sohn Heinrich von Lesten: Nr. 58. 65. 87. 92. 95.,

Hermann von Lesten: Nr. 113. und Hanneß von Lesten: Nr. 131. 132.

Reinboto von Lubogostiz: Nr. 35. 42. und 95.

Simon von Kapellendorf: Nr. 37. 86. und 95.

Heidenreich von Ortendorf: Nr. 40. 42., dessen Sohn oder Enkel Günther von Ortendorf: Nr. 117.

Albert von Schwabhausen: Nr. 57. 64. u. 66.

Conrad von Briseniz: 58. 79.

Theoderich von Libgastiz: Nr. 65. 66. 75. 83. 85. 86. 87. 88.

Heidenreich von Sortowe: Nr. 66. 75. 76.

Menico von Wachawe: Nr. 69. und vielleicht dessen Sohn Wirich von Wachawe: Nr. 116.

Heinrich von Lichtenhain: Nr. 75. 76. 77. 79. 83. 85. 86. 87. 88. 92. 96. 103. 104. 117. Vater, Bruder und Sohn. In Döbritzschen, Schöngleina und Beutnitz hatten sie Güter.

Conrad von Isserstedt: Nr. 76. 77. 79.

Friedrich von Würzburg, dessen Nachkommen die Burg Burgau besaßen: Nr. 76. 88. 103. 117.

Heinrich von Suffelberg: Nr. 76. 95.

Heinrich von Molewiz: Nr. 104. 113.

20. Das älteste Wappen der Burggrafen von Kirchberg sind einige senkrechte schwarze Balken im weißen Felde: dasselbe, welches im alten großen Gerichtssiegel des Amtes Jena linker Hand sich befindet. Die drei übrigen Schilder bezeichnen Lobdaburg, Burgau mit dem Fisch und

Gleisberg mit den Spindeln. Avemann theilt S. 92. Tab. I. seines Werks über die Burggrafen dergleichen Kirchberg'sche Wappen nach Siegelabdrücken mit.

Die Burggrafen führten aber auch einen schwarzen Löwen im weißen Felde, wie man glaubt, wegen erlangten Burggrafenthums, und ehe es gewöhnlich wurde, das Schild in Felder zu theilen, führten sie bald die Balken, bald den Löwen. Noch wird in der Ziegenhainer Kirche ein mit buntem Glase zusammengesetzter Löwe aufgerichtet, mit offenem Rachen, ausgestreckter rother Zunge und goldner Krone, aufbewahrt, welcher der Burggrafen Wappen sein soll.

Die Burggrafen Kapellendorfer Linie hatten nur Balken im weißen Felde, aber der Burggrafen von Altenberge Wappen war, wie oben schon erwähnt, gewürfelt oder geschacht.

Als die Burggrafen von Kirchberg die halbe Grafschaft Sayn durch Erbrecht erhielten, vermehrte sich ihr Wappen, welches Imhof (Notit. proc. Imp. 1723.) I, 571. Tab. 17. Nr. 6., und Avemann (Gesch. der Burggrafen von Kirchberg) 98. Tab. 2. u. 3. bildlich dargestellt mittheilen.

Nachdem wir nun von der Burggrafen Nachkommen, Seitenlinien, Vasallen und Wappen das Nöthigste beigebracht haben, kehren wir wieder zu der Geschichte der Kirchberg'schen Schlösser zurück, von denen Windberg in der Grafen von Schwarzburg, Greiffenberg in des Landgrafen von Thüringen Händen sich befanden.

7. Windberg
unter den Grafen von Schwarzburg.

21. Im J. 1331. kauften die Brüder Heinrich und Günther, Grafen von Schwarzburg, Herren zu Arnstadt, das Haus zu Windberg, wozu Kirchberg gehörte, um 630 Schock Groschen (S. 57.); und nach 27 Jahren, 1358., traten

sie das Haus Windberg wieder an den Landgraf Friedrich von Thüringen ab. In dieser Zeit wird erwähnt ein Weingarten im Jenerthal (von Ober-Camsdorf nach Wölnitz zu), der da gehört in die Herrschaft zu Windberg (1337. Nr. 131.) und zwei Kapellen auf Windberg und Kirchberg (1353. Nr. 138.), aber ohne nähere Beziehung auf die Grafen von Schwarzburg selbst.

Graf Günther von Schwarzburg, erwählter römischer König (1sten Jan. 1349.) hatte einen einzigen Sohn, Heinrich, hinterlassen, dem Frankenhausen und halb Arnstadt mit Zugehörungen zukam. Aber schon acht Jahre nach seines Vaters Vergiftung (14ten Juni 1349.) starb auch er (1357.). Markgraf Friedrich der Strenge machte als Lehnsherr Ansprüche an sein Erbtheil, aber die Grafen von Schwarzburg thaten Einspruch. Endlich kam es zur Sühne und die Grafen von Schwarzburg traten für Frankenhausen, außer Dornburg und Lobdaburg, auch das Haus zu Windberg mit Mannschaft, Gerichten und Rechten an den Landgrafen von Thüringen ab (7ten Septbr. 1358. Urk. Nr. 139.); und gaben, wie einige Schriftsteller (z. B. Fabricius: Org. Sax. 675.) hinzusetzen, 3000 Mark reinen Silbers hinaus.

8. Greiffenberg

unter dem Markgrafen Friedrich von Meißen.

22. Burggraf Albrecht I. hatte an dem Thüringischen Grafenkriege Theil genommen und war als Bundesgenosse der Grafen von Schwarzburg mit starker Hilfe und ziemlicher Mannschaft gegen den Markgrafen von Meißen gezogen; der Ausgang aber war, daß er 1345. Greiffenberg räumen und völlig an den Markgrafen abtreten mußte (S. 58. u. 62.).

Bald aber finden wir die Veste Greiffenberg in den Händen Friedrich's von Schönburg, dem sie der Markgraf Friedrich eingegeben hatte. Denn als im J. 1348. Graf Günther von Schwarzburg, Arnstädter Linie, dem Markgra-

fen von Meißen 500 Mark Silber geliehen, wurde ihm ver-
sprochen, daß ihm Eisenberg und Greiffenberg mit Wild-
bahn, Gerichten und Mannschaft, mit Ausnahme des Klosters zu Bürgel, pfandweise von Friedrich von Schönburg bis
nächste Mitfasten eingeantwortet werden sollten; so aber
der Markgraf sein Pfand zu Beytun, Lengevelt, Kalmuncze
und Velburg bis nächste Mitfasten für die 500 Mark einant-
worten würde, wolle er sich von Eisenberg und Greiffenberg lossagen (Anh. Urk. Nr. 136.). — Von Greiffenberg wird nichts wieder erwähnt.

9. Herrschaft Windberg

unter den Markgrafen von Meißen

23. Vom Jahre 1358. an gehören die drei Schlösser
Windberg, Kirchberg und Greiffenberg, welche zu-
sammen das Amt oder Gericht Windberg bilden, zu den
Herrschaften des Landgrafen Friedrich des Strengen von
Thüringen, und zwar zu den Meißnischen Landen, zu denen
auch Osterland gerechnet wurde.

Wie schon oben beim Burggraf Albrecht III. von
Kirchberg (S. 65.) erwähnt worden ist, machte derselbe Ansprüche auf Windberg, obgleich dieses Haus an Schwarzburg (1331.) verkauft worden war, denn er schrieb sich
1372. Herr von Windberg; aber Ansprüche an Ziegenhain machte er wohl geltend, denn er schrieb sich nicht nur
Herr von Ziegenhain (Nr. 140.), sondern er nennt Ziegenhain auch sein Dorf, als er 1424. an demselben unter
dem Schlosse Windberg eine neue Kapelle baut (Nr. 144.)
und der Stiftung den Weingarten Preger widmet, sowie seine Söhne in einer Urkunde vom J. 1429. (Avem.: Nr. 113.)
als Zeugen Conrad Francken ihren Schultes zu Ziegenhain
nennen (S. 67.). Vermuthlich ist daraus das ehemalige jetzt
ausgekaufte freie Erbgut zu Ziegenhain entstanden, deren
Besitzer Wiedeburg (Nachr. vom Fuchsth. 58.) von 1676.
an aufzählt und welches am 18ten Mai 1641. Herzog Wil-

helm IV. zu Sachsen, als es der Prof. der Mathematik (seit 1613.) Heinrich Hoffmann aus Jena besaß, von Zinsen und Steuern befreite (Beier; Geogr. Jen. 420.).

Zunächst scheinen die Markgrafen von Meißen diese Herrschaft zu Windberg Leuten aus edlen Geschlechtern und die um ihnen waren, als Pfand eingegeben zu haben; denn 1381. erscheint als solcher Albrecht von Hackeborn, als er den Kauf eines Weinbergs am Jenzig, die Gebind genannt, bestätigte (Urk. Nr. 141.); 1389. gibt Heinrich von Vanre vor gehegtem Gerichte der markgräflichen Amtleute zu Burgau und Jena sein erbeigen Recht im Gerichte zu Jena und Windberg auf und weiset die Zinspflichtigen an das Mich. Kloster zu Jena (Urk. Nr. 142.); und aus dem Geschoßbuche des Stadtraths zu Jena, welches die beiden Fürsten Friedrich und Wilhelm unterm 5ten Jun. 1406. zu Altenburg demselben ertheilten, geht hervor, daß zu jener Zeit nicht nur der Burggraf viele Zinsen aus der Herrschaft zu Windberg erhielt, sondern daß auch „Heinrich Knabe von einem Acker Weinwachs gelegen am Jenczig 1 Schilling Pfennig dem von Brandensteyn uffis Sloz Wintberg" zinsete.

Schon im J. 1382. war nach dem Tode des Markgrafen Friedrich des Strengen (26sten Mai 1381.) bei der zu Chemnitz gemachten Theilung die Herrschaft Windberg, sowie Burgau, Lobdeburg, Jena, Dornburg, Bürgel, Eisenach ꝛc. seinen drei Söhnen Friedrich, Wilhelm und Georg gemeinschaftlich zugefallen (Horn's Leben Friedr. des Streitbaren (1733.) Nr. 18.). Nach dem Tode des jüngsten Bruders Georg (9ten Decbr. 1401.) hatten die beiden ältern Brüder ihre Lande gemeinschaftlich verwaltet, aber 1411. nahmen sie eine besondere Theilung ihrer Lande auf 4 Jahre vor, nach welcher Theilung auf den ältern Bruder Friedrich unter andern kam: Burgau, Lobdeburg, Lobeda, namentlich mit allen Weinbergen bei diesen genannten Orten, sowie bei Jena, die der Voigt von Burgau bisher gemeinschaftlich bearbeitet harte, der jüngere Bruder Wilhelm erhielt aber Jena

mit Gerichten und der halben Fischerei von Burgau, Wyntperg, Ysenberg, Borgeln, Dornburg u. s. w. (Horns Leben
Friedr. Nr. 157.).

Nach einer Urkunde, die sich merkwürdiger Weise
unter den Papieren, welche die Ziegenhainer Kirche besitzt,
in Abschrift befindet, überläßt im J. 1420. Markgraf Wilhelm der Reiche vier Hufen Landes und drei Wiesenflecke,
welche zu seinem Schlosse Windberg gehörten und in der
Briseniczer Flur lagen, fünf Einwohnern zu Brisenicz, gegen
48 Scheffel Korn, Gerste und Hafer jährlich Martini auf's
Schloß Windberg zu reichen (Urk. Nr. 143.). Nach seinem
Tode (30sten März 1425.) fielen seine Lande, also auch
Windberg, an seinen ältern Bruder Friedrich den Streitbaren wieder zurück. Aber auch er starb auf seinem Schlosse
zu Altenburg (5ten Jan. 1428.), wenige Jahre darnach, und
wurde in der Gruft seiner Väter, der Fürstenkapelle zu Meißen, beigesetzt. Sein erstgeborner Sohn, Friedrich der
Sanftmüthige (geb. 22sten Aug. 1412.), erhielt die Kur, und
die übrigen Lande verwaltete er mit seinem jüngsten Bruder,
Wilhelm dem Tapfern (geb. 30sten Apr. 1425.), gemeinschaftlich. Nach dieser Zeit kommt der erste Voigt von
Windberg, Conrad Grepfer, vor, welcher 1428. eine Belei-
hung bestätigt (Nr. 145.).

10. Herrschaft Windberg

unter den Herzogen von Sachsen.

24. Aber im J. 1445. beschlossen die beiden Brüder
ihre Lande zu theilen. Gegen frühere Gewohnheit sollte der
jüngste Bruder theilen und der älteste kiesen (wählen)
(*Kammermeister:* Ann. Erf. ed. Menk. III, 1187.).

Am 10ten Septbr. dieses J. wurde zu Altenburg zwischen beiden Brüdern eine neue Theilung vorgenommen
(*Lunig:* R. A. II, 222.). Aber immer glaubte der eine Bruder
von dem andern sich übervortheilt, welcher Zwist und
Wahn durch Beider Räthe, Georg von Babenberg und Apel

von Vitzthum, recht genährt wurde. Auch der Tag zu Leipzig, am 29sten Nov. d. J. führte zu keinem Ergebniß (Menk. III, 1061.).

Hierauf wurde ein Tag zu Halle angesetzt, wohin die Fürsten von Brandenburg und Hessen und die Bischöfe von Magdeburg, Meißen, Merseburg und Naumburg beschieden wurden. Der ältere Bruder sollte Meißen erhalten, der jüngere Thüringen und Theile vom Osterlande, wohin auch Jena und Windberg, welches eine Grafschaft (comitatus) genannt wird, gerechnet wurde. Aber auch dieser Ausspruch stellte beide Theile nicht zufrieden (v. Schultes: Hist. Schriften II, 242.).

Endlich brach am 20sten Jun. 1446., als eben Herzog Wilhelm sein Beilager mit Anna, Kaiser Albrecht's Tochter, in Jena feiern wollte, die Feindseligkeit aus, indem Kurfürst Friedrich in die Besitzungen Apel Vitzthums einfiel und seine Güter zerstörte (Menk. II, 423. Wiedeburg: Beschr. v. Jena, I, 166.). Im J. 1448. bestimmten zehn geschworne Männer, unter denen Hans von Leyen, Voigt zu Windberg und Gleisberg, Besitzer von Groitzschen, obenan steht, durch ein Landeszeugniß die Grenzen und Rechte des Gerichts Burgau, um die desfalsigen Irrungen beizulegen (Urk. Nr. 146.). Schreckliche Verwüstungen haben dieser beiden Brüder Lande in dieser Zeit erfahren, die sie lange nicht überwinden konnten. Die meisten Wüstungen rühren aus jener Zeit her.

Gewöhnlich wird angenommen, daß die Kirchberg'schen Schlösser in diesem Bruderkriege das letzte Mal zerstört worden seien (vergl. *G. Groitsch*: Descript. Salae. ed. Schammel. 10.). Gewiß ist, daß das Schloß Burgau von Herzog Wilhelm um diese, Zeit zerstört worden ist, weil es seinem Bruder gehörte. Gewiß ist auch, daß Herz. Wilhelm den Brüdern Vitzthum die Schlösser Gleisberg, Lobdeburg und Leuchtenburg eingeräumt hat, um sie in Vertheidigungsstand setzen und gegen seinen Bruder gebrauchen zu lassen; daß sie sich aber nach geschlossenem Frie-

den in denselben vestgesetzt haben und dann gemeinschaftlich eingenommen und zerstört worden sind (Hortleder:
Msc. VI, 321^b. *Rudolfi* Gotha dipl. V, 3. 26. Menk. II, 426. III,
1210. 1254. *Fabric.*: Orig. Sax. 724.). Aber von den Kirchberg'schen Schlössern ist weder bekannt, daß sie den Gebrüdern Vitzthum eingeräumt, noch daß sie um diese Zeit
zerstört worden sind; Gegentheils kommen sie später noch 85
bewohnbar vor.

Im J. 1452. erließ Herzog Wilhelm ein Ausschreiben
an die Amtleute zu Jena, Leuchtenburg, Wyntberg, Dornburg und Eisenberg, besser die Feier der Fest- und Sonntage zu beachten, Würfel-, Bret- und Kartenspiel zu unterlas-
sen, das Halb- und Ganzzutrinken nicht zu dulden, Land-
streicher aus dem Lande zu entfernen, die wilden Ehen zu
untersagen, dem Wucher zu steuern und Verurtheilte drei
Tage vor ihrem Tode beichten und das heil. Abendmahl
genießen zu lassen (der Stadt Jena Copialb. I, 17^b. Jovius:
Schwarzburg. Chronik: ed. Schoettg. I, 527. Schneider:
Samml. zur Thür. Gesch. II, 265. Nr. 11.). Und einige Jahre
darauf (1454.) erließ er an die Amtleute zu Jena, Wyntperg
und Isenberg, Abt zu Bürgeln ꝛc. ein Schreiben, des Inhalts,
weltliche Streitsachen nicht mehr vor geistliche oder auslän-
dische Gerichte, als die freien Stühle in Westfalen, zu bringen (der Stadt Iena Copialb. I, 18^b. Schneider: Samml. II,
272. Nr. 14^b.)

Im J. 1471. werden vom Papst Paul II. noch die Kapellen auf Wintberg, Zeygenhain und Kirchberg erwähnt, als er sie mit ihrer Parochialkirche zu Briseniz dem
Kloster Bosau, von dem sie abgekommen waren, nochmals
untergibt (Nr. 147.), worauf auch Abt Günther des Georg-
genklosters zu Naumburg als Beauftragter alle dabei Betheil-
ligte unterm 4ten Aug. dess. J. vor ihm zu erscheinen vor-
fordert (Amts Jena Copialb. II, 1057.).

Im J. 1478. war Wilh. von Geilsdorf Hauptmann in
Jena und Voigt der Voigtei Jena, Gleisberg, Windberg und
Burgau (Beier: Archit. Jen. 233.).

Im J. 1480. verordnet Herzog Wilhelm, daß die neuen Lehen, als die Gleisbergische, Windbergische, Heldrungische und andere in gebührlicher Zeit empfangen und verlehnrechtet werden sollen, als gewöhnlich und herkommen ist (Amts Jena Copialb. II, 1099.).

Im J. 1482. starb Herzog Wilhelm, begraben im Minoritenkloster zu Weimar. Die Landgrafschaft Thüringen fiel an seines Bruders Söhne Ernst und Albrecht zurück. Im J. 1485. wurde Thüringen getheilt: Ernst erhielt Burgau mit Lobeda, Albrecht Jena mit Windberg und Gleisberg. Aber einige Wochen nach dem Vergleiche trat er Jena mit den Gerichten wieder an seinen ältern Bruder ab. Ein Jahr nach dieser Ländertheilung starb Ernst, aus Gram über dieselbe. Ihm folgten seine Söhne Friedrich der Weise und Johannes der Beständige; und seine Nachkommen sind bis auf den heutigen Tag, wenn auch nicht im Besitz der Kirchberg'schen Schlösser, doch im Besitze des Thurmes geblieben, der aus jener alten Zeit herüberragt. Doch wir kehren zurück, um den Untergang derselben zu erfahren.

Der Weimarische Hofrath Hortleder sagt in seiner zu Eisenach befindlichen tabellarischen Beschreibung des Amtes Jena (Tom. VI.): „In dem unseligen Bruderkriege sind die Kirchbergschen Schlösser entweder abermals zerstört, oder, als nach gemachtem Frieden besser und genauer Haus gehalten und viel Aemter in eins geschlagen, allmälig mit der Zeit verwahrloset, verwüstet, verödet und (glaublichen gemeinen Rufe nach) die Steine und Werkstücke des Greiffenbergs, etwa um's J. 1480., zur Jenaischen Saalbrücke verbraucht; die Nutzung der Schloßwälle aber anno 1484. von Heinrich München, Ambtmann zu Jena, einem Ambtsunterthanen zu Ziegenhain, vmb einen jehrlichen gewissen Erbzinß überlassen worden, bis die landesfürstliche Obrigkeit solche Schlösser etwa wieder bauen und anrichten möchte."

Und zur nähern Erläuterung dieser Worte diene, was Hortleder ebenfalls in seinen handschriftlichen Papieren hinterlassen hat: „Anno LXXX. quarto (1484.) am Sontag nach seint Johans des Teufers (27sten Jun.) habe ich, Heinrich ,Monch, dy Zeyt Amptman zu Jhene, Lodewigen Theutzsch zum Zeegenhayn, erblich vmb 4 nuwe gr. Geldzcins, iehrlich von den Schloßwällen innewendig vnd außwendig umb die Berge: Wintpergk, Griffenbergk vnd Kirchbergk gelaßin, darüber er myn gnedigen Herrn sechs fl. gebin im Ampt Jhena. So habe ich ihm Ampt halbin nachgelaßin, So myne gnedige Hern oder ihre Amptlüte solche Wähille oder alte Schloß wieder buwen oder zu ihren Hande nehmen würden, solln ihm genannte 6 fl. wieder gegeben werden."

In einer Grenzbeschreibung der Gerichte der Stadt Jena vom J. 1480. (Amts Jena, Copialb. II, 1106.) wird „das steinerne Creuz, das auf der Neuen Brucken auf der Mauer steht," erwähnt, daher offenbar, daß um diese Zeit die Camsdorfer Saalbrücke erbaut worden ist. Sehr wahrscheinlich ist es daher, daß vor dieser Zeit die Kirchberg'schen Schlösser ihrem Verfalle nach und nach entgegengingen, da sie nicht wieder hergestellt wurden. So weiß man nicht ein Mal den angefähren Untergang dieser Schlösser, die einstens so herrlich da standen und edlen Geschlechtern zum Wohnsitze dienten.

Sowie Gleisberg, welches 1453. zerstört worden war, war auch Windberg dem Amte Jena einverleibt worden, und diese beiden Aemter hießen, zum Unterschiede von Burgau, welches 1448. von Herzog Wilhelm zerstört worden war (Hortleder: Handschr. in Eisenach, VI, 289.) und das Oberamt hieß, das Unteramt.

In das Windberg'sche Gericht gehörten: die drei Schlösser Windberg, Kirchberg und Greiffenberg, das Dorf Ziegenhain mit dem Kelterhause daselbst, Camsdorf mit dem Geleitshause daselbst, welches später nach Burgau verlegt worden ist, dagegen in Camsdorf ein Beigeleit errichtet wurde, Wenigen-Jena mit der Pfarrei daselbst, Briseniz mit der Pfarrei daselbst, Wochau mit einem Edelsitz Radegast,

Wüstung Ober-Radegast, Jenas-Löbnitz, zwei Acker Wie-
sewachs in der Ober-Au, der Bach Gembda und der Ziegenhainer Bach, das Fischwasser im Saalstrome, vom Wehr
der Brückenmühle bis an das Gleisberg'sche Fischwasser
bei einem Marksteine auf dem Löbstedter Anger, gegen den
Kunitzer Mühlenwehr über, mit fünf Laßwassern und einem Fischhäuslein zu Nollendorf oder vor der Pforte, endlich nach Hortleder (Amt Jena, Abschr. 37.) auch die
Schneidemühle und die Brückenmühle.

11. Neuere Zeit.

25. Im J. 1584. hat Herzog Johannes zu Weimar
(gest. d. 31sten Octbr. 1605.) den alten Schloßthurm Kirchberg durch den Jenaischen Amtsschösser Romanus Hillard
besichtigen und wieder herstellen lassen (Beier: Geogr. Jen.
255.).

Am 29sten Jul. 1629. besichtigte ihn, sowie den ganzen Bergrücken des Hausberges, der Hofrath Hortleder,
und sein Bericht in seinen handschriftlichen Nachrichten
lautet so:

„Ich habe das Schloß Kirchberg neben dem
Windberge, gegen Brießniz herab, mit einem sonderbaren
Graben vom Windberge unterschieden und mit den funda-
mentis eines runden Thurmes gegen Ziegenhain und alten
kenntlichen Schwibbogen funden. Die Weinberge daran
heisen auch noch die Kirchberge, und stehen izigen
Schulzen und andern Leuten im Dorfe zu, ob sie gleich vom
Schloß nichts mehr gewußt, sondern die Schloßstatt von
einem wüsten Dorf vf der andern Seite des Hausberges ge-
gen Mitternacht, Schleendorf genannt, erhalten. In der
Ringmauer und Graben des Kirchbergs hat eodem die ein
Schöberlein Heu gestanden; denn alle die Höfe der drei
Schlösser samt dem dorso totius montis vor Wiesen und
Gräserei (quod mirandum) und zu häselnem Buschholz,
darin sich Fuchs und Hasen halten, gebraucht und genutzt
werden. Greifberg hat noch ein Schleifloch oder halb of-

fen Gewölbe und die Weinberge daran heisen auch: die Greifenberge." (Vergl. auch Beier: Geogr. Jen. 256. Wiedeb.: Fuchsth. 38.)

Hortleder stand in dem Wahne, und Adrian Beier folgte ihm, die Lage der Schlösser sei gewesen: Greiffenberg, Windberg und zuletzt Kirchberg. Durch irgend einen Umstand muß er zu dieser Meinung gelangt sein. Aber schon aus der Beschreibung der Belagerung dieser Schlösser im J. 1304. (S. 49.) ersieht man, daß sie in folgender Ordnung lagen: Greiffenberg, Kirchberg und Windberg; dann sprechen auch die Namen der Berge und daranliegenden Felder dafür, und Adrian Beier widerspricht sich daher selbst sehr oft, wenn er in seinem Geogr. Jenensi (265. u. 543.) den noch stehenden Thurm zum Schloß Kirchberg rechnet, was doch Windberg wäre.

Schlendorf kommt in der ganzen Geschichte der Kirchberg'schen Schlösser nicht ein Mal vor, obwohl es ausgemacht ist, daß ein Dorf unter Windberg nach Briseniz zu da war.

Hortleder sagt von demselben in seinen hinterlassenen Handschriften (VI, 297.): „Schleendorf ist heut zu Tage nichts mehr, als eine leere Dorfstätte mit Bäumen noch also gebauet vnd in Rundung abgezirkt, daß man daraus spüren kann, es sei vor Zeiten ein Dorf etwa da gestanden; — es liegt zunächst unter dem Walle des alten Schlosses Kirchberg (?), am Hausberge gegen Mitternacht zu, dem Jänzig gegenüber, und heißt jetzt der Schleengarten, gehört einem Bürger zu Jena auf dem Steinwege."

Diese Wüstung ist jetzt noch unter dem Namen Schlendorf bei den Umwohnern bekannt, liegt in der Wenigenjenaischen Flur, soll aber nach Jenapriesnitz eingepfarrt gewesen sein, daher noch der Kirchenweg. Noch jetzt hat die Wüstung Gartenrecht, indem kein Hirte hintreiben darf, und soll durch den Einsturz eines Theils des Berges verschüttet, nach Andern zerstört worden sein. Auch will man beim Ackern auf Ziegelstücke und Gemäuer stoßen.

Im Wenigenjenaischen Steuerbuche kommt die Gegend unter dem Namen Schleengarten vor, aber im Jenapriesnitzer Flurbuche werden die unter demselben liegenden Felder: unter Schlendorf bezeichnet. Auch kommt der Name Slendorf sehr oft im Geschoßbuche des Stadtraths zu Jena vom J. 1406. vor. Vermuthlich ist es durch die Besatzung der darüber liegenden Burg entstanden und sehr bald durch irgend einen Unfall eingegangen.

26. Der Name Fuchsthurm wird gewöhnlich von dem bekannten, den jungen im ersten Jahre die Hochschule besuchenden Burschen ausgelegten Namen Fuchs hergeleitet, die man zu ihm, führte, und allerdings mag mancher Mißbrauch daselbst getrieben worden sein (S. Beier: Geogr. Jen. 265. Pfefferkorn: Gesch. v. Thüring. (1685.) 272. Melissantes: Bergschl. 181. (Weber) Deutschland (1828.) 209.). Aber es ist wohl sicherer, den Namen von den Füchsen herzuleiten, deren es an diesem Berge eine große Menge gab und noch gibt; der Greiffenberg ist ein lebendiger Fuchsbau; daher hieß auch vor 50 Jahren der ganze Hausberg der Fuchsberg, und noch jetzt heißt eine Gegend nach dem Jenzig zu: hinter den Fuchslöchern.

Die untere Thür zum Fuchsthurme ist vermuthlich später eingebrochen worden, da sie neues Gemäuer hat, auch die Seitenwände, weil beim Durchbruch nicht die Mitte getroffen worden, nicht gleich stark sind; vielleicht ist es bei der Wiederherstellung des Thurmes im J. 1584. geschehen. Offenbar war der ursprüngliche Eingang bei der fensterähnlichen Oeffnung beim ersten Dritttheil des Fuchsthurms, zu welcher man entweder durch Leitern oder auch durch Seitengebäude gelangte. (S. Helfrecht, Rector in Hof: Ruinen auf dem Fichtelgebirge (1795.), wo er S. 20. u. f. mancherlei über die Bauart und Lage der alten Schlösser sagt.).

Als während des dreißigjährigen Krieges die Schweden unter Stallhans und Mortaine am rechten Saalufer lagen, und die Kaiserlichen unter Götz am linken sich zeigten, stellten sich die Schweden am 5ten Febr. 1637. in der Nacht an der Spitze des Hausberges auf, wandten ihre glimmenden Lunten um die Weinpfähle und eilten auf Zeiz und Torgau zu; und ehe die Oestreicher den Irrthum inne wurden, waren sie schon weit voraus.

Als Herzog Bernhard II. zu Jena ums J. 1670. das Jenaische Schloß baute, hat er die Bausteine am Hausberge brechen lassen.

Kurz vor dem sächs. Kriege ums J. 1756 ließ Herzog Ernst August Constantin auf dem Hausberge nachgraben und Schutt aufräumen, aber durch die darauf folgenden Unruhen wurde die Arbeit wieder unterbrochen (Wiedeb.: Fuchsth. 47.).

Denselben Zweck, den wir erreichen wollen, hatte Professor Wiedeburg im J. 1784. vor Augen, als er den Fuchsthurm zugänglich machte und ein Häuschen auf demselben aufführen ließ, über welchen Bau die beste Auskunft gibt sein zu jener Zeit und zu diesem Zwecke herausgegebenes Schriftchen: Kurze Nachricht von dem uralten sogenannten Fuchs-Thurm bei Jena und den daselbst 1784. getroffenen Einrichtungen (Jena, in der Cröker'schen Buchhandlung. 3 Ex.). Der Baumeister soll Stößel in Ruttersdorf gewesen sein. Aber Alles ist wieder verschwunden. Im J. 1800. war der Thurm schon nicht mehr zugänglich. Möge diesmal mit besserm Erfolg gebaut werden.

Zuletzt muß ich noch einer Sage erwähnen, deren die Brüder Grimm in den deutschen Sagen (Berlin, 1816. 1, 207.) aus dem Taschenbuche für Freundsch. und Liebe (1815. 279 — 281.) mit folgenden Worten gedenken: „Am Strande der Saale, besonders aber in der Nähe von Jena, lebte ein wilder und böser Riese; auf den Bergen hielt er seine Mahlzeit und auf dem Landgrafenberge heißt noch ein Stück der Löffel, weil er seinen Löffel fallen ließ. Er war auch gegen seine Mutter gottlos, und wenn sie ihm Vorwürfe über sein wüstes Leben machte; so schalt er sie und

schmähte, und ging nur noch ärger mit den Menschen um,
die er Zwerge hieß. Ein Mal, als sie ihn wieder ermahnte,
wird er so wüthend, ,daß er mit Fäusten nach ihr schlug.
Aber bei diesem Gräuel verfinsterte sich der Tag zu schwar-
zer Nacht, ein Sturm zog daher und der Donner krachte so
fürchterlich, daß der Riese niederstürzte. Alsbald fielen die
Berge über ihn her und bedeckten ihn, aber zur Strafe
wuchs der kleine Finger ihm aus dem Grabe heraus. Dieser
Finger aber ist ein langer, schmaler Thurm auf dem Hausberge, den man jetzt den Fuchsthurm nennt. — Und diese
Sage besingt Henriette Schubert unter der Aufschrift:

Das Riesengrab.
Eine Volkssage.

Vor vielen tausend Jahren lebte
Ein Riese an der Saale Strand,
Vor dem die Gegend rings erbebte,
Denn furchtbar war er Stadt und Land.
Ein Wüthrich war's, der mit verstockter Seele
Nur drauf bedacht, wie er die Menschen quäle. —
In Jena's Nähe trieb vorzüglich er
Sein grausam ungeschliffnes Wesen,
Er hatte sich das schöne Thal umher,
Zu seinem Boudoir erlesen.
Hier schmauste er und feierte Gelage
Oft an der Berge grüner Rasenwand,
Wo noch von ihm — bis zudem heut'gen Tage —
Ein Stück der Löffel wird genannt. —
Allein vor allen andern zog
— Was er auch Schlimmes denk' und thu', —
Wie er auch schwelgte, schwur und log, —
Ein unrecht ihm den Zorn der Götter zu:
Er kümmerte auf alle Art das Leben
Der Mutter, die ihm einst das seinige gegeben.

Oft — wenn sie ihn, mit mütterlichen Worten
Sein wüstes Leben abzuändern bat —
Da tobte er, in gräßlichen Accorden,
und schmähte sie mit Frevelworten und That.
Nur toller trieb er's dann auf seinen Bergen,
Und schlimmer ging es nur den armen Zwergen,
— Wie er die andern Menschenkinder hieß —
Und Mancher kam dann in sein Burgverließ. —
Man warnte ihn, man führt' ihm zu Gemüthe,
Wie böse Kinder oft die Strafe fand,
Wie streng der Zorn der Götter ihnen glühte,
Und wie sie reizten der Vergeltung Hand;
Allein, nichts that sein arges Wüthen stillen,
Er sprach den Göttern — wie den Menschen — Hohn,
Und blieb mit bösem, ungezähmten Willen
So nach, wie vor, — ein ungerathner Sohn. —
Einst, — als er auch der guten Mutter Mahnen
Mit der gewohnten üblen Laun' ertrug, —
Da wich sein Grimm so ganz aus allen Bahnen,
Daß er mit frechen Händen nach ihr schlug. —
Und plötzlich hüllt den Himmel dunkle Nacht,
Der Sturmwind braust, der laute Donner kracht,
Ein Aufruhr scheint das Thal rings zu erschüttern,
Und des Gebirges starre Seiten zittern.
Der Frevler stürzt betäubt zur Erde nieder,
Sie wölbt sich ihm zum schnellgefundnen Grab;
Ein Berg bedeckt alsbald die Riesenglieder,
Und tiefer sinkt er in den Grund hinab. —
Und als nun längst verhallt des Lästrers Stimme,
Und längst man Ruhe fand vor seinem Grimme,
Da wuchs — zu aller bösen Kinder Graus —
Der kleine Finger ihm zum Grab heraus,
Den man von Weitem schon erkennt,
Und den man jetzt den Fuchsthurm nennt. —

II.
Geographische Lage des Fuchsthurms auf dem Hausberge,

mitgetheilt von

Dr. Ludwig Schrön,

Inspector der Großherzogl. Sternwarte zu Jena.

Um den Ort, welchen der Hausberg und insbesondere der Fuchsthurm auf der Erdoberfläche einnimmt, zu bestimmen, scheint es am geeignetsten, denselben auf die Lage der großherzoglichen Sternwarte zu Jena zu beziehen. Da nun dieser Ort bestimmt wird 1) durch die geographische Länge, 2) durch die geographische Breite und 3) durch die Höhe über dem Niveau des Meeres, welches man sich bis unter demselben erweitert vorstellt, so mögen auch hier diese drei Coordinaten einzeln betrachtet werden.

1) Die geographische Länge.

Der Fuchsthurm liegt 2 Min. 27 Sec. in Bogen östlich von der Sternwarte. Diese Bestimmung habe ich, in Ermangelung einer besondern Messung, von dem Plane des Treffens bei Jena am 14ten Octbr. 1806. (2te, durchaus berichtigte Ausgabe. Weimar, im geogr. Inst. 1807.) entnommen.

Aus der, am 7ten Septbr. 1820; von dem verstorbenen Director der Sternwarte, Hrn. Professor Dr. Posselt, beobachteten Sonnenfinsterniß (Schumacher's Astronomische Nachrichten; Nr. 1.) folgt nach der Berechnung des Hrn Professor Wurm in Stuttgart (Bode's astronomisches

Jahrbuch. 1826.) für die geographische Länge der Sternwarte

0^h 37' 5", 0 östlich von Paris, oder

29° 16' 15" östlich von der Insel Ferro.

womit sehr gut übereinstimmt das Mittel 0^h 37' 5", 8 von zwei älteren Bestimmungen, nämlich vom 22sten Mai 1788. ,nach dem Freiherrn von Zach, und vom 9ten Juli 1792. nach dem Hrn. Lieutenant Vent (f. Zach's monatliche Correspondenz, Bd. 23. S. 122—125.), wenn man die erstere mit — 1", 5 und die letztere mit — 1", 7 auf die Sternwarte reducirt, und die Länge der Sternwarte Seeberg von Paris nach den neuesten Bestimmungen zu 0.^{h} 33.' 34", 1 annimmt.

Aus obiger folgt die geographische Länge des Fuchsthurms

0^h 37' 14", 8 östlich von Paris, oder

29° 18' 42" östlich von der Insel Ferra.

2) Die geographische Breite.

Nach demselben Plane des Treffens bei Jena liegt der Fuchsthurm 2, 7 Sec. südlich von der Sternwarte.

Die neuesten Bestimmungen der Breite Jena's sind durch Beobachtungen der Sonnenhöhen

am 21sten April 1788. von Hrn. Oberstallmeister von Hardenberg aus Gotha zu 50° 56' 29"

am 22sten Mai 1788. von dem Freiherrn von Zach zu 50° 56' 30"

am 23—29sten Octbr. 1791. von Hrn. Lieutenant Vent aus Weimar zu 50° 56. 28, 5 und

am 9ten Juli 1792. von demselben zu 50.° 56.' 29" (s. Zach's mon. Corr. a. a. O.)

Die zweite Beobachtung, und wahrscheinlich auch die erste, sind auf der Platteforme des Schlosses, die beiden letztern aber im Gasthofe zum Bären angestellt. Aus dem Grundrisse der Stadt Jena, aufgenommen von Hrn. Amtsgeometer Wenzel im Jahr 1813., fand ich durch Messung des Azimuts des Stadtthurms für die Sternwarte

Platteforme des Schlosses südlich vom Gasthofe zum Bären 1, 1 Sec.

Sternwarte südlich vom Schlosse 9, 6 Sec.

Hiernach obige vier Breitenbestimmungen auf die Sternwarte zurückgeführt, ergibt sich im Mittel

96 die geographische Breite der Sternwarte zu 50° 56' 19", 0

und

die geographische Breite des Fuchsthurms zu 50° 56' 16", 3

3) Die Höhe.

Für die Höhe des Hausberges sind mir folgende drei Bestimmungen bekannt geworden:

1) Die Specialcharte von Deutschland von Reymann und Berghaus, Section 146. (entworfen und gezeichnet von Heinrich Berghaus 1817., revidirt 1824.) enthält

1060 Par. Fuß Höhe des Fuchsthurms über dem Meere,

394 „ „ Höhe der Saale zwischen der Schneidemühle und der Camsdorfer Brücke über dem Meere, woraus folgt

666 „ „ Höhe des Fuchsthurms über der Saale.

2) Am 17ten Octbr. 1819. fand Hr. Prof. Dr. Posselt aus der Messung eines einzigen Barometerstandes mit dem, von Hrn. Hofmechanicus Dr. Körner gefertigten Hurter'schen Barometer der Sternwarte

607, 4 Par. Fuß Höhe des Hausberges über dem niedrigsten Standpuncte unter dem zweiten Bogen der Camsdorfer Brücke.

3) Am 4ten Septbr. 1822. beobachtete Hr. Markscheider Müller aus Wettin auf der westlichen Spitze des Hausberges einen einzigen Barometerstand mit einem, vorher mit dem obigen Hurter'schen verglichenen, Pistor'schen Barometer, woraus sich ergab

606, 4 Par. F. Höhe des Hausberges über der Sternwarte.

116

Um diese drei Zahlen vergleichbar zu machen, werden sie am zweckmäßigsten auf die Höhe des Bodens beim Eingange in den Fuchsthurm über dem Nullpuncte des Saalpegels an der Camsdorfer Brücke, so weit es thunlich ist, durch folgende Bestimmungen zurückgeführt.

Durch ein geometrisches Nivellement am 15ten Juli 1830.

fand ich:

82, 1 Par. F.	Flurgrenzstein zwischen Ziegenhain und Wenigenjena (Z 1826. bezeichnet) auf dem Windberge, der östlichen von den drei Hauptkuppen des Hausberges, über dem Boden beim Eingange in den Fuchsthurm auf dem Kirchberge, und
8, 2 „ „	dieser über dem Greiffenberge, dem westlichen von den drei Hauptkuppen des Hausberges.

Der niedrigste Standpunkt unter dem zweiten Bogen der Camsdorfer Brücke liegt 3 Par. F. über dem Nullpunkte des Saalpegels.

Endlich aus zwei barometrischen Nivellements am 8ten und 10ten Juli 1830, erhielt ich

42, 0 Par. F. als Höhe des Parterres der Sternwarte über dem Nullpunkte des Saalpegels.

Hieraus ergibt sich oben näher bezeichnete Höhe des Fuchsthurmes über dem Saalpegel

nach Berghaus zu 666 Par. Fuß,

nach Posselt zu 618, 6 „ „

nach Müller zu 656, 6 „ „

Die Verschiedenheit dieser Zahlen bestimmte mich, durch eine größere Anzahl von Beobachtungen die fragliche Höhe genauer zu ermitteln, und dies um so mehr, da ich soeben zwei gut gelungene Fortin'sche Barometer von dem Verfertiger, dem Hrn. Mechanicus Sieglitz, erhalten hatte.

Um den Kenner in den Stand zu setzen, über das, mit denselben gefundene, von obigen Zahlen sehr abweichende Resultat urtheilen zu können, halte ich es für nöthig, nicht nur dieses Resultat, sondern auch die, aus den einzelnen Beobachtungen gefundenen Höhen anzuführen, und hoffe, auch manchem andern Leser durch diese nähere Einsicht in den Grad von Genauigkeit, den diese Gattung von Messungen gewähren, einen desto größeren Dienst zu erweisen, je geringer das Zutrauen desselben zu barometrischen Höhenbestimmungen sein würde. Noch bemerke ich, daß die correspondirenden Beobachtungen auf der Sternwarte von dem, mit diesen Beobachtungen vertrauten Gehülfen der Sternwarte, Hrn. Stud. math. Meusezahl, aufgezeichnet und beide Barometer durch Vergleichung vor und nach einem jeden Beobachtungstage als völlig übereinstimmend befunden worden sind.

Höhe des Bodens beim Eingange in den Fuchsthurm über das Gefäß des Barometers in der Sternwarte.

Am 13ten Juli 1830.				Am 15ten Juli 1830.			
Abends.	Par. F.	Mittags.	Par. F.	Abends.	Par. F.	Abends.	Par. F.
8 U. 0 M.	686,5	11 U. 49 M.	685,4	6 U. 21 M.	686,4	7 U. 47 M.	687,4
9	683,8	55	687,5	27	687,8	55	686,5
16	681,7	0 2	683,5	31	690,6	0	688,7
23	688,0	7	684,6	48	688,6	5	689,6
32	681,4	12	687,2	57	691,7	10	693,3
		28	682,4			15	694,7
Im Mittel	683,3		685,1		689,0		690,0

Die Abweichung des ersten und vierten mittleren Resultats erklärt sich durch den hier stattfindenden, nachtheiligen Einfluß, den der Untergang der Sonne und die stärkern Winde auf diese Bestimmungen äußern.

Das Mittel aus diesen vier Resultaten ist

686, 8 Par. Fuß.

ˎHöhe des Gefäßes des Barometers der Sternwarte über dem Nullpunkte des Saalpegels an der Camsdorfer Brücke.

Am 8ten Juli 1830.		Am 10ten Juli 1830.		
Abends.	Par. Fuß.	Nachmittags.	Par. Fuß.	
7 U. 30 M.	44, 4	3 U. 34 M.	48, 2	
37	44, 4	53	50, 1	
45	42, 6	4 0	44, 7	
50	44, 9	7	42, 8	
55	44, 2	15	44, 0	
8 0	43, 1	23	43, 4	
Im Mittel	43, 9	30	48, 2	
		37	42, 8	
		45	41, 6	
		Im Mittel	45 ,1	

Das Mittel von diesen beiden Mitteln ist
44, 5 Par. Fuß.

Während am 8ten Juli das Verschwinden der Sonne hinter den Bergen um 7 Uhr 40 Min. einen geringen Einfluß auf die beiden darauf folgenden Beobachtungen äußerte, zeigte sich die Wirkung des stärkern Windes am 10ten Juli desto kräftiger, daher ich auch, dies befürchtend, 9 Beobachtungen aufzeichnete. Demungeachtet stimmen die Mittel bis auf 1, 2 Par. F. überein. Das Barometer war an diesen beiden Tagen an verschiedenen Stellen in der Nähe der Camsdorfer Brücke aufgestellt, es ist jedoch der Höhenunterschied des Gefäßes desselben und des Nullpunktes des Pegels durch geometrisches Nivellement genau bestimmt und jede einzelne Höhe auf diesen Nullpunkt zurückgeführt worden. Dieser Nullpunkt endlich liegt 10, 3 Par. Fuß unter der Spitze des östlichsten Pfeilers an der Nordseite der Brücke.

ˎAus den Beobachtungen zu Jena mit dem Hurter'schen Barometer der Sternwarte in den Jahren 1821 — 1826. gestützt auf die gleichzeitigen Beobachtungen zu

Genf, Paris, Regensburg, Bayreuth, Berlin, Tangermünde, Altona, Danzig und Appenrade, deren Seehöhe sehr genau und größtentheils durch geometrisches Nivellement bestimmt ist, hat sich die Höhe des Barometergefäßes der Sternwarte zu Jena über dem Niveau des Meeres zu

445 Par. Fuß

ergeben (s. Meteorologisches Jahrbuch des Großherzogthums Sachsen-Weimar-Eisenach. Sechster Jahrgang des Jahres 1827. Jena, Schmid. S. 114.).

Da jedoch das Hurter'sche Barometer zu hohe Stände zeigt, wie dies nach den Vergleichungen zu vermuthen war, die ich später mit andern guten Barometern anzustellen Gelegenheit fand, und namentlich um 0, 76 Par. Linien höhere, als die neuen Fortin'schen Barometer; so muß obige Seehöhe von Jena dem entsprechend um 57, 6 Par. Fuß vermehrt und folglich

502, 6 Par. Fuß

für die Höhe des Barometergefäßes der Sternwarte über dem Niveau des Meeres angenommen werden.

Demnach erhält man folgende Bestimmungen der Höhe über dem Meere

458, 1 Par. Fuß	Nullpunkt des Saalpegels an der Camsdorfer Brücke.
502, 6 „ „	Barometergefäß der Sternwarte. Dieses 2, 5 Par. Fuß über dem Parterre der Sternwarte.
1181, 2 „ „	Greiffenberg, die westliche der drei Hauptkuppen des Hausberges.
1189, 4 „ „	Boden am Eingange in den Fuchsthurm.
1221, 5 „ „	Windberg, die östliche der drei Hauptkuppen des Hausberges (Flurgrenzstein),

woraus sich die relativen Höhenunterschiede von selbst ergeben.

„Noch mögen einige Bemerkungen über die Lage und Höhen der Umgegend hier Raum finden.

Befindet man sich über dem mehrerwähnten Flurgrenzsteine auf dem Windberge, so erblickt man

in N die Gembdenmühle,

in W den Fuchsthurm und nahe

in S, nur wenig nach W zu abweichend, die Leuchtenburg.

Verglichen mit der Horizontalebene, welche durch die Are eines genau horizontal gerichteten Fernrohrs bestimmt wird, bemerkt man folgende Verhältnisse.

Noch unter diesem Niveau des Windberges befinden sich:

die Leuchtenburg in S,

das Vorwerk Cospota in SW gen S,

die Dörfer Osmaritz in SW,

Cospeda in W NW,

Lützeroda, Vierzehnheiligen und Closwitz in WNW bis NW,

der ganze Horizont von NW bis N,

der ganze Rücken des Jenzigs,

die Windmühle bei Göritzberg hinter Stadt Bürgel in NO gen O,

die ganze Gegend von ONO bis nahe in O gen S, wo sie ins Niveau aufsteigt.

Von O gen S bis S liegt der Horizont, unter mäßigen Veränderungen, bald über, bald unter dem Niveau.

Dem Augenschein zuwider, sinkt die Welmse von O gen S bis SO.

Bedeutend unter diesem Niveau liegen

die Kernberge in S gen W,

der Windknollen (Napoleonsberg) in WNW und der Dorlberg in ONO.

Ueber diesem Niveau bemerkt man:
die Schäferei Lisgau und Coppanz in SW gen W und den Ettersberg in WNW.

III.

Skizze einer Beschreibung des Hausberges bei Jena in geognostischer und botanischer Hinsicht.

Entworfen vom
Prof. Zenker zu Jena.

A. Geognostische Verhältnisse.
1) Gebirgsarten und deren Lagerung.

Daß vor uralten Zeiten diese ganze, zunächst den Hausberg umgebende Gegend Meeresgrund gewesen, worauf verschieden gerichtete Strömungen gefluthet und Steine aus den fernen Hochgebirgen binzugeführt haben, davon geben viele Erscheinungen unwiderlegliches Zeugniß. Ja wir dürfen nur auf die feste, horizontale Lagerung der größern Kalkschichten aufmerksam machen, welche selbst durch spätere Einwirkung der Naturkräfte, ja nicht einmal durch die vom Regen und Flußwasser bewirkten Einschnitte und Anschwemmungen verwischt werden konnten, worauf im Gegentheile ihre innere Structur nur noch mehr aufgeschlossen wurde, um darin, sowie in dem hinzugeführten Geröll auf den Höhen, die Belege für die so eben ausgesprochene Grundansicht zu finden. Zwar sind durch diese Gewalten Hügel, Berge und Thäler entstanden, welche eine sehr unebene Gegend bildeten, allein die auf ihrer Höhe ausgebreite, ziemlich ebene Horizontalfläche, wodurch jene Berge ein meist abgestutztes Ansehen erhalten, sowie das in andere Schichten hineingetriebene Kalkgeröll, und vor allen die Masse der Meerversteinerungen weisen auf ihre ursprüngliche Entstehung aus dem Meerwasser hin, welches über ihnen Jahrhunderte gestanden haben mochte. Zahllose Geschöpfe, besonders sogenannte Schalenthiere (Conchylien), die unsere neue Weltenperiode jetzt nicht mehr kennt, belebten dasselbe; Kalkstoff kittete die einzelnen Schalen zusammen, der Schleimkörper des Thieres wurde aufgelöst, eben so häufig die Kalkschale durch das Mineral verzehrt und umgewandelt, so daß man allerwärts ganze Bänke und Lager solcher Versteinerungen findet, deren Menge noch jetzt die Seele des Forschers mit lebhaftem Erstaunen erfüllen. Sogenannte Ammonshörner (besonders in den höheren Schichten), Terebratuliten, Mytuliten, Chamiten, Pectiniten, Trochliten, Pentacriniten und Enkriniten sind es, welche sowohl ganz, als in Bruchstücken in unserer Gegend zu Millionen vorkommen und von denen ähnliche Formen nur noch im fernen Ocean auftreten, während das Süßwasser des Binnenlandes nie dergleichen erzeugt. Fischversteinerungen sind unserer Gegend gänzlich fremd, dagegen findet man nicht selten einige Knochenüberreste, besonders Zähne, von krocodilartigen Amphibien (Ichthyosaurus) im Sand und Kalkstein eingewachsen, sowie bisweilen einige Knochen von Säugethieren.

Sonach gehört unsere Gegend zu der vorzüglich durchs Meerwasser hervorgebrachten Formation oder zur sogenannten Flötzformation, von der sich am Hausberge besonders zwei Hauptglieder deutlich nachweisen lassen. Nämlich die unterste Schicht, welche ohne Mühe kenntlich wird, ist der sogenannte bunte Sandstein, dann folgt eine ziemlich mächtige Schicht bunten Thones oder Mergels, häufig mit Gypslagern durchsetzt, welche hier als besonderes Mittelglied erscheint, in Wahrheit aber dem bunten Sandsteine untergeordnet ist, und zuletzt auf diesen ganz oben der sogenannte Muschelflötzkalk mit seinen Muschelversteinerungen. Alle diese Schichten haben ein schwaches Einfallen nach Westen.

104   ₁a) Bunter Sandstein-Wern.

Synon. Sandstein mit Thon. Vergl. d'Aubuisson de Voisin's Geognosie, übersetzt von Wiemann. Dresd. 1822 8. II, 302.). Zweiter Flötzsandstein: Boue: Geogn. Gemälde von Deutschl. 1829. 8. S. 207. Abyssisch-pöcilische Formation, Alex. Brong-

niart: Gebirgsformationen der Erdrinde. Aus dem Franz.
von Kleinschrod. Paris, 1830. 8. S. 241.

Von den Schiefern des Thüringer Waldgebirges und
seinen östlichen Fortsetzungen zieht sich, unmittelbar auf
dem sogenannten Zechstein ausgelagert, eine mächtige
Horizontal-Schicht des sogenannten bunten Sandsteins bis
in unsere Gegenden deutlich wahrnehmbar, herab, wo sie
zunächst die Grundlage der andern zu Tage stehenden und
ohne Mühe erkennbaren Gebirgsschichten bildet. Vorzüglich schön prägt er seine eigenthümliche Beschaffenheit bei
dem Marktflecken Rothenstein (1 Meile von Jena süd-
wärts) aus, welcher auch seinen Namen von dem rothen
Sandsteine erhielt, indem er hier vorzüglich mächtige Fel-
senwände bildet. Von noch festerem Kern scheint der beim
Städtchen Roda zu sein, woselbst er als ein treffliches Bau-
material schon längst bekannt ist und sogar zu Mühlsteinen
benutzt wird.

Kleine Sandkörner, welche ein mergelartiges Cäment
vereinigt, machen den Grundbestandtheil der Masse aus, die
nicht blos braunroth gefärbt erscheint, sondern auch häufig
gelb, braun, roth, grün und grau bandirt vorkommt, weß-
halb ihr der Name bunter Sandstein von Werner beigelegt wurde. Diese Färbung rührt von dem in der Bin-
dungsmasse unter mancherlei Zuständen befindlichen Eisen
und Braunstein her; die bald als Hydrat, bald als Oxyd in
mannichfachen Oxydationsstufen erscheinen und daher
anders färben. Vorzüglich ist hier und da Eisenoxyd in solcher Menge vorhanden, daß man den damit gefärbten Thon
als eine Art von Röthel benutzen könnte. Durch die größeren Quantitäten von Mergel, welche in diesem Sandsteine
getroffen werden, wird seine Zertrümmerung, sobald er der ___105
Einwirkung der Atmosphäre ausgesetzt ist, sehr befördert.
Nicht selten erscheint er dann unter schiefriger Textur als
Schiefer-Sandstein, oder verbindet sich wohl auch mit
seinen Glimmerblättchen als Glimmer-Sandstein. An der
Grenze des darüber liegenden bunten Mergels wird ein all-

mäliger Uebergang durch oft sehr mächtige Lager von solchem Schiefer- und Glimmersandstein vermittelt, ja da, wo bei Rothenstein und mehr südlich noch der bunte Mergel fehlt, tritt als Uebergangsglied ein bläulicher Kalkmergel auf, der unmittelbar zum Muschelkalk führt. Ein solcher Mergel ist der sogenannte Leuterit, welcher durch seine Kalktheile im Finstern phosphorescirt und seinen Namen von der Leutra — einem Bache, der seinen Ursprung im Mühlthale nimmt und sich endlich an der Südseite von Jena in die Saale ergießt — erhielt. Er wurde ursprünglich in dem von der Leutra bewirkten Wasserrisse hinter der großherzoglichen Sternwarte gefunden (vergl. Sartorius in Voigt's Magaz. f. d. neuest. Zust. d. Naturk. Jena, 1797. S. 113. fg.), ist jedoch auch am Fuße der Westseite des Hausberges keine Seltenheit. Etwas seltener ist dagegen der in einzelnen Partieen (Nestern) vorkommende ziegel- oder auch bleichfleischfarbige Calcedon (Jaspis nach Batsch), dessen Bildung noch in eine uns nicht ganz ferne Zeit zu fallen scheint, da man noch jetzt ähnliche Phänomene wahrnimmt und verschiedene Umwandlungsstufen nachweisen kann. Drusen von zartem, weißem Kalkpath, sowie von mehr oder minder durchsichtigem, weißem (bergkrystallähnlichem) und graulichem Quarz, oft in schöner, rein vollendeter Krystallisation, werden hier und da getroffen, ja sogar an einzelnen Stellen zufällige Auswitterungen zarter Bittersalzkrystalle. Es bildet übrigens dieser Sand am Fuße des Hausberges Hügel und Felsen, von denen sich besonders die Bänke hinter Camsdorf und hinter der Schneidemühle auszeichnen. Namentlich haben letztere eine ziemlich feste Zusammenfügung der feineren Sandkörner, und der Fuhr-
106 weg nach Ziegenhain führt durch solche Sandbänke, welche an einzelnen Stellen mit kellerrtigen Höhlen und Tiefen durchsetzt sind, aus denen man Scheuersand zu holen pflegt. Kunstreiche Mauerbienen, Wespen und Spinnen haben hier überall niedliche Einsiedeleien gegründet, welche

der sinnige Naturfreund nicht ohne herzliche Freude betrachtet.

Uebrigens werden vom östlichen Ende der beiden Seitenthäler des Hausberges die eigentlichen Sandlager gänzlich durch den bunten Mergel und Muschelkalk überdacht, daher hier nicht mehr sichtbar. Dieser bunte Mergel, ein Glied des bunten Sandsteins, tritt am Hausberge sehr ausgezeichnet hervor, ist aber auch sonst um Jena herum sehr verbreitet. Seine Farbe wird vorherrschend braun-(mordore-) roth getroffen, doch kommen auch bläulichgrüne, ins Aschgraue spielende und weißliche Schichten vor, die sich streifenartig durch jene rothe Hauptmasse hindurchziehen. Meist erscheint er in sanften, wellenförmigen Formen, ohne an gewisse scharfe Umrisse gebunden zu sein. Im Ganzen ist der Zusammenhang seiner Theile nicht sehr stark, sondern meist bröcklich und nur in einzelnen Partieen mehr verhärtet, stellt er sich dann als Thonstein dar, indem seine Neigung zu schiefriger Bildung unverkennbar ist. Nesterweise Einlagerungen von grünlichem, leicht zerbröckelndem Thon in den rothen haben noch das Eigenthümliche, daß sie die Nässe langer halten, als der anders gefärbte rothe. Dies rührt von dem größern Antheile von Kalkerde her, welchen der rothe Thon besitzt und daher auch leichter trocknet. Vorzüglich bemerkt man diese Erscheinung an der Westseite des Hausberges.

Zahlreich sind die Gestalten, unter denen der Gyps in diesen bunten Mergelschichten auftritt. Hier und da, vornehmlich an der Vorderseite des Hausberges, jedoch nie in großer Mächtigkeit, findet sich ein dichter, feiner, weißer Gyps oder Alabaster, der an den Kanten durchscheint, fest ist und daher polirt werden kann, wie man ihn denn auch wirklich zum Belegen der Fußböden, der Pfosten u. s. w. 107 benutzt hat. Häufig sind ihm grauliche Gypsspathe eingemengt. Letztere treten vorzüglich in einer schon gröbern und mehr graulichen Alabastermasse oft in solcher Menge auf, daß sie den Alabaster (dichten Gyps) verdringen und so

die ganze Masse in den sogenannten Schuppengyps umwandeln. Dieser hat den Namen von schuppenförmigen Structurtheilen, indem sein blätteriges Gefüge bei Verwitterung sichtbarer wird. Meist sind jene Krystalle ohne alle Regelmäßigkeit gleichsam wie durcheinander geworfen, und nur an einzelnen seltenen Stücken, die uns vorliegen, bilden sie Concretrationsstellen, indem die einzelnen rhomboedrischen Krystalle, gleich Strahlen von einem gemeinsamen Mittelpunkte ausgehen, so daß sie sich dann, von der breiten Seite betrachtet, rosenförmig darstellen. Als zarte, goldfarbige Pünktchen erscheint bisweilen der Schwefelkies eingesprengt. Der sogenannte zuckerartige Schuppengyps kommt schon dem Fasergyps sehr nahe, indem die schuppenartigen Gemengtheile oft sehr fein sind und mehr in der Längsrichtung aneinander liegen, ist aber schon seltener. Nach Batsch (Mineral. Taschenb. S. 135.) soll auch an der Vorderseite des Hausberges klarer, perlemutterfarbener Gypsspath (Frauenglas) mit gediegenem Schwefel vom Hofrath Büttner gefunden worden seyn, ohne daß etwas Aehnliches von uns wieder beobachtet werden konnte. Sonderbare Erscheinungen bietet auch der Fasergyps, welcher sich mit senkrechten Fasern zwischen den horizontalen Mergelschichten hinzieht. Höchst selten sind seine Fasern gleichfalls horizontal gedrückt, was meist auf eine früherhin wirksame, mächtige Gewalt hindeutet, welche dieses hervorbrachte. Die Feinheit der Fasern, sowie die Dicke der Schichten, ist ebenso verschieden, wie die Farbe, welche bisweilen weiß, bisweilen gelb oder auch röthlich, selten grünlich-grau erscheint. Die seinen nadelförmigen Fasern erregen als Splitter, zufällig ins Auge gebracht, leicht gefährliche, entzündliche Zufälle, weshalb man den Faser-
<u>108</u> gyps auch Blindstein nennt und ihn zu Streusand benutzt, wobei jedoch seiner Quarzsand weit vorzuziehen ist. Nur zu Gypsabgüssen liefert er ein ausgezeichnetes Material. Durch Verwitterung erhalten alle diese Arten mancherlei Veränderungen, indem sie bald an ihrer Oberfläche wie ausgefressen

in Zacken und andern unregelmäßigen Formen erscheinen, bald eine Art Gypssinter bilden, welcher an einzelnen Stellen besonders die Wände der Klüfte in den Gypsfelsen überzieht, wie dieß vorzüglich beim Gypsfelsen hinter Camsdorf geschieht. Die sonderbaren wellenförmigen Beugungen, welche sich nicht allein am Fuße der Westseite, sondern, und zwar noch deutlicher und schöner, an den sogenannten Teufelslöchern ausgeprägt finden, sind sicherlich nicht durch die Wellen des ehemals hier fluchenden Meeres oder der Saale entstanden, sondern gewiß durch die verschiedene Schwere der unmittelbar darüber lastenden Substanzen, sowie durch Trockenheit selber, wodurch einzelne Partien gleichsam runzlich zusammenschrumpften. So viel ist freilich wohl ausgemacht, daß sich alle diese Schichten vor Zeiten im Meeresgrunde bildeten, aber daß erst in einer spätern Periode die eigenthümliche Structur dieser Gypsmassen durch früherhin weit reißendere Gewalt des Saalstromes aufgeschlossen wurde. Noch verdient das in zarten, nadelförmigen Krystallen ausschießende Bittersalz hier einer Erwähnung, das sich überall, wo des vorkommt, bildet, am deutlichsten aber gleichfalls an den Teufelslöchern, wo es sich zu gewisser Zeit in ziemlicher Quantität vorfindet. Seine Entstehungsart hat allerdings manches Dunkele.

b) Flötzmuschelkalk. Werner.

Syn. Zweiter Flötzkalk oder Muschelkalk. Boué: Geogn. Gemälde. S. 220. Abyssische Muschelkalkformation. Alex. Brongniart: Die Gebirgsformation der Erdrinde. Aus dem Franz. von Kleinschrod. Paris, 1830. 8. S. 239.

Bei und nimmt er die oberste Stelle unter den Gebirgsschichten ein, und nur erst nach Erfurt und Gotha hin wird 109 er von einer andern Thon- oder Mergelschicht, dem sogenannten Keuper, bedeckt.

Im Ganzen scheint er am Hausberge, namentlich von Westen aus betrachtet, weniger mächtig, als der bunte Mergel. Von letzterm wird er schon durch seines weißlichgelbe Färbung geschieden, welche auf der einen Seite in die ockergelbe, zufällig auch in die braunrothe und zinnoberrothe übergeht, was zunächst das in ihm enthaltene oxydirte Eisen bedingt, auf der andern in die bläulich-graue. Selbst der Zusammenhang seiner Theile ist sehr verschieden. Zwar erscheint meist die schichtenweise horizontale Lagerung seiner Schichten sehr deutlich, allein die einzelnen Stücke sind bald mehr dünn schiefrig, bald ganz dicht, bald, und dieß ist der häufigste Fall, breceienartig, bald endlich besteht die ganze Masse aus Haufen zusammengekitteter Muscheln verschiedener Art. Vorzugsweise zeichnet sich die hintere Hälfte des Hausberges durch seine ziemlich mächtigen Horizontalschichten dichten ockergelblichen Kalksteins aus. Auch erscheint ein jenen dichten Massen nicht selten ein dunkelgrau-blauer Feuerstein, dessen Zeichnung schon dem oberflächlichen Blicke das Dasein versteinerter Muschelschalen kund gibt.

Der Uebergang von dem bunten Mergel zum Muschelkalk wird durch einen gelblichweißen oder graulichen Kalkmergel vermittelt, und auch selbst dieser dient häufig als Bindungsglied der dichtern Kalkmassen. In diesem trifft man gerade die am besten erhaltenen Muschelversteinerungen. Meist fehlte ihnen jedoch die Schale und nur noch Steinkerne sind übrig geblieben. Unter diesen Versteinerungen zeichnen sich besonders die glatten Terebratuliten (Terebratulites vulgaris *Schloth.*) aus, welche in großer Anzahl getroffen werden, ferner die meist einzeln erscheinenden gestreiften und glatten Chamiten (Chamites laevis *Schloth.* et Ch. striata *Schloth.*). Auch Ostracites spondyloides *Schloth.* gehört unter die Seltenheiten, dagegen kommen häufig die kleinern Gänsefüße (Trigonellites vulgaris) und die gesellschaftlichen Mytuliten (Mytulites socialis *Schloth.*, aber richtiger zur Gattung Avicula zu rechnen und daher Avicula socialis *Bronn* zu nennen) vor, welche eben so charakteristisch für diese Formation sind, als die sogenannten knotigen Ammonshörner (Ammonites nodosus *Schloth.*

[Ceratites *Haan.*] — Aechte Ammonshörner (Ammonites *Haan*) scheinen nach Haan, Brongniart u. A. in dieser Formation gar nicht vorzukommen, welche ursprünglich mehr auf den Höhen erscheinen. Von den Myaciten wird vorzüglich, jedoch stets selten, Myacites elongatus *Schloth.* getroffen, unter noch mehrern Pectiniten, Trochliten und Strombiten, sowie Dentalites laevis *Schloth.* Letztern darf man nicht mir Echinitenstacheln verwechseln, welche gleichfalls dieser Formation nicht fremd sind. Das Wunderbarste aber von allen sind die pflanzenähnlichenVersteinerungen von Pentacrinites vulgaris *Schloth.* mit seinen einzelnen fünfeckigen Gliedern mit zierlicher Zeichnung eines fünfstrahligen Sterns auf der Querseite. Erst in der neuern und neuesten Zeit hat man im Pentacrinus Caput Medusae aus Westindien Und P. europaeus an der irländischen Küste (*Thompson:* Memoir on the Pentacrinus europaeus. Cork. 1827. 4.) die noch lebenden Models gefunden, um dieTheile dieser ähnlichen urweltlichen gehörig zu deuten. Es sind im Grunde gestielte Meersterne. Auch für die Versteinerungen Encrinus hat man jetzt im Encrinus Milleri des caribäischen Meeres das Muster (Zoological Journ. N. XIV. p. 175.) entdeckt, sodaß man mit Bestimmtheit ihre Thiernatur darthun kann. Man nennt in einigen Gegenden Thüringens die einzelnen scheibenförmigen Glieder des Encrinites liliiformis *Schloth.* Bonifaciuspfennige, auf eine alte Sage hindeutend, nach welcher der heilige Bonifacius sich derselben statt Geldes bedient haben soll. In den ältern Büchern über Versteinerungen werden sie als Entrochiten bezeichnet, ihr Vorkommen aber ist an unserem Berge eine Seltenheit, auch erscheinen sie nicht leicht frei und einzeln, sondern meist 111 verbunden und eingewachsen. Uebrigens sind sie gleichfalls für den Muschelkalk so charakteristisch, daß Einige ihn Trochitenkalkstein zu nennen vorschlugen.

Noch möge an dieser Stelle die Erwähnung einer Bildung ihren Platz finden, welche man häufig sowohl auf dem Hausberge, als auch aus den benachbarten Bergen wahrnimmt. Man trifft nämlich nicht selten auf der Unterfläche von etwas hohl liegenden Kalksteinen eine tropfsteinartige Bildung an, welche zu den Pseudomorphosen gehört und keineswegs Corallenversteinerung ist, wie man zu glauben leicht veranlaßt werden könnte. Ueberdieß werden auf schiefrigem Kalkmergel braunartige, schwärzlich rothfarbene Zeichnungen getroffen. Man nennt sie Dendriten, doch sind sie keine Versteinerungen, sondern rühren von gleichsam sich pflanzlich gestaltendem Brauneisenstein her.

2) Physiognomie des Hausberges

Dem von Westen kommenden Beschauer zeigt sich der Hausberg als ein sanft aufsteigender Kegel mit breiter Basis und dünner Spitze, der das allerdings in dieser Gebirgsformation befremdliche Bild eines Vulkans bietet. Besonders hat man vom sogenannten Paradiese aus diese überraschende Ansicht, indem noch überdieß die Mitte des Berges durch seinen rothen Mergel von der gelblichen Spitze, welche der bleiche Kalt bildet, angenehm absticht. Nur dürftige Vegetation grünt auf dieser Vorderseite der Kalkregion, aber gleich darunter auf dem bunten Mergel bezeichnen grünende Saaten eine größere Fruchtbarkeit. Tiefe Risse und Furchen, welche das herabströmende Schnee- und Regenwasser wühlte, erzeugen lang herablaufende, polsterähnlich abgerundete Hügel, welche Grabhügeln nicht unähnlich sind und auch wirklich nach einer Sage früherer Zeit Riesengräber genannt werden.

Der Fuß der Westseite ist mit ziemlich erhabenen Vorhügeln umgeben, mit Baum- und Grasgärten, Weinbergen, Ackerland u. s. w. bedeckt, welche durch die Fülle ihrer Vegetationskraft erfreulichen Contrast gegen die dürftigen Kalkgipfelbilden und durch einzelne Gartenhäuser größeres Leben der Landschaft verleihen. Mehr nördlich, aber an eben dieser Seite, hinter Camsdorf und Wenigenjena, bemerkt man einige kleine, durch Wasserrisse hervorgebrachte

Thäler, welche mit Graswuchs und Baumgruppen besetzt sind und seitlich durch Gypsbänke von verschiedener Form- und Größe begränzt werden.

Auch von der Südseite erscheinen mehrere Einbiegungen und hervorragende Sand- und Gypslager, die jedoch nicht sosehr als jene markirt sind. Der ziemlich mächtige Sandfels, von ehemaligem Saalgeröll überlagert, durch welchen der Fuhrweg von Jena nach Ziegenhain führt, ist wegen des dadurch bewirkten Einschnittes merkwürdig genug. Ist auch gleich schon hier keineswegs Mangel an Cultur sichtbar, so nimmt sie doch immer mehr zu, je näher man dem ziemlich hoch gelegenen Dorfe Ziegenhain kommt, das mit seinen röthlichen Dächern und alterthümlicher Kirche aus einem Walde von Obstbäumen, den Wanderer zu ländlicher Ruhe einladend, freundlich hervorblickt. Selbst die Kalkgegend ist hier höher hinauf mit Weinbergen und andern Anlagen besetzt, als es auf der West- und Südseite der Fall ist, indem der emsige Fleiß des Menscheneiner an sich trostlosen Unfruchtbatkeit dennoch Manches abzugewinnen versuchte. Der Rücken selber, welcher eine im Verhältnisse zum ganzen Berge ziemlich scharfe Kante bildet, so daß er gleichsam den Firste eines Daches darstellt (woher uns auch der Name Hausberg entstanden zu sein scheint), ist mehrmals eingeschnitten zum Theil durch die zu Wällen dienenden Graben der vor Zeiten hier blühenden Burgen, von denen die Geschichte erzählt, zum Theil aber selbst durch natürliche Einbiegungen, da weder die Höhe über dem Wasserspiegel der Saale überall gleich, noch auch die Breite an allen Orten dieselbe ist. Hier und da treten rohe Steinmassen ungeordnet hervor, nordwärts findet man sogar kleine Ebenen mit üppigem Gras und niedrigem Laub- _113_ holze, und noch an andern Stellen ist die Breite so gering, daß sie kaum für den Fußpfad des Wanderers hinreicht. Hinter dem Fuchsthurme (auf dem eigentlichen sogenannten Windberge) wird auf der muthmaßlichen Stelle der letzten der drei hier ehemals gestandenen Burgen der Raum am breitesten, und weiter östlich hinter denselben verliert sich der Berg in eine bepflügte Ebene, welche denselben mit der Wölmse verbindet.

Die eigentliche Ostseite beginnt ursprünglich bewaldet, wird als dann kahl, bildet einige hervorstehende Anhöhen und zuletzt durch Umbiegung eine Ecke. Sehr steil verläuft die Nordseite des Hausberges, indem sich oben hier und da steile Kalkwände senkrecht emporheben. Auch haben, besonders mehr östlich, gewaltige abgefallene Massen ansehnliche Hügel gebildet, so daß man hier und da auf wallähnliche Vertiefungen stößt, welche einerseits vom Berge, andererseits von den herabgestürzten Steinmassen hervorgebracht wurden. An dieser Seite bemerkt man besonders deutlich, daß sich der ganze Berg nicht in einer geraden Linie von Westen nach Osten zieht, sondern an einzelnen Stellen seitwärts wellenförmig gebogen erscheint. Gegen die Ostseite ist die Vegetation eben nicht ausgezeichnet, allein weiter gegen die Mitte und nach Osten hin trifft man ziemlich dichtes Nadelgehölz. In der Mergelregion, mit sanften Einbiegungen und Hügeln wellenförmig durchzogen, rieseln hier und da Quellen herab, indem sich das im Gebiete des Kalks gesammelte Wasser bis auf die Mergelschichten senkte, hier aber nicht weiter in die Tiefe dringen konnte und sich daher seitwärts einen Ausweg bahnte. Das hierdurch hervorsprudelnde Wasser bewässert einige Wiesen, welche zum Theil mit Laubholz umkränzt sind. Hierdurch wird die Leere in Etwas gemildert, welche das an Fülle der Vegetation gewöhnte Auge nicht eben erfreulich anzieht, während die nackten Formen Andere erfreuen, denen wir auch solche unschuldige Freude vom Herzen gönnen.

‚Fragt man nach den Kräften, welche unserm Berge diese eigenthümliche Physiognomie gaben, so ist so viel als ausgemacht zu antworten, daß es nicht die eines unterirdischen Feuers sind, worauf die vulkanähnliche Gestalt der Ostseite hinzudeuten scheint. Denn wenn auch die Erscheinung von Gyps, ja sogar der an einem Exemplare von

Kalkspath beobachtete Schwefel, was wir oben erwähnt, gleichfalls solche Ansicht zu bestätigen scheint, so muß man doch hierbei nicht vergessen, daß bei allen großen chemischen Naturprocessen Wärme- und Feuerphänomene wahrgenommen werden, ohne daß man gleich nöthig hat, ganze Vulkane dazu anzunehmen. Daß also bei jenem ursprünglichen Bildungsprocesse der Gebirgsschichten gleichfalls eine gewisse Vulkanität gewaltet haben mag, geben wir gern zu, nur war sie nicht die hauptsächlichste Ursache dieser Bildung. Freilich hat allerdings die Gypsbildung viel Räthselhaftes, und selbst die Annahme der Herren v. Buch und Hoffmann, nach denen der früherhin schon vorhandene Kalk durch die aufsteigenden Schwefeldämpfe in Gyps umgewandelt worden sei, kann nicht allerwärts ihre Bestätigung finden, indem kleine Gypslager im Sandsteine erscheinen (vergl. *Boué*: Geog. Gemälde S. 214.).

Dagegen haben wir gleich beim Beginn unserer Untersuchung den Grund und Boden unserer Gegend als ein Meerproduct dargestellt, welche sich als eine etwas ungleich schiefe Ebene aufwärts an den Gebirgszug des Thüringerwaldgebirges anlegt und von da sich immer mehr gegen Norden senkt. Während das früher darüber gestandene Meerwasser verlief, bildete es selber Einschnitte, die sich immer mehr in Thäler umgestalteten. In diese ergossen sich die in den Hochgebirgen angesammelten Wassermengen, welche ihre Entstehung dem Regen und den sich in den Gebirgsgegenden als Thau niederschlagenden Dünsten verdanken, daher sogenanntes Süßwasser enthielten. Vor Zeiten mochten überhaupt unsere Flüsse wasserreicher gewesen sein, als jetzt. Ja sogar die Geschichte nennt solche ‾115‾ Flüsse als höchst bedeutend, indem auf ihnen ganze Flotten dahinschwammen und Seeschlachten geliefert wurden (wie auf der Lippe und Ems; Drusus, Strabo), die in der Folge in ziemliche Unbedeutenheit hinabsanken. Dieß hatte seinen Grund in der andern physischen Beschaffenheit des Landes. Denn früherhin waren Deutschlands Gauen mit dichten Waldungen besetzt, welche theils den Niederschlag des Wassers aus der Atmosphäre begünstigten und gleichsam als Saugschwämme die Dünste aufsaugten, theils durch stärkern Schatten die Verdünstung der Feuchtigkeit verhinderten, theils auch selber den Luftstrom änderten und überhaupt eine niedere Wärmetemperatur erzeugten. Wie wichtig daher Waldungen für die Wassermenge und diese dann für die Cultur und Bewohnbarkeit eines ganzen Landes sind, haben uns noch in der neuesten Zeit mehrere Inseln und Landstriche des amerikanischen Continents gezeigt, welche durch zu voreilige Ausrottung der Waldungen theilweise gänzlich unbewohnbar wurden.

Daß unsere Saale früherhin weit breiter gewesen sein müsse, als jetzt, kann man auch noch durch andere Thatsachen bestätigen. So findet man an der Ostseite des Hausberges in ziemlicher Höhe über dem jetzigen Saalspiegel am Wege nach Jenapriesnitz Geschiebe von Steinmassen, welche blos aus dem Hochgebirge stammen, als Kieselschiefer, Quarz, Thonschiefer ꝛc., die nur durch Wassergewalt hierher geführt und so als Gerölle umgeändert werden konnten. Eine ähnliche Erscheinung bietet die Anhöhe über dem Jenaischen Schießhause hinter der Rasenmühle auf dem Platze der Vogelstange. Auch hier erblickt man dasselbe Gerölle, was sogar in noch weit beträchtlicher Höhe hoch obenauf dem Forste in den Thongruben wiedergetroffen wird. Auch ist es keineswegs nothwendig, daß man, um solches Phänomen zu erklären, annimmt, diese fremden Massen seien in Eisschollen eingefroren und hier erst abgesetzt worden; denn kann uns nicht täglich das Saalgeschiebe lehren, welche Kräfte die Wasserfluthen in Herbeiführung gewaltiger Massen besitzen? Ja, daß vor Zeitenauf ähnliche Weise ganze Felsblöcke fernher aus den Hochgebirgen in die Ebenen getragen worden, scheinen die überall im Norden zerstreuten Granit- und Syenitblöcke darzuthun, wenn auch nicht Durchbrüche von Alpenseen dieses Experiment

116

noch in der neuesten Zeit vor unsern Augen wiederholt hätten.

Indem mit steigender Bevölkerung das Land mehr bebaut und die Bäume der Wälder zur Feuerung, Hausbau, Schiffen u. s. w. verwendet wurden, mußte dadurch an und für sich, wie wir bereits angaben, die Wassermenge immer mehr abnehmen. Auch ist der jetzige tiefere Stand des Saalspiegels davon herzuleiten, daß das von höhern Gegenden in niedere herabströmende Wasser sich ein immer tieferes Bette aushöhlte. Es wurden von ihm die Kalk- und Mergellager durchgraben, und jetzt fluthet es, wie die meisten Flüsse- im nördlichen und nordwestlichen Deutschland, in dem bunten Sandsteine selber. Manche Hindernisse, welche theils in Felsmassen, theils in eignen frühern Anschwemmungen bestanden, brachten nach und nach die Krümmungen hervor, in welchen sich die Saale abwärts schlängelt. So, um nur ein auffälliges Beispiel anzuführen, hat die Saale das ganze Sandsteinlager, welches sonst die Gegend hinter der Rasenmühle mit der Schneidemühle verband, durchgraben müssen (wie solches deutlich gesehen werden kann), um abwärts ohne Hindernisse fortströmen zu können. Auch ist nicht stets die geringere Wassermenge an dem niedern Stande des Wasserspiegels Schuld, sondern auf gleiche Weise jenes tiefere Eingraben des Flußbettes selber. Ueberhaupt ist unser Saalthal besonders geeignet, genaue Thatsachen über das successive Sinken des Niveau's der Saale angeben zu können.

Mithin dürfen wir wohl annehmen, daß die Westseite des Hausberges ihre eigenthümliche Gestalt der Einwirkung vornehmlich der Saale oder sonst eines Wassers, welches ehemals in diesen Gegenden gefluthet, zu verdanken habe. Die steile Nord- und Südseite wurde durch den Gembdenbach und Ziegenhainerbach gebildet. Ersterer war und ist noch jetzt (indem er sogar einige Mühlen treibt) mächtiger, als der Ziegenhainer, und darum vermochte er auch ein tieferes und breiteres Thal auszuhöhlen, 117 als der letztere. Beide Thäler sind gegen die Saale hin am stärksten geneigt, was leicht aus der gegen die Einmündung in die Saale hin durch Seitenbäche immer stärker werdenden Wassermenge und die durch den Fall selbst verstärkte Sturzkraft zu erläutern ist. Wollte Jemand an der Richtigkeit solcher Theorie der Thalbildung zweifeln, so muß er nur auf die Wirkungen hingewiesen werden, welche selbst mäßige, aber wiederholte, Regengüsse zu verursachen im Stande sind, und wozu unsere Berge allerwärts die Belege liefern. Vermag doch selbst tröpfelndes Wasser ganze Felsmassen zu durchbohren? Wie sehr aber jene Gewalt gesteigert wird, weiß Jeder, der eine Zeitlang in Thälern höherer Gebirge verweilte. Ganze Ströme scheinen sich da plötzlich von den Bergen in die Thäler zu ergießen, die, wenn ihnen der vorsichtige Mensch nicht bereits durch Graben, Dämme und Mauerwerk den Gang vorzeichnete, oft in wenig Minuten die Arbeit vieler Jahre ins Thal hinabschwemmten. Ja selbst in unsern Gegenden sind die Wasserrisse und Verheerungen noch jetzt bedeutend genug, welche ein einziger starker Gewitterregen in wenig Stunden anzurichten im Stande ist. Welche Steinmassen vermag er nicht aus den Höhen in tiefere Gegenden zu führen, welche Tiefen sich selber zu bohren? Wie viel mehr mußten nicht jene Mächte an Gewalt gewonnen haben, wenn in früherer Zeit die Atmosphäre dunstreicher und überhaupt die Regengüsse häufiger und gewaltiger waren?

Schließlich verdient hier die Sage einer Berücksichtigung daß der Gembdenbach vor Zeiten Goldkörner geführt habe. Sollte dieselbe wirklich begründet sein, so wurden gewiß die Goldkörner erst an seiner Mündung in dem Saalstrome gefunden, und dann möchten dieselben wohl eher der Saale selbst angehört haben. Denn die geognostische Beschaffenheit des ‚Gembdenthals kann dieser Angabe durchaus keine Bestätigung verleihen.

118

B. Botanische Verhältnisse.

a) Vegetation auf dem Hausberge im Allgemeinen

Wir haben schon im Obigen aufmerksam gemacht, daß die größte Vegetationskraft am Fuße dieses Berges walte. Aber auch in der Mitte desselben finden sich Saatfelder, Weinberge und Gärten, welche durch ihr heiteres Grün und liebliche Blüthenfülle das Auge des Naturfreundes zu ihrer Zeit erfreuen. Nur die obere Kalkschicht verräth schon durch die bleiche Todesfarbe die Dürftigkeit ihrer Productionskraft. Kaum vermag der Frühling mit seinem allbelebenden Hauche einige grünende Stellen hervorzuzaubern, welche jedoch in der Ferne fast nur wie angeflogen erscheinen, ohne jenen Ausdruck der Fülle und Frische zu zeigen, wie dieser sich an den feuchten Ufern der im Thale dahinschlängelnden Fluthen überall ausspricht. Bald verbleicht aber auch dieser, vom sengenden Sonnenstrahle des Sommers getroffen, und selbst jene Gewächse, welche eine kräftigere Natur besitzen und daher den Einwirkungen der Außenmächte größern Widerstand zu leisten vermögen, enthalten nicht jene Ueppigkeit, die man an ihm anderwärts zu sehen gewöhnt ist. Unter den nicht cultivirten Gewächsen werden blos Bergpflanzen getroffen, während hier in den Weinbergen und Gärten sich solche finden, die sonst nur in der Ebene wohnen.

Vorzüglich nackt und kahl ist die obere Westseite des Hausberges, während sich auf der Südseite die Weinberge fast bis an die obere Kante erheben. Selbst die Nordseite hat nicht überall gleich gut gedeihlichen Holzwuchs, indem hier vorzugsweise Wachholdersträucher, Kiefern und Fichten getroffen werden, die aber gegen die Westseite hin _119_ nur kümmerlich stehen, auch gegen die Höhenkante des Berges, wegen des dort vorzüglich heftigen Zugwindes, ihre Krone nicht gehörig auszubilden vermögen, ja fast immer die jungen Spitzentriebe vernichtet und abgebrochen zeigen. Dagegen gedeiht auf einigen mit Dammerde bedeckten ebenen Flächen des Bergrückens sowohl Graswuchs als auch etwas Gebüsch vortrefflich, nur erreicht letzteres, wahrscheinlich wegen der dort herrschenden Zugluft, gleichfalls keine beträchtliche Höhe. Uebrigens steht zu erwarten, daß, wenn an anderen Stellen die Kante breiter wäre, sich leicht eine ähnliche Vegetation bilden möchte. Vornehmlich ist die Südseite den Sonnenstrahlen ausgesetzt, und der Kalk hält zu wenig Nässe, als daß man für das Gedeihen des Graswuchses etwas hoffen dürfte. Könnte man freilich diese Seite gehörig bewässern, so würde auch hier kein Mangel daran eintreten. Ist es überhaupt Ernst, unsere kahlen Bergrücken mit nützlichen Gewächsen zu bepflanzen, so müssen dieselben vorerst von der Trifftgerechtigkeit, welche Alles wieder verdirbt, gänzlich befreit sein. Laubholz von unten auf allmälig gegen den Gipfel angepflanzt, würde theils nach und nach Dammerde bilden, theils auch die fruchtbare Erde immer mehr bevestigen und nicht so leicht durch Regen ins Thal hinabführen lassen, sowie sich endlich Feuchtigkeit dadurch länger hielte und auch für andere kleinere Gewächse genugsamer Schatten gewonnen wäre. Wollte man ferner an einzelnen geeigneten Stellen Futterkräuter ansäen, so dürfte vorzüglich Esparsette (Hedysarum Onobrychis L.) zu empfehlen sein. Man mag aber auch wählen, was man will, so bleiben zweckmäßige Terrassen und Wassergräben notwendige Unterstützungen für diese jugendlichen Anlagen. Laubholzanpflanzungen würden aber sicherlich um so eher an ihrer Stelle sein, als sie theils in Bezug der physischen Verhältnisse dieser Oerter dies geeignetsten scheinen, als auch durch ihren künftigen Nutzen allen übrigen den Rang streitig machen.

120   b) Vegetation auf dem Hausberge im Einzelnen.

Manche seltene Pflanze schmückt diese Höhen, doch bringt auch selbst der Fuß des Berges vieles Erfreuliche. Gleich hinter Camsdorf an den sandigen, von Mergel durchzogenen Sandbänken findet man eine, wie so viele andere, von Jenaischen Floristen gänzlich übersehene Art von Fingerkraut, nämlich das fast stengellose (Potentilla subacaulis), welches durch seine graulichweiße, seidenähnliche Behaarung von der verwandten allwärts erscheinenden Frühlingspotentille (Potentilla verna), sowie der mehr auf der Höhe und auch hier seltener vorkommenden schattigen Potentille (P. opaca) angenehm absticht. An den Gypsfelsen links bemerkt man einzelne Berberitzensträucher (Berberis vulgaris), welche nicht allein durch die schönen gelben Blüthentrauben und Reizbarkeit ihrer Staubfäden Aufmerksamkeit verdienen, sondern auch der Essigsäure ihrer im Herbst reifen rothen Fruchttrauben halber. Zugleich mit ihnen, aber auch anderwärts, bemerkt man eine ausgezeichnete gelbblühende Pflanze aus der großen Familie der Kreuzblumen (Cruciferae), welche zwar schon der unsterbliche Sänger der Alpen, Albrecht v. Haller, in seiner Ausgabe der Ruppischen Flora Jenensis, 1745. p, 77. durch eine Beschreibung als eine höchst seltene bezeichnete, allein gewöhnlich als das bekanntere Erysimum hieracifolium L. betrachtet wurde. Doch ist sie von diesem specifisch verschieden (siehe *Reichenbach*: Iconographia bot. 1 Cent. Tab. XII.), und wurde von *Reichenbach*: Erysimum crepidifolium (*Reichenb.* l. c. Tab. VI. S. 8.) genannt. Auch der weiße Melilotenklee (Meliotus vulgaris *Willd.*) erscheint hier sehr häufig, selten der gelbblühende officinelle (M. officinalis *Pers.*), aber nur erst auf Aeckern in der Mitte der Höhe, oder auch selbst auf den hinter dem Fuchsthurme der Acker-Melilotenklee (Melilotus arvensis *Wallr.;* M. Petitpierreana W.). Alle diese Arten sind durch ihren Gebrauch <u>121</u> und Geruch, der sich beim Trocknen nur noch vermehrt, mit Recht sehr geschätzt. Ganze Colonieen von Flechten und Moosen haben sich brüderlich an jene Felsmassen angesiedelt, von denen wir unter erstern nur an die seltsamen Gallertflechten mahnen, besonders an Collema cheileum *Ach.,* C. pulposum *Ach.,* A. crispum *Ach.,* C. myriococcum *Ach.,*

C. fasciculare *Ach.*, C. nigrescens *Ach.*, C. lacerum *Ach.*, C. muscicola *Ach.*, C. nigrum *Ach.* Und C. velutinum *Ach.*, welche durch eigenthümliche Natur und Beschaffenheit ihres Körpers den Uebergang von den Flechten zu den Lebermoosen und kryptogamischen Wassergewächsen (Algen) bilden. Andere, wie die gelbe Lecanora fulgens *Ach.* und die weiße Lecanora lentigera mit bräunlich-ockergelben linsenartigen Schüsseln sind durch Schönheit der Färbung und Zierlichkeit der Formen höchst ausgezeichnet. Lecidea sahuletorum *Flörke* bildet sich besonders an den Sandbänken sehr vollkommen aus, doch erscheinen daselbst, eben so wie auch an Kalkstein Lecidea rupestris *Ach.*, Lecanora subfusca *Ach.*, mit ihren mannichfachen Abänderungen, sowie Lecidea vitellina ß) corruscans *Ach.* — Urceolaria calcaria ß) Hoffmanni *Ach.* (U. contorta *Flörke*) überzieht als weiße Kruste häufig die Steine und scheint nicht unwichtig für technischen Gebrauch. Gleichsam alte Rauchflecke auf Steinen aller Art bildet die schwärzlich-umbrabraune Warzenflechte (Verrucaria umbrina *Ach.*). Schon seltener sind Verrucaria Schraderi *Ach.*, und die zierlich ausgeschnittenen sternförmigen Schüsselflechten Lecanora versicolor und L. saxicola *Ach.* Durch ihre bleigraue Farbe und Runzeln mit schwärzlichen Schüsselchen zeichnet sich die hier gleichfalls auf Kalkgestein gedeihende kreisförmige Schüsselflechte (Lecanora circinata *Ach.*) aus. Nur an einzelnen Orten aber treten die sonderbar gebildeten Tellerflechten hervor; ferner Lecidea vescicularis *Ach.*, L. lurida *Ach.*, L. candida *Ach.* und L. decipiens *Ach.*, welche alle gern zwischen den Spalten oder auch selbst auf der Erde wohnen. Vorzüglich verdient letztere den Namen der trügerischen Tellerflechte (Lecidea decipiens), insofern man leicht den ziegelrothen Körper für die Scheinfrucht (Apothekium) halten könnte. Uebrigens wird hier und da das seltene Endocarpo Hedwigii *Ach.* mit seinen Abarten gleichfalls nicht vermißt. Unter den Moosen hebt sich an den Felsrücken besonders Barbula rigida *Hedw.* durch die Rettigkeit und Steifheit ihrer Blätter sehr vortheilhaft hervor, und selbst unter den vielen gemeinen sind wegen ihres zierlichen Aeußern Hypnum triquetrum, squarrosum, molluscum und abrietinum zu nennen. Zu den Seltenheiten aber gehört schon Grimmia plagiopodia *Flügge* in kleinen dichten Polstern auf Sandstein und das zarte, winzige Schistidium subsissile *Flörke* auf Thonboden, welche auch hier zuerst entdeckt wurden. Unter den sichtbar blühenden Gewächsen ist der runde Lauch (Allium rotundum), ferner der Weinbergslauch (A. vineale) und wilde Lauch (A. Scorodoprasum L. (A. arenarium *Sm.*) zu nennen, welche letztere mehr am Fuße und in der Mitte des Berges sich im Gebüsch, unter Gras, Getreide u. s. w. verstecken und durch ihre violetrothen Blumen leicht von den gleichfalls in dem Blumenwalde zwiebeltragenden Allium oleraceum L. zu unterscheiden sind, während der im Ganzen schon seltene alternde Lauf (Allium senescens L.) auf die Kante des Berges (in der Nähe des Fuchsthurms) beschränkt ist. In derselben Gegend wird häufig die ästige Zaunlilie (Anthericum ramosum) und im Gebüsch der westlichen Seite den Türkenbund (Lilium martagon var. glabrum Spr.) mit ihren herrlichen Blumen getroffen. Zu ihnen pflegt sich noch das Bergleinkraut (Thesium montanum u. intermedium) zu gesellen. Manches schöne Gras wird hier noch getroffen. So das stattliche, durch seine Blüthen ausgezeichnete Landrohr (Arundo epigejos L.) und die durch ihre ungemein langen Grannen merkwürdigen Pfriemengrasarten (Stipa). Vorzüglich 123 lang, aber einfach (ohne alle Behaarung), wird die Granne des haarförmigen Pfriemengrases (St. capillata L.), indeß das federige Pfr. (St. Pennata L.) mit unterwärts gedrehten und daselbst nackten, aber gegen die Spitze hin mit abstehenden weichen Haaren besetzten langen Grannen versehen ist. Schon in der Ferne erkennt man die weiße, federbuschartige Erscheinung dieser letzten Art, auch wird sie als Zierrath in Bündeln unter dem Namen des Marienflachses verkauft, sowie es zu Sprengwedeln und Hygrometern dienen kann. Wie sehr aber diese Grannen beider

Arten besonders dem Schaafvieh nachtheilig sind, haben die Untersuchungen gelehrt, die man in Ungarn bei Erforschung der daselbst vor einigen Jahren unter diesen Thieren einreißenden großen Sterblichkeit einleitete. Die abgebrochenen spitzigen Grannen drangen in die Wolle, durchstachen sogar das Fell und gelangten endlich in die Eingeweide, wodurch jene tödlichen Zufälle veranlaßt wurden (vergl. die deßhalb von den Professoren der medic. Facultät zu Pesth herausgegebene Schrift: De Stipae noxa. Budae. 1825 8.). Auch Desfontaines (Flora atlantica) und Lamarck (Encyclopaedie) erzählen viel von dem Ungemach, welches ähnliche Arten in Portugal, Griechenland und der Barbarei den Reisenden verursachen. Noch ist dieses Gras wegen der (mittelst der vom Winde spiralförmig gewundenen Granne) Einlagerung seines Samens in die Erde merkwürdig. Andere gleichfalls ausgezeichnete Gräser sind das in den obern Gegenden vorkommende, durch seine nach einer Seite hinhängende zusammengezogene Rispe und Blumenhaare charakterisirte gefranzte Perlgras (Melica ciliata L.). sowie das Böhmer'sche Lieschgras (Phleum Böhmeri) und mehrere Trespenarten, worunter der grannenlose Tresp (Bromus inermis) unter dem Getraide der Mergelregion vorzügliche Beachtung verdient. Das zarte, oft nur auf gewisse 124 Puncte der Höhe beschränkte Grün im Frühjahre rührt größtentheils von der blauen Seßlerie (Sesleria coerulia Ard., Cynosurus coeruleus L.) her, welche gleich beim Beginne des Frühlings ihre violetblauen Aehrchen entfaltet, und nicht allein wegen Schönheit ihres Aeußern, sondern auch wegen Aberglauben des gemeinen Mannes die Blicke auf sich zieht. Dieser glaubt nämlich, daß es seine größern umgebenden leeren Ringel die Stelle bezeichneten an welchen die Hexen in der Walpurgisnacht ihre ausgelassenen Reigen feierten. Auch das hier häufig vorkommende, wegen seiner zauberwidrigen Kräfte berühmte Ruskraut (Stachys recta) erinnert an so manchen Aberglauben, den man hier und da noch hegt. In den auf der Südseite gelegenen Weinbergen findet sich die zierliche sprossende Nelke (Dianthus prolifer) und der sonst so geachtete Waid (Isatis tinctoria) indeß die Kartheusernelke (D. Carthusianorum) in vorzüglicher Menge auf der Höhe des Berges erblüht. Auf der Westseite gegen Jenapriesnitz hin kommt die durch ihre dunkelrothbraunen Blumen auffällige Lycopsis pulla vor, oft von der breitblättrigen Wolfsmilch (Euphorbia platyphyllos L.) und dem unter Getraide erscheinenden Galium saccharatum (mit gleichsam kandirten Früchten) begleitet. An Ackerrainen derselben Seite schleicht die liebliche Zwergrose (Rosa pumila *Jacq.*) still dahin. Doch ist auch die höchst angenehm duftende Weinrose (Rosa rubiginosa L.) mit mehreren würzigen Kräutern, wie den Feldsthymian (Thymus Serpyllum), Bergthymian (Th. Acinos), die Chamanderarten (Teucrium Chamaedrys, montanum u. Botrys) auf den erhabenen Plätzen nicht selten, und nur in den Zäunen der Weinberge findet sich die Heckenrose (Rosa dumetorum *Thuill.*) zugleich mit der Rainweide (Ligustrum vulgare) und den rothen Hartriegel (Cornus sanguinea). Dagegen ist der wegen der Ziegenhainer Stöcke so berühmte Herlitzenbaum (Cornus mascula) auf dem Hausberge fast ausgerottet. Durch die regelmäßige Ordnung <u>125</u> im Oeffnen und Schließen der Blumen wird die auf Kleefeldern der Vorderseite stehende zerschlitzte Skorzonere (Scorzonera laciniata), sowie die durch ihren bittermandelähnlichen Geruch kenntliche Crepis foetida bemerkenswerth Kleinheit, sowie Zierlichkeit der stacheligen Früchte charakterisiren die oben an der Südseite wachsende Medicago minima. Noch ehe man aber den Fuchsthurm erreicht, stellt sich dem Botaniker der in unserer Gegend seltene blaublüthige Lattich (Lactuca perennis) dar. Campanula glomerata u. persicifolia, herrliche Glockenblumen, sind eben so wie die herbstlichen Genzianen (Gentiana cruciata, ciliata und die meist fälschlich als G. Amarella ausgegebene G. germanica) eine Zier des mittlern und hintern Bergrückens, während die Lychnisartige Königskerze (Verbascum Lychnitis L. *var.* pulverulentum) von stolzem Anstande mit der sparrigen Dürrwarz (Conyza squarrosa L.) bereits auf der andern Kante getroffen werden. Daselbst wohnt auch das doldenförmige Habichtskraut (Hieracium umbellatum), was bisweilen gegen den Herbst hin einblüthig erscheint, und die labkrautähnliche Asperula galioides *MB.*, dessen niedere Schwester, Asperula Cynanchica, noch schönere röthliche Blüthen besitzt. Der seltnere gezähmte Ehrenpreis (Veronica dentata *Schrad.*) hat gleichfalls hier mit Scabiosa Columbaria seine Stätte. Allen aber macht vielleicht die braune Orchis (Orchis fusca) wegen ihres stattlichen, seltsamen Aeußern den Rang streitig.

Ueberhaupt trifft man außer den genannten Blumen auf dem Bergrücken selber noch folgende Gewächse. Im Frühlinge erblüht bald als Herold einer schönen Blüthenzeit die gemeine Küchenschelle (Anemone Pulsatilla L.), welche mit ihrer blauen Glocke gleichsam das Blumenheer zum frohen Frühlingsfeste ladet. Ihre nächste Schwester ist die weiße Wald-Anemone (Anemone sylvestris) mit höher emporgetragenen weißen Blumen. In diesen ersten frohen

<u>126</u> Blüthentagen erscheint auch das bescheidene weißblühende Bergtäschelkraut (Thlaspi montanum L., Th. alpinum *Jacq.*) und die größere Maiblume (Convallaria Polygonatum) mit einzelnen aus den Blattwinkeln hervortretenden Blumenglöckchen, während Virgil's Sternblume (Aster Amellus) sammt den weidenblättrigen Alant (Inula salicina), dem feinblättrigen Kreuzkraute (Senecio tenuifolius *Jacq.*), und der schönen Sterndistel (Carlina acaulis) schon den Herbst verkünden. Auch viele andere Gewächse, wie mehrere schöne Dolden, pflegen stets etwas später im Jahre ihre Blüthe zu entfalten. So der sogenannte weiße Enzian oder das breitblättrige Laserkraut (Laserpitium latifolium L.), ferner Athamanta Libanotis L. u. A. Cervaria L. sammt der Steinbimbernell (Pimpinella Saxifraga) mit ihren Varietäten — alles Bewohner dieser Höhen. Aehnliche Bewandniß hat es mit der in langen Bündeln wie Blumenge-

winde in Felsenspalten der Westseite des Hausberges leicht herabschwebenden gemeinen Waldrebe (Clematis Vitalba L.), welche blühend einen orangenartigen Geruch verbreitet und noch im Spätherbst durch ihren perückenförmigen, langgeschwänzten Saamen die Aufmerksamkeit des Naturfreundes auf sich zieht. Bescheiden blüht dagegen niedrig am Boden der sonst so geachtete Augentrost (Euphrasia officinalis), vornehmlich an grasreichen Orten unter den Föhren der Westseite, sammt dem niedergelagerten Labkraute (Galium saxatile), wo sich auch die officinelle Polygala (Polygala amarella Crantz) findet. Eben dort schlängelt sich hier und da rankender Epheu empor und weiter am östlichen Ende der Westseite lebt einsiedlerisch der weißgelbliche Fingerhut (Digitalis ochroleuca Jacq.), daneben die grünblumige Serapias (Serapias viridiflora), oder wohl auch die häufig erscheinende dunkelpurpurne (S. atrorubens) unter düstern Fichtengruppen. Ihnen pflegt sich der bleiche, steife auf Fichtenwurzeln schmarotzende Fichtenspargel (Monotropa hypophegea, den wir fast im- _127_ mer nur unter Pinusarten trafen, nicht unter Buchen) beizugesellen, indeß ein ähnlicher Parasit, Orobanche major auf Wurzeln krautartiger Gewächse auf dem Höhenkamm erscheint.

Durch stattlichen Wuchs und schön-rother Blüthe thut sich das Siegmarskraut (Malva Alcea L.) hervor, schondurch Namen an alle Verdienste erinnernd, während die einfachere niedere Bergraute (Thalictrum minus L.; Th. montanum Wallr.) neben der üppigen, sich hinstreckenden, blüthenreichen, dünnblättrigen Wicke (Vicia tenuifolia Roth.) durch zierliche blaubereifte Blätter an Doldenpflanzen mahnt und so dem Kundigen eine merkwürdige Combination bietet. Unter dem Gebüsch zeichnet sich der niedrige Cotoneaster (Mespilus Cotoneaster) aus, wegen Seltenheit geachtet.

An den etwas feuchten Felsen, gleich neben dem Fuchsthurme, hat sich in Gesellschaft des langlebenden

Mauerpfeffers (Sedum acre) Lecanora cupularis, Lecidea glauca und Lecidea rupestris mit bisweilen bluthrothen Apothekien angesiedelt. Auch bestäubt hier Lepra rubens die Felsen, während die von uns zuerst benannte Art Lepra reticulata mit zierlichen, netzförmigen Zeichnungen einzelne Mergelschichten u. s. w. bedeckt. Ritzen bergen die seltnere L. chlorina und das orangenfarbige Dematium petraeum überzieht einzelne Stellen stufenweise. Farnkräuter drängen sich hier und da aus den Spalten hervor und geben entweder ihr längeres Haar dem Spiele der Winde Preis, wie Aspidium fragile, A. calcareum u. A. Dryoptris oder klein und schüchtern suchen sie unter vorragenden Klippen gedeihlichen Schutz, wie Asplenium septentrionale, A. Trichomanes u. A. Ruta muraia.

Auf den Hügeln hinter dem Fuchsthurme findet sich die schöne Farsetia incana (Alyssum incanum L.), und unter der Saat besonders häufig, zum Aerger des Landmanns, der schädliche Taumellolch (Lolium temulentum L.), mehrere Stachysarten (Stachys annua, germanica), und die angenehm blühenden Caucalis grandiflora u. C. latifolia. Selbst aber ohne unsere Mahnung schweifen die Blicke des Botanikers in die pflanzenreiche Wölmse hinüber, welche Pflanzen birgt, an die sich theure Erinnerungen an den unsterblichen Begründer der neuern botanischen Systematik (Linné) knüpfen, und die jene stillen Haine zu einer wahrhaft classischen Stätte für den Forscher weihen.

So sehen wir uns am Ende dieser flüchtigen fragmentarischen Skizze, die wir um so mehr beschränken mussten, als es nicht Hauptzweck vorliegender Schrift sein konnte, eine ausführliche Schilderung der Naturmerkwürdigkeiten aller Art dieses ausgezeichneten Berges zu liefern. Möge sie wenigstens den Naturfreunden zeigen (da vom Reichthume der Vegetation auf die Fülle der sie fröhlich umsummenden und umschwirrenden Thierwelt zu schließen erlaubt ist), daß auch in naturhistorischer Hinsicht dieser Berg keineswegs stiefmütterlich ausgestattet sei. Nicht allein jedoch auf dem Hausberge wird der Forscher manche überraschende Erscheinung finden, sondern auch in der nächsten Umgebung bietet sich viel Interessantes dar. War daher sonst der alte ehrwürdige Fuchsthurm zum Burgverließ der Gefangenen oder zur Lauer auf den harmlosen Reisenden im Thale oder auch zur Erspähung feindlicher Mannschaft bestimmt, so möge er jetzt in bessern friedlichen Zeiten unter dem Schirme eines erhabenen Fürstenhauses zu einer Warte dienen, um Schönheiten der Natur zu erspähen, die in reicher Fülle nah und fern den staunenden Blicken froh sich entfalten.

Urkunden und Urkundenauszüge. 129

1. (S. 14.). 937. 20. Dec. Otto d. g. Rex... ad ecclesiam... in Quitilingeburg in proprium damus *decimum vestimentum* [1]), quod *Lodo* [2]) dicitur, omne quod de *Chirihberg* et *Dornburg* solvitur et de locis ad easdem civitates [3]) pertinentibus, et de

---

1) Das zehnte Kleid, Stück Leinen oder Tuch, mußte von den christlich gewordenen Bewohnern eines Bereichs auf die nächste Burg oder Kapelle geliefert werden, zur Ausbreitung und Erhaltung der christlichen Religion. *Sagittar:* Antiq. Magdeb. 74. *Schöttgen et Kreysig* I, 47. Kreysig und Francke: Beiträge: I, 80. Später erstreckte sich diese Abgabe auch auf Erzeugnisse von Grund und Boden, und wurde Lot oder

2) Lodo genannt, eine Zinsabgabe von Grund und Erwerb. S. *Du Fresne:* Gloss. med. et inf. lat. unter *vestimentum* und *Lot.*

3) *Civitas* bedeutet im Mittelalter nicht nur eine Stadt, sondern auch den Bereich derselben und die sämmtlichen zu einer Stadtoder Burg gehörigen Leute, die Burgmannschaft daher auch cives, die Burgmannen. S. *Du Fresne* und *Westenrieder:* Gloss. med. aevi unter *civitas.*

proprietate... in loci marcha, que *Schmeon* [1]) dicitur, ab eadem potestatenobis facta XII familias Slavorum cum territoriis et quas ipsi possident.

Avemann: Kirchberg'sche Gesch. 31. Nr. 11. Dr. Schwabe: Pfalzstadt Dornburg: 81. Nr. 1. Schultes: Dir. Dipl. I, 59. [2])

.2. (S. 32.). 1133. 23. Apr. Ego *Bertha* [3]) ex pia intentione commota per obitum patrui *Woltheri* et fratris *Ecberti de Glizberk* [4]) post inchoationem monasterii *Burgelinensis* omnia bona

---

1) Schman, jetzt Ober- oder Unter-Schmon bei Querfurt, ehemals der Sitz einer Seitenlinie der Burggrafen von Querfurt, z. B. 1225. Heinrich von Sman. S. Schultes: Dir. dipl. II, 606. S. M. R(och): Von den alten Burggrafschaften der Meißner Lande in Kreysig's und Francke's Beiträgen zur sächs. Gesch. 5, 388. u. 415.

2) Da August Schultes zu Altenburg in seinem wichtigen Werke: *Directorium diplomaticum*, oder chronologisch geordnete Auszüge von sämmtlichen üb. die Gesch. Obersachsens vorhandenen Urkunden 2 Bde. in 4. Altenb. 1821. u. Rudolst. 1825. die Bücher genau angibt, wo die mitgetheilten Urkunden zu finden sind, so führe ich nur ihn und die von ihm nicht nachgewiesenen Urkunden an. Er hat fleißig vorgearbeitet und in der Urkundenwelt gewaltig aufgeräumt.

3) Diese Bertha war eine Tochter des Damian (nicht Damina, wie im Text steht) von Glizberg und der Ottilia, vermuthlich einer gebornen von Kirchberg, und Schwester des in dieser Urkunde erwähnten Otto von Kirchberg, und verheirathet an Markgraf Heinrich von Lausitz († 1136. ohne Erben), einem Sohne des Grafen Wipert II. von Groitzsch (Menk, III, 1109.).

4) Ecbert von Glizberg war nicht der Bruder Wolther's und Damian's von Glizberg, wie Schultes meint, sondern ein Sohn Damian's von Glizberg und der Ottilia, daher der Bertha Bruder, welche nach dessen Tode folglich als vermuthliche alleinige Erbin der väterlichen und mütterlichen Besitzungen in Glizberg und Kirchberg, welche zusammengrenzten, in dem nahen Bürgel, wo ihre Eltern be-

hereditaria cum consensu nostrorum consanguineorum *Ottonis de Kirchberg* et *Lutholdi de Glizberg* [1]) pro remedio animarum *Damiani* et *Ottilie* parentum ibi sepultorum ad inaugurationem VII. piarum sororum congregationem in honorem Dei et S. Marie Virginis proprietatis jure tradidi (consecravi: Gleichenst.). [2])

Avemann: Kirchb. Gesch. 147. Nr. 12. Schultes: Dir.dipl. I, 303.

---

graben lagen, eine Stiftung für sieben fromme Schwestern machte.

Nach dem Zeugnisse Nicol's von Sighen soll diese Bertha eine Verwandte der Paulina, Stifterin des Klosters Paulinzelle, gewesen sein (s. auch Schultes: Dir. dipl. I, 224.).

1) Lutold von Glizberg war ein Sohn Wolther's von Glizberg, dessen Söhne Volkmar (1190.) und Heinrich von Glizberg waren, welcher letztere 1209. als Marschall von Kalendin vorkommt (s. Meier: Chronik der Reussen von Plauen. 4.).

2) Diese Bertha scheint, nachdem sie schon aus ihrer Erbbesitzung Burgelin die ersten Anstalten zur Errichtung eines Mönchsklosters, dem heil. Georg geweiht, getroffen hatte (Schultes: I, 302.), durch den unerwarteten Tod ihres Oheims väterlicher Seits und Bruders bewogen, außer diesem Mönchskloster von ihren übrigen ihr zugefallenen Gütern noch eine Stiftung für sieben fromme Schwestern daselbst gemacht zu haben. Das Mönchskloster bestätigt Kaiser Lothar zu Merseburg unterm 15ten Mai 1136. (Urk. Nr. 3.), die Stiftung für Nonnen aber Kais. Konrad zu Cöln unterm 15ten Apr. 1138., und bezieht sich auf eine vom Kaiser Lothar zu Mühlhausen ausgestellte desfalsige Urkunde. Schultes (Dir. Dipl. I, 318.) glaubt, daß das von der Bertha zu Bürgel gegründete Kloster ursprünglich ein Nonnenkloster gewesen, aber bald mit Mönchen besetzt worden sei. Aber schon unterm 13. Febr. 1133. (Schultes: Dir. Dipl. I, 302) wird vom Bischof Udo zu Naumburg nicht ein Nonnenkloster, sondern ein Mönchskloster (congregatio monachorum) bestätigt, da zumal wegen der Wahl eines Abts Streit war. Und vielleicht hat Kai-

.3. (S. 12. 13.) 1136. 15. Mai. [1]) Lotharius, Romanorum Imperator. Notum fieri volumus, quod in regno nostro regulare quoddam monasterium situm est, quod dicitur *Burgelin*, confluente ibidem rivulo *Gliza* nomine, [2]) in provincia, que dicitur *Swurbelant*, in episcopatu Nuenburgensi, in pago *Strupenice*, in comitatu *Conradi Marchionis*, juxta silvam, que dicitur *Louba*, quod temporibus nostris in honorem dei, Marie et S. Georgii constructum est a quadam nobili et religiosa matrona *Berchta* nomine... Data Merseburg.

4. (S. 38.) 1162. Heinrich von Kirchberg, Ritter (miles), [3]) Zeuge in der Stiftungsurkunde des vom Grafen Ernst III. von Tonna gegründeten Mönchsklosters Cisterci- enserordens zu Reifenstein, sonst Albolderode, in dem Eichsfelde.

Meibom: Spt. Germ. 3, 265. — Avemann: 131. (aber Jahr und Person falsch). — Wolf: Gesch. des Eichsfeldes. 1, Urk. 11. — Schultes: Dir. dipl. II, 162

---

ser Lothar später eine verloren gegangene Bestätigungsurkunde der Stiftung für sieben fromme Schwestern ausgestellt, auf die sich Kaiser Conrad (Schultes: II, 3.) bezieht.

Bemerkenswerth ist noch, daß der Papst bis in die neueste Zeit die Abtei in Thalbürgel besetzte, denn im J. 1780. Starb in Berlin Anton Joseph Pernetty, ein Benedictiner, der den Titel eines Abts von Bürgel führte (Lexic. von Sachsen unt. Bürgel).

1) Diese Urkunde, welche Schultes (Dir. dipl. I, 318.) zuerst aus dem Originale mitgetheilt hat, gibt über die Lage des Klosters Bürgel, über welches noch eine große Anzahl ungedruckter Urkunden vorhanden sein sollen, wichtigen Aufschluß.

2) *Gliza*, die Gleiße, entspringt über Thalbürgel, fließt durch die sogen. Gleiße, ein Thal, und durch die demselben liegenden Dörfer Graitzschen, Löberschütz, Beutnitz, Golmsdorf in die Saale.

3) Was *miles* bedeute, s. Avemann: Gesch. der Kirchb. 131. not. und Schultes: Dir. dipl. II, 162. not.

5. (S. 33.) 1166. 20. August. Die Burggrafen (castellani) Burchard zu Magdeburg und Theoderich von Kir(ch)berg, als Zeugen in der vom Kaiser Friedrich I. zu Boimeneburg (Boumeneburg) [1] ausgestellten Urkunde, in welcher er dem Erzbisthum zu Magdeburg das Schloß Brekeleve (Freckleben im Anhaltischen) und die Abtei Nienburg gegen das Schloß Sconenburg (Schönberg unweit Oberwesel am Rhein), das er zu einem Reichsgut erhebt, tauschweise überläßt.

Schultes: Dir. dipl. II, 178.

6. (S. 34.) 1166. Markgraf Otto von Meißen überläßt in einer zu Kamburg (in castro meo Kamburch) ausgestellten Urkunde dem Kloster zu Volkenrode die Benutzung (im Text steht Ueberlassung) eines bei dem Dorfe Radolferod [2] gelegenen Berges, und setzt den Verwalter (Vilicus) dieses Dorfes davon in Kenntniß. Zeugen: Abt Rudolph zu Bürgel, der Bruder des Landgrafen, Graf Ludwig, Gebr.

---

1) Bei Eschwege im Kurfürstenthum Hessen. Das Schloß gehörte in das Gebiet der Grafen von Nordheim. Nach dem Tode des Grafen Siegfried von Boimeneburg, im J. 1144., fiel es dem Reiche heim. Daher kommt es jetzt als ein kaiserliches Schloß vor, auf welchem oft Versammlungen stattfinden. Kaiser Adolph gab es dem Landgrafen Heinrich I. zu Lehn, dessen Nachkommen es noch den Freiherrn von Boimeneburg zu Lehn reichen. S. Büsching: Erdbeschreibung vom teutschen Reich (6te Aufl. 1779.) III, 3. 639. Wenk: Hessische Landesgesch.2, 478. Major Freih. Albert v. Boineburg-Lengsfeld: Das Schloß Boimeneburg in Gottschalk's Ritterburgen (Halle, 1829.). 7, 184.

2) Schultes ist ungewiß, ob darunter etwa Ritterode im Mansfeldischen zu verstehen sei. Vielleicht ist es im Bereiche des an's Eichsfeld angrenzenden Amtes Radolfshausen am Harz, wo ein Amtshof gleichen Namens ist, zu suchen, da das Kloster zu Volkenrode bei Mühlhausen in der Nähe lag.

Hartmann und Otto zu Lobdeburg, Castellan Theoderich zu Kirchberg [1]), Burchard zu Greifenberch, Castellan.Heinrich zu Orlamünde, Heidenreich von Weda, Castellan Heinrich zu Kamburch, Hugo von Bresenze (Briseniz) u. A.

Schultes: Direct. dipl. II, 183.

7. (S. 34.). Circ. 1166. [2]) Domina *Bertha*, vidua Domini, *Gerhardi de Kamburg* pro remodio ejusdem viri sui cum filio suo Ecclesie nostre duos mansos in villa, que dicitur *Lozna*, [3]) consensu et permissione *Marchionis Ottonis*, cujus Ministerialis erat, contradidit. Testes: Guntherus Cappellanus Marchionis. *Theodoricus Prefectus de Kirchberg, Ludo de Kamburg*, Reinhardus de Poblitz. [4]) Heinricus de Wertha (Wetha), Engelramus de Sloben, Beringerus de Kamburg, Rupertus et frater ejus de Smidehusen, Godescalcus de Isenberg e. a.

---

1) Schultes bezweifelt, ob hier Castellan Burggraf bedeute, da auch die Castellane Heinrich zu Orlamünde und zu Kamburg vorkommen, und beide Orte keine Burggrafschaften waren. Aber ein Theoderich Burggraf von Kirchberg kommt nicht nur um diese Zeit vor, sondern wird auch Castellan genannt. Unmöglich kann demnach hier Castellanus ein Burgmann bedeuten.

2) Diese Urkunde, ohne Angabe des Tages und Jahres, hat Avemann, wie er sagt, copialiter von einem guten Freund communicirt erhalten. Aus den Zeugen kann einigermaßen die Zeit der Ausstellung bestimmt werden. Markgraf Otto regierte von 1161—1189. Sein Capellan Günther kommt 1166. urkundlich vor. Dietrich von Kirchberg erscheint in den Jahren 1166. u. 1168. drei Mal als Zeuge. Reinhard von Boblitz kommt oft in den Jahren 1140—1166. vor, und Heidenreich von Weta (Heinrich von Wertha) in den Jahren 1146 — 1168.

3) Lozna, vielleicht Lüssen, Pfarrdorf zwischen Osterfeld und Stößen, unweit Wethaburg, wo vielleicht Heinrich von Wetha seinen Burgsitz hatte.

4) Poblitz, Bobluz, Bobliz, jetzt Boblas, ein Dorf bei Kamburg.

Avemann: Gesch. der Kirchb. 155. Nr. 142.

8. (S. 35.) 1168. Bisch. Udo II. zu Naumburg bestimmt näher und bestätigt die Güter und Grenzen des von seinen Vorfahren eingerichteten Klosters Pforte. Zeugen: Abt Azzo zu Bosau; Gebr. Hartmann und Otto von Lobdeburg, Castellan Theoderich von Kyrchberch, Hartmann von Salekke, Reinhard von Bobluz und dessen Sohn Friedrich.

Pertuch: Chron. Port. 30. Avemann: Kirchb. Gesch. 155. Urk. Nr. 174. Schultes: Dir. dipl. II, 201. Lepsius: Rudelsburg (1824.): 17.

9. (S. 35.) 1168. 27. Jun. Kaiser Friedrich I. bestätigt zu Würzburg dem Bisthum und Herzogthum Würzburg alle Rechte, die es in frühern Zeiten genossen, nach dem er die uneinigen Fürsten Sachsens auf einem allgemeinen Landtage daselbst vereinigt hatte, und verspricht, die Schlösser Bramberg und Frankenberg zerstören und nie wieder aufbauen zu lassen. Zeugen: Pfalzgraf Conrad am Rhein; Markgraf Otto von Meißen und dessen Brüder Markgraf Theoderich und Graf Heinrich von Witin; die Pfalzgrafen Otto und Friedrich von Wittelinespach (Wittelsbach), Graf Rudolf von Pfullendorf, Boppo Burggrav von Wirzburg, Marquard von Grumpach und dessen Söhne Adelbert und Otto, Burchard, Burggrav von Magdeburg, Udalrich, Sohn des Herzogs von Böhmen, Albert, Sohn des Herzogs von Polen, Graf Otto von Kirchberg, Graf Mangold von Veringen u. s. w. Heinrich der Marschalk, Bertholf der Cämmerer, Cuno der Cämmerer von Minzenberg, Walther der Truchseß (Dapifer), Conrad Kobbo, der Schenk und sein Bruder Ludwig u. s. w.

Schannat: Vind. lit. coll. II, 116.

10. (S. 35.) 1172. Otto, Graf von Kirchberc als Zeuge in der von Kaiser Friedrich I. ausgestellten Urkunde, die Gründung und Dotirung des auf einem Berge, unweit der Reichsstadt Altenburg, in seiner und anderer Fürsten des Reichs Gegenwart eingeweihten Marienklosters betreffend, dessen Schirmvoigtei er sich vorbehält.

155

Avemann: Gesch. der Kirchb. 149. Schultes: Dir. dipl. II, 229.

11. (S. 35.) 1172. Otto, Graf von Kirchberg, als Zeuge in der Urkunde Bischofs Uto II. zu Naumburg, in welcher er die vorhergehende Urkunde, ihrem wesentlichen Inhalte nach, wiederholt und das in seinem Bisthum liegende Kloster der Maria weiht und bestätigt [1]) — Die Zeugen dieser beiden Urkunden sind dieselben: Fridericus Imperator: — Otto, Marchio Misnensis; Dedo, Comes de Grousch (Groitzsch); Burchardus Magdeburgensis Burcgravius; *Otto, Comes de Kirchberg*, Otto et Hermannus (Hartmannus) de Lobdeburc, Heinricus, Burcgravius de Liznic, Heinricus, Burcgravius de Aldenburc; Heinricus de Rosewas (Rasephas) u. A.

135

Avemann: 149. Schultes: Dir.dipl. II,231.

12. (S. 35.) 1177. 21. Nov. [2]) In nomine sancte et individue trinitatis. *Fridericus*, dei gratia Romanorum *imperator* Augustus. Ad imperialis aulae pertinet dignitatem, fidelium suorum servitia et devotiones debita consideratione respicere et dignis beneficiis clementer remunerare.

Ea propter omnibus imperii fidelibus tam futuris quam presentibus volumus esse cognitum, quod nos dilectum fidelem ac familiarem nostrum *Rudegerum*, venerabilem abbatem cenobii sancti Georgii in *Nuenburc* cum ipsa abbatia et cum omnibus possessionibus, mobilibus et immobilibus ad ipsum et ad abbatiam pertinentibus, quas in presentia juste possidet et quas in posterum rationabiliter adipisci poterit, iure protectionis patrocinium suscipimus, adeo ut injurias eidem ecclesie

---

1) Von dem aus gebrannten Steinen erbaut gewesenen Kloster stehen jetzt nur noch zwei Thürme, die das Gepräge eines ehrwürdigen Alters an sich tragen (Schultes).

2) Diese Urkunde habe ich durch gütige Mittheilung aus dem geh. Staatsarchive zu Weimar in Abschrift erhalten. Von Beckler (Reuß. Stammtafel, 13.) und Avemann (Kirchberg'sche Geschichte, 155. not., m. m.) wird sie zwar erwähnt, aber nicht mitgetheilt; ja der Letzte meint, daß der in dieser Urkunde angeführte Graf von Kirchberg Dietrich heiße.

illatas pro nostris reputemus et velutipsi offensas habeamus. Ex habutantia, que clementie nostre quicquid eidem ecclesie a nostris predecessoribus regibus et imperatoribus collatum et quicquid ei ab episcopis vel aliis personis conceditur, ex nostra ei auctoritate confirmamus. Ex quibus hec propriis duximus exprimenda vocabulis, molendinum apud villam *gene theutho-nice* [1]) in flumine Sala, item molendinum in *Nuenburc* apud curiam abbatis, et ipsum aque ductum sic *Gualeramus* episcopus eum eidem ecclesie contulit, ut scilicet nemini liceat, ipsum aque ductum alias derivare vel in ipso, molendinum edificare. Praeterea ut homines illius ecclesie nulla violentia cogantur alii persone preter debitum juris servire seu abbati et fratribus libere serviant. Insuper hoc specialiter adjicimus, ut nemo sibi de ecclesia predicta aliquid beneficii usurpet contra communem justitiam et consuetudinem aliarum ecclesiarum.

Hec supradicta et cetera illius ecclesie jura integra de cetero servari precipimus, statuentes, ut nulla persona ecclesiastica vel secularis presumat ea aliquatenus violare.

Ad hujus vero nostre confirmationis argumentum presentem in paginam jussimus conscribi et majestatis nostre sigillo roborari.

Hujus rei testes sunt *Philippus Colonie* archiepiscopus, *Arnoldus* treverensis archiepiscopus, *Hugo* verdensis episcopus, Ekehardus *Gost* prepositus (z. St. Georg in Naumburg. Schultes: II, 178. ad. a. 1166.). *Hartmannus comes de Kirperc*. *Albertus* comes de *everstein*. *Cunradus de Schiphe* pincerna. *Cunradus de rotenburc*. *Henricus* Marscalcus.

---

1) Teutsch-Jena, jetzt Groß-Jena bei Freiburg, am linken Ufer der Unstrut, welches, sowie Wendisch-Jena, jetzt Klein-Jena, am rechten Ufer der Unstrut, unter der Gerichtsbarkeit des St. Georgenklosters vor Naumburg stand. Dasselbe lag da, wo jetzt das Gebäude für das Oberlandsgericht steht. S. Beier: Geogr. Jen. 35. Büsching: Erdbeschr. III, 2, 819. Wiedeburg: Beschr. von Jena (1785.) 1, 92. Lepsius: Der Dom zu Naumburg (1822.) 38.

Ego *Gotefridus* cancellarius vice coloniensis archiepiscopi et italici regni archicancellarii, recognovi.

Acta sunt hec anno incarnationis Domini MCLXXV. Indictione IX. Regnante Domino Friderico Romanorum Imperatore invictissimo, anno regni ejusdem XXV. Imperii vero XXIII. Datum apud castrum novum. XII. Kal. Decembris. Feliciter Amen.

13. (S. 35. 36. 38. 39.) 1181. 27. Nov. Fridericus Imperator: . . notum esse volumus, quod *Dietericus* Ministerialis noster de *Kirchberg* et frater ejus *H*(enricus) miles cum consensu puerorum *Ottonis* et *Thegenhardi* . . rogavit duos mansos in *Stobra*, unum mansum in *Scölen* [1]) et tres mansos in *Kripendorf* sitos..., quos propter remedium parentum *Ottonis* nobilis de *Kirchberg* et *Ide* uxoris, que a nobis ob dissensum et discordiam cum *Orlamundanis* agnatis in beneficio habuit, ad plantandum claustrum Sanctimonialium in *Kapellendorf* in honorem Marie spontanee contulit...., presentem literam nostri sigilli munimine jussimus communiri. Testes... Otto, Misnens. Marchio, Dietericus, Marchio de Lusiz, Comes Dedo de Brene,... Walther de Gleisberg. Datum Erpisfordie.

Avemann: Kirchb. Gesch. 19. 149—151. Nr. 13. Schultes: Dir. dipl. II, 279.

14. (S. 35. 37.) 1182. 30. Novbr. Kaiser Friedrich I. legt zu Erfurt die zwischen seinem Enkel, dem Landgrafen Ludwig in Thüringen, und Abt Siegfried zu Hersfeld lange bestandene Irrung bei, und unter andern Bürgen wird auch ein Burggraf von Capelendorf [2]) erwähnt. Zeugen: Die Grafen Erwin zu Gleichen (Sohn Ernst's II., Grafen von Tonna), Gancelin von Zwerin (Schwerin), Otto von

---

1) Nicht Sköhlen bei Naumburg, sondern Schölen bei Apolda ist hier gemeint, da die beiden andern Orte Stobra und Krippendorf in der Nähe liegen.
2) Der als Bürge aufgeführte und nicht namhaft gemachte Burggraf von Capelendorf kann Niemand andres sein, als Dietrich II.

Kirchberg [1]), Heinrich von Schwarzenberg (Schwarz-burg), Gunther von Kevernburc u. A.

Schultes: Dir. dipl. II,286.

15. (S. 36. 37. 38.) 16. Jan. 1194. *Theodoricus Burckgravius* et frater suus *Henricus* als Zeugen in der vom Erzbischof Conrad von Mainz ausgestellten Urkunde, in welcher er, als er 138 nach Orlamünde gekommen war, um die Marienkirche daselbst in Gegenwart des Grafen Siegfried von Orlamünde, seiner Gemahlin Sophia, ihrer Söhne und Andrer feierlich einzuweihen, alle Güter und Einkünfte derselben bestätigt und Allen, die dieser feierlichen Einweihung beiwohnten, den Segen ertheilt. [2])

Avemann: Kirchb. Gesch. 151. Nr. 176. Schultes: Dir. dipl. II, 359.

16. (S. 20) 1196. *Theodericus*, dei nutu *comes in Wicenuiels* (Weißenfels) cum consensu matris nostre (Hedwig, Albrecht's des Bären Tochter)... omnes decimas vinearum nostrarum in Camborch et in Geen (Jena) et in *Kirchberch* et in Ysenberch, que a tempore *Luovonis de Camburch* inibi plantate sunt, celle beate Marie, cui iure fundationis et patronatus preesse et prodesse tenemur, perpetuo iure contulimus. [3])

Schultes: Dir. dipl. II, 379.

---

1) Da nach der vorhergehenden Urkunde (Nr. 13.) im J. 1181. Dietrich's Vater, Otto II. von Kirchberg, schon todt war, und Dietrich's Sohn, Otto III., noch als Kind (puer) aufgeführt wird, so ist ungewiß, welcher Otto von Kirchberg hier als Zeuge gemeint sei, wenn man nicht annehmen will, daß er indessen mündig geworden sei.

2) Diese Urkunde befand sich nach Löber (Diss. 59 a.) in der Urschrift im Pfarrarchive zu Orlamünde, soll sich aber nach einer mir zugekommenen Nachricht nicht mehr daselbst vorfinden. In Abschrift befindet sie sich aber in actis visitationum Eccles. et scholar. de anno 1533. Fol. 662 sq. archivi Sax. Vinar. et Gotha.

3) Diese Urkunde ist sehr wichtig und bestätigt, daß die Markgrafen von Meißen Kirchberg in dieser Zeit besessen haben. Schon in der Urkunde vom J. 1136 (Nr. 3.) wird erwähnt, daß

17. (S. 35) 1198. 1. Jul. Die Grafen Hartmann von Kirchberg, Theoderich von Grouch (Groitzsch) und Andere als Zeugen in der zu Worms ausgestellten Urkunde, als Philipp, König von Frankreich, mit dem teutschen König Philipp (dem Sohne Friedrich's I.), ein Bündnis schloß.

Leibnit: Cod. Jur. gent. dipl. P. I, 6.

18. (S. 36. 38.) 1205. (1230.) 22. August. Erzbischof Siegfried II. (III.) zu Mainz trägt den Pröpsten zu Ichtershusen und Hüßdorf (Heusdorf) auf, dem Burggraf von Kirchberg, der in der Parochie zu Kapellendorf ein Nonnenkloster Cistercienser-Ordens stiften wolle, in seinem Vorhaben behilflich zu sein und persönlich zu

---

Bürgel in der Markgrafschaft Conrad's (von Meißen) gelegen habe. In einer vom Bischof Udo von Naumburg zu Zeiz im J. 1147. ausgestellten Urkunde wird Luof von Kamburg deutlich ein Sohn des Markgrafen Konrad genannt; und in einer Urkunde vom J. 1156. (in Schöttgen's Leben des Markgr. Conrad. 325.) kommen als Zeugen vor: Luf von Camburc und sein Sohn gleichen Namens. Daß dieser Luf von Kamburch ein Sohn des Markgrafen Conrad war, ist noch nicht hinlänglich untersucht und verdient in ein helleres Licht gesetzt zu werden. Ein Bruder desselben war nach einer Urk. vom J. 1133 (Menk. III, 1016.) Rupert von Kamburg. Außerdem kommt er noch in Urkunden aus den Jahren 1136. 1140. 1147. und 1154. vor (Schultes: Dir. dipl. I, 315. II, 16. 71. u. 103.). Ob Ludo von Kamburg (c. 1165. Nr. 7.) und Lufrid von Caeinburg (1145. Schultes: Dir. dipl. II, 57.) eben diesen Luf von Kamburg bezeichnen sollen, ist ungewiß. Der älteste Sohn des Markgrafen Conrad, Otto der Reiche, hatte im J. 1175. Marienzelle (Altenzelle) an der Freiberger Mulde gegründet, welchem Kloster dessen Sohn, Dietrich der Bedrängte, nachher Markgraf von Meißen, den Zehenden von den in dieser Urkunde erwähnten Weinbergen schenkt. Er heirathete des Landgrafen Hermann von Thüringen häßliche Tochter Jutta, und gab dadurch Veranlassung, daß im J. 1247. ihr Sohn Heinrich der Erlauchte Thüringen an Meißen brachte.

erscheinen. Dat. Moguntiae XI. Cal. Sept., Pontificatus nostri anno quinto.[1])

Dipl. Capell. ed. Menk. I, 677. Nr. 4. [2]) Avem.: 156. Nr. 16.

19. (S. 37.) 1206. Burggraf Theoderich von Kirchberg als Zeuge in der Urkunde, in welcher Landgraf Hermann in Thüringen und Pfalzgraf von Sachsen seine Zustimmung gibt, daß sein Ministerial Heinrich Buerstete (Busesse Thur. sacr. 333.) zwei Güter in Branbach (Groß- _140_ oder Klein-Brembach, beide an der Lossa) dem Kloster Heusdorf für 33 Mark verkauft, von welcher Summe er dem Kloster 15 Mark für die Erziehung seiner Tochter daselbst erläßt.

Schultes: Dir. Dipl. II, 444.

20. (S. 36. 37.) 1206. Burggraf Theoderich von Orlamünde, Burggraf von Kirchberc, als Zeuge, als Graf Siegfried von Orlamünde mit Zustimmung seiner Söhne Adelbert und Hermann dem Kloster zu Hugisdorf (Heusdorf) für Aufnahme seiner beiden Töchter in dasselbe drei Hufen in Cruteim (Krautheim) und Meldingen (Mellin-

---

1) Gewöhnlich wird angenommen, daß diese Urkunde vom Erzbischof Siegfried II., einem Grafen von Eppenstein, ausgestellt worden sei, welcher im J. 1200. gewählt wurde. Wahrscheinlicher ist's aber, daß sie vom Erzbisch. Siegfried III., welcher 1225. gewählt wurde, ausgestellt worden ist, da Bisch. Engelhard zu Naumburg das Kloster zu Kapellendorf im J. 1237. (Urk. Nr. 30.) eine neue Stiftung nennt. Imhof. notit. germ. Imp. I, 34. Menk III, 515.

2) Die Urkunden des Klosters zu Kapellendorf befinden sich theils im geh. Staatsarchive zu Weimar, aber es gibt auch viele Abschriften derselben. Burch. Mencken hat im 1sten Theil S. 675 —762. der Scpt. rer. germ. 188 Urkunden aus der Lyser'schen Bibliothek in Helmstedt mitgetheilt. Auch die Universitätsbibliothek zu Jena besitzt ein Copialbuch der Kapellendorf'schen Klosterbriefe.

gen) vermacht. [1])

Avemann: Kirchb. Gesch. 162 Nr. 177. Schultes: Dir. dipl. II, 447.

21. (S. 37.) 1209. *Theodericus burggravius de Churberg* als Zeuge in der zu Wettene (Wettin) ausgestellten Urkunde, in welcher die edlen Mannen Johannes und Walter, Burcgraven von Gibuchinstein (Giebichenstein) vor dem Burggericht zu Wettin unter dem Vorsitze Friedrich's von Crozuch (Krosigk) ihr väterliches Erbtheil, nämlich das Schloß in Zpurne (Spören) mit 170 Hufen im Dorfe Zpurne, Brunistorf (Beiersdorf), Winitorf (Watendorf), Prozzendorf (Prussendorf), Rode (Rödchen) und Rode (Rida) mit anstoßenden Waldungen, Wiesen und allen Zugehörungen, mit Zustimmung der Mutter und ihrer Erben, der Kirche zu Naumburg erblich und eigenthümlich überlassen.

Schultes: Dir. dipl. II, 468. in der Urschrift zuerst mitgetheilt.

22. 1214. 5. Febr. Kais. Friedrichs II. beurkundet, daß sein Fürst und Verwandter, Markgraf Dietrich von Meißen und Osterland, 40 Acker in quodam monte, qui dicitur Janzi (Janzk), sito super Salam pro excolendis illic vineis, dem Abt und Kloster zu Posau durch ihn erblich und eigenthümlich zu besitzen übergeben habe. Gegeben zu Aldenburg.

P. Lange: Chron. Citiz. ed. Pistor. I, 798. Schultes: Dir. dipl. II, 487. (s. S. 13. u. 38.).

23. (S. 37. 38. 73.) 1216. *Theodericus Dei gratia Burggrafius* dictus *de Kirchbergk*... Noverinc universi..., quod duos mansos sitos in *Aspa* contra Dominum *Ludovicum* militem dictum de *Husen* (Nr. 8. u. 43.), situm in *Sumeringen* pro XX marcis emimus et emtos Simoni et Ernesto militibus et *Conrado*

---

[1] Diese Urkunde ist ohne Angabe des Jahres. Aber Propst Berthold kommt im J. 1206. zuerst urkundlich vor, und in demselben Jahre stirbt Graf Siegfried von Orlamünde, nach Annal. Reinersborn mspt. a. a. 1206. (Schultes: l. c.).

de *Loebeniz* et *Thimoni* et *Alberto* de Capelndorf civibus eosdem concedi fecimus ad conservationem ecclesie in *Capelndorf*, cui ipsos contulimus tam diu, quo usque jam dictus miles Dns. *Ludovicus* in proprietatem redigeret mansos superius memoratos.

Testes: Hermannus Schenkel (Nr. 35. u. 40.), Bernhardus de Crutheim (Krautheim), Bodo de Wigendorp, Godescalcus de Sulzbeche (S. 77.), milites et a.

Dipl. Capelnd. ed. Menk. I, 679 Nr. 7. Avemann: Kirchb. Gesch. 157. Nr. 17.

24. (S. 37.) Circ. 1218. Landgraf Ludwig in Thüringen, Pfalzgraf von Sachsen, bestätigt auf dem Landgericht zu Crumpe die Uebereinkunft des Klosters zu Luseniz mit seinem Ministerial Ulrich von Balgestete, welcher Güter zu Löbeschiz, die seine Mutter Agatha gegen gewisse Einkünfte zu Febergin dem genannten Kloster überlassen hatte, nach 20 Jahren wieder in Anspruch genommen, aber auf der vom Bischof von Halberstadt zu Naumburg gehaltenen Synode mit seinen Erben aller Ansprüche an diese Güter entsagt hatte. Testes: Sifridus Moguntinensis.. Ulricus de Tullistete; Comes Guntherus, Henricus frater ejus de Schwarzburg, Theodericus de Kirchberg, Henricus Marschalcus Conradus, Rudolphus Pincerna, Titricus, frater ejus. [1]

Amts Jena Copialbuch der Mich. Kl. Briefe zu Jena: I, 45. Avemann: 157. Nr. 143. Schultes: Dir. dipl. II, 526.

---

1) Dies ist die erste Urkunde des aus 2 Foliobänden bestehenden Copialbuchs der brieflichen Urkunden des Michaelisklosters zu Jena, mit vielen von Hofrath Hortleder's Hand vermuthlich nach den Originalen gemachten Correcturen und einem sehr vollständigen Register, welches das Justizamt zu Jena besitzt und mir gütigst von demselben mitgetheilt worden ist.
Nach diesem Copialbuche ist diese Urkunde im J. 1208. ausgestellt worden. Aber in diesem Jahre lebte noch Landgraf Hermann († 1216.), Ludwig's Vater, und der Sohn war erst 8 Jahre alt, konnte also damals unmöglich, wie Avemann (157.) meint, des Vaters Stelle vertreten. Die in der Urkunde erwähnte Synode zu Naumburg ward am 9ten Octbr. 1217.

25. (S. 37.) 1220. 20. März. König Friedrich II. beurkundet zu Erfurt, daß er nach dem Beispiele seines Vaters Heinrich und Oheims Philipp die Kirche zu Luseniz in seinen Schutz nehme, von aller Belästigung freispreche und ihr alle die Güter bestätige, die ihr von seinen Getreuen gewidmet worden sind und noch werden. Testes: Sifridus archiepiscopus Moguntinensis, Albertus archiepiscopus Magdeburgensis, Engelhardus episcopus Nuemburgensis. — Theodericus Marchio in Misnia. Ludowicus Landgravius Thuringie. Heinricus comes de Anhalt et frater ejus Albertus. Gunterus de Schwarzburc. Nobiles: Hartmannus et Hermannus de Lobdeburc. *Theodoricus burggravius de Kirchberc.* Heinricus advocatus de Wida et frater ejus Heinricus de Coldiz.

Schultes: Dir. dipl. II, 545. in der Urschrift mitgetheilt.

26. (S. 36. 37.) 1225. *Theodoricus burggravius de Orlamund* als Zeuge in der von Hermann Grafen von Orlamünde ausgestellten Urkunde, in welcher er seine Zustimmung gibt, daß sein Getreuer (Vasall), Enker von Weimar, zum Seelenheil seines Bruders Hermann Preiz eine Hufe zu Gerbrechtshausen [1]) der Kirche zu Georgenthal übergibt,

---

vom Bischof Conrad von Halberstadt gehalten, der 1210. sein Bisthum niedergelegt hatte und als Mönch von Sichem in Sittichenbach lebte († 21. Jul. 1224.), während der Abwesenheit des Bischofs Engelhard von Naumburg in Palästina aber dessen Stelle vertrat (Schultes: Dir. dipl. II, 522.); auch war im J. 1217. der Erzbischof Siegfried von Mainz in Erfurt. Ulrich von Döllstedt, Schultheis von Gotha, kommt in Urkunden in den Jahren 1212—1223. vor, sowie der landgräflich-thüringische Marschall Heinrich (von Kallendin) in den Jahren 1192—1227.

Crumpe, wo das Landgericht gehalten wurde, liegt im Amt Freiburg, sowie Balgstedt an der Unstrut. Unter Lödeschiz ist wohl Löbschütz, 2 Stunden von Naumburg, zu verstehen, und unter Febergin (nicht Jebergin) vermuthe ich Fröbersgrün bei Lobenstein. Das Kloster Lausnitz liegt bei Eisenberg.

1) Gerbitzhausen an der Wippra im Amt Arnstadt.

sowie er auch die von demselben Enker für 20 Mark erworbenen vier Hufen in demselben Dorfe den Brüdern in Georgenthal bestätigt.

Avemann: 162. Nr. 178. Schultes: Dir. dipl. II, 605.

27. (S. 16.) 1228. 28. Novbr. Papst Gregor IX. bestätigt den Bischof Engelhard zu Naumburg die vom Papste Johannes XX. auf Bitten des Kaisers Conrad III. dem Bischof Ildevard zu Zeiz (im J. 1028.) genehmigte und später (i. J. 1137.) vom Papst Innocentius II. schon bestätigte Verlegung des Hochstifts Zeiz nach Naumburg — cum omnibus bonis, que in presenti juste et canonice possidet aut in futurum concessione pontificum, largitione regum vel principum, oblatione fidelium seu aliis justis modis prestante domino poterit adipisci.... Monasterium sancti Georgii in *Burgellino*. Monasterium sancte Marie in *Buzowe* (Bosau). Ecclesiam conventualem sancti Petri et Monasterium sancti Stephani in Cize.... Ecclesiam Parochialem sancti Petri in *Lobede* [1]) cum Capella in *Kirchberch* et in *Amersbach*, in *Jegerstorf*, in *Sloben* et in *Gline*, Gapellis ac aliis cum decimis terris et vinetis ad ipsam ecclesiam pertinentibus. Ecclesiam parrochialem in *Dornburch* cum Capellis, decimis terris et aliis bonis ad ipsam ecclesiam pertinentibus. Ecclesiam parochialem in Immeleiben (Memleben) cum pertinentiis ac aliis bonis ibidem sitis etc.... Decimas quoque et possessiones ad jus ecclesiarum vestrarum spectantes, que a laicis detinentur, redimendi et legitime liberandi de manibus eorum et ad ecclesias, ad quae pertinent, revocandi, libera sit vobis de nostra auctoritate facultas.

Datum Perusiae iiij Kal. Decembr. Anno MCCXXVIII.   144

Urkunde im Capitulsarchive zu Naumburg. Lepsius:

---

1) Die jetzige Pfarrkirche zu Lobeda ist nicht dem Apost. Petrus, sondern der Maria geweiht, wohl aber war ehemals eine dem Apost. Petrus geweihte Capelle daselbst. Ammerbach gehört jetzt nach Burgau. Jägersdorf, Schlöben, Schön-Gleina liegen in der Nähe.

Der Dom zu Naumburg. 51. Urk. Nr. 7. Schultes: Dir. dipl. II, 642.

28. (S. 36. 37.) 1230. 18. November. Theoderich Burggrave legt mit Heinrich von Lobdeburg die Irrung bei, welche zwischen dem Schenk und dem Kloster zu Heusdorf, der Schirmvoigtei wegen, entstanden war.

(Otto): Thur. sacr. 446. Avemann: 157.

29. (S. 38.) 1235. Abt Conrad zu Fulda gibt dem Burggrafen Dietrich von Kirchberg zur Errichtung eines Nonnenklosters in der Parochie zu Kapellendorf, deren Güter von der Kirche zu Fulda zu Leben gingen, die Erlaubniß, unter der Bedingung, daß das Kloster sich in Streitigkeiten, Erwählung eines Propstes oder einer Aebtissin und in andern der Kirche zu Fulda zukommenden Rechten derselben unterwerfe, daß aber dem Burggrafen die Schirmvoigtei über die dem Kloster gehörigen Güter vorbehalten sein solle.

Dipl. Capell. ed. Menk. I, 677. Nr. 5. Schannat: Clientel. Fuld. 257. Avemann: 157. Nr. 18.

30. (S. 38.) 1237. 30. Januar. Bischof Engelhard zu Naumburg überläßt in einer zu Zeiz ausgestellten Urkunde allen Zehend, welcher ihm von den Weinbergen auf dem Berge, Janzig genannt, seit der Zeit Dietrich's, Burggrafen von Kirchberg, des Aeltern, berühmten Andenkens, und von den noch anzulegenden Weinbergen daselbst zustehe, der neuen Ansiedlung (novellae plantationum) in Capelndorf, Mainzer Diöces, Cistercienser-Ordens, frei und eigenthümlich. Zeugen: Cuno von Briseniz u. A.

Menk. I, 678. Nr. 6. Avemann: 158. Nr. 19.

31. (S. 76.) 1238. 27. Novbr. Wyricus et Wernerus de Kirchberg, Zeugen in der vom Markgrafen Heinrich dem Erlauchten dem Bischof Engelhard zu Naumburg ausgestellten Urkunde, die Anlegung bevestigter Orte, den Zehend in Eisenberg und Weißenfels, die Gerichtsbarkeit des

Klosters und Prägung von Münzen betreffend. [1])

Copialbuch des Naumburger Dom-Capituls: Lib. flav. Fol. 19b. Fehlerhaft abgedruckt in Irisander's (Grubner's) Sammlung zur Gesch. des Stifts Naumb. 10. 79. Vergl. Lepsius: Rudelsburg (1824): 21. u. 41.

32. (S. 39. 43.) 1246. 31. Decbr. Dietrich von G. G. Burggr. genannt von Kirchberg, mit seinem ältern Sohne, stiftet zum Heile seiner und seiner Ehefrau Seele, sowie für seinen (verst.) Vater und Mutter und alle seine Vorahnen zum hohen Baume (alta arbor bei Quedlinburg) jährlich acht Mark Silber und einen Ernte-Schilling (solidum messualem) zu einer ewigen Lampe, zu deren Unterhaltung er drei Bauern (rustici) zu Bacherau (Bachra bei Cölleda?) anweiset. Testes: Godescalcus de Sulzbache, Otto miles de Schwezen et a. (S. 77.).

Leuckfeld: Vom Kl. Gottesgnade: 62 not. Avemann: 158. Nr. 20.

33. (S. 41.) 1251. Theodericus, Prefectus de Kirchberg, bestärkt mit seinem Siegel die von der Gräfin Heilwigis von Berka [2]) und ihren Söhnen dem Kloster Georgenthal übergebenen 60 Acker Waldung bei Tambach.

(Otto): Thur. sacr. 486. Avemann: 172.

34. (S. 41.) 1253. 1. August. Heinrich von Wida und Beringer von Meldingen suchen im päpstlichen und erzbischöflichen Auftrage die zwischen dem Burggrafen Dietrich von Kirchberg und dem Nonnenkloster zu Heusdorf bestehende Irrung beizulegen. Da aber der Streit, insbesondere wegen Verhaftung eines Erfurter Bürgers in Fluerstadt (Flurstedt bei Apolda) erschwert, nicht

---

1) Eine richtiger gefertigte Abschrift dieser Urkunde habe ich aus dem geh. Staatsarchive zu Weimar erhalten.

2) Heilwig von Lobdeburg, Gattin des Grafen Dietrich von Berka, welcher im J. 1210. das Cistercienserkloster von München nach Berka a. der Ilm verlegte.

beseitigt werden konnte, wurde endlich bestimmt, daß er auf dem Landgerichte bei Quedlinburg zum hohen Baum entschieden werden solle. Testes: Irenfridus de Ranstete, Meinhardus de Lestin. Mit den Siegeln der Schiedsrichter und des Burggraven von Kirchberg. Verhandelt in Bachere (Bachra bei Cölleda).

Thur. sacr. 432 Leuckfeld: Vom Kl. Gottesgnade: 60. Avemann: 158. Nr. 182.

35. (S. 42.) 1253. Heinricus D. G. Misnensis et.Orientalis Marchio, Thuringie Landgravius et Saxonie Comes Palatinus ad perhennem deferimus noticiam, quod *Theodericus Burcgravius de Kirchberg*, dilectus noster et *fidelis* . . dedit Ecclesie s. Marie in Luseniz villulam in *Rechain* (?) cum omnibus adtinentiis, que a nobis et progenitoribus nostris ipse et progenitores sui eatenus jure habuerunt feodali. Testes: *Theodericus Burcgravius de Kirchberc* et *Theodericus filius suus*, Albertus Burcgravius de Altenburch. Henricusde Vesta, Volradus et Henricus fratres de Hain, Volcmarus de Kamburg, Reinboto de Lubogostiz.. Otto de Zwetzen, Hermannus Seinckel, Heidenricus dictus Cirle et a.

Liebe: Nachlese zu Markgr. Heinr. dem Erl. (Altenb. 1732.) 62. Avemann: 158. 172. Nr. 21.

36. (S. 42.) 1254. Dietrich Burggr. von Kirchberg, als Zeuge in der vom Markgraf Heinrich dem Erlauchten ausgestellten Urkunde, in welcher er die von den Herren von Lobdeburg dem Kloster Luseniz übergebenen Güter bestätigt.

Liebe: Nachlese zu Markgr. Heinr. 65. Avemann: 172.

37. (S. 42. 43.) Circ. 1256. Dietrich Burggr. v. Kirchb. und sein älterer Sohn übergeben zu seinem, seiner Ehegattin und seiner Kinder Seelenheil, sowie für seinen (verst.) Vater und Mutter und alle Vorahnen den Nonnen in Capelndorf viertehalb Hufen in Toubeche (Taubach) mit den Bauern derselben; ferner drei andere Bauern in Umverstedt mit allen Diensten.

Testes: Albertus plebanus de Briseniz, Maroldus miles de Bercha, Simon miles de Capelndorf (S. 77). Otto miles de

Swezen (S. 77.), Theodericus miles, villicus de Capelndorf, Helwicus mercator ejusd. loci.

Dipl. Cap. ed. Menk. I, 679. Nr. 8. Avemann: 158. Nr. 22.

38. (S. 42. 43.) 1256. 23. October. Der Prior Heinrich von Wida aus Erfurt ordnet in besonderm erzbischöflichen Auftrag, mit Zuziehung der geistlichen Herren von Ichtershausen, Zwezen und Trebern, den zerrütteten Zustand des Klosters zu Capelndorf so, daß die Güter zwischen den 9 innerhalb des Klosters [1]) und den 15 außerhalb desselben wohnenden Nonnen getheilt werden, und zwar <u>147</u> so, daß die letztern 6 Hufen bei Diterstete, 3½ bei Toubeche, 4 bei Hergrimstett (Hermstedt), 1 bei Kannewerfen, 2 bei Ariminstedt (Hammerstedt), 1 bei Wickerstedt, ½ bei Vlorstet (Flurstedt), 2 bei Capelndorf, mit der Herrin von Husen übergeben, erhalten, dagegen alle übrigen Güter der Kirche den Nonnen im Kloster verbleiben sollen, und mit der Bestimmung, daß sie die Güter zu Toubeche, Hergrimstedt und Dieterstedt binnen gesetzter Frist für eine gewisse Summe gemeinschaftlich einlösen sollen.

Nobilis vir Dominus Burggravius de Kirchberg, uxor ejus et eorum filius senior bestätigen für sich und ihre Erben diese Theilung und Anordnung. Testes: Irmfridus miles de Ranstedt, Meinhardus miles de Lestin et a. Acta sunt hec in *Capelndorf.*

Dipl. Cap. ed. Menk. I, 680. Nr. 9. Avemann: 158. Nr. 23.

39. (S. 42.) 1257. Burggr. Dietrich v. Kirchb. schlichtet mit Dietrich von Vichbecke, Ludolph Schenk von Varila (Vargula), Rudolph von Isserstedt und Henrich von Liebenstete einen Streit zwischen dem Abt Heinrich des

---

[1]) Noch heute sind an der jetzigen Kirche zu Kapellendorf, zu welcher das ehemalige Kloster genommen worden ist, neun kleine zugemauerte Fenster, gegen Morgen unter dem Dache, zu sehen, welche vermuthlich den neun Zellen angehörtem die die Nonnen bewohnten.

Klosters Pforta und den drei Brüdern Heinrich, Walther und Dietrich von Gelamsdorf [1]), wegen eines Werders in der Saale bei Diebsfort, welchen das Kloster über 40 Jahre im Besitz gehabt hatte.

Pertuch: Chron. Port. III. Beier: Geogr. Jen. 366. Avemann: 159.

40. (S. 42. 43.) 1259. 24. Juli. [2]) In Nomine Domini Amen. Nos Theodericus senior et Theodericus junior,
<u>148</u> Burcgrauuii dicti de Kirchberc, tenore presentium recognoscimus, publice protestando ac omnibus Christi fidelibus

---

1) Im J. 1293. eignet Heinrich von Galamisdorf, Ritter und Castellan zu Saaleck, dem Kloster Pforte gewisse Besitzungen zu. Pfort. Copialb. 22b. Lepsius: Rudelsb. 23.

2) Diese Urkunde, wie sie mir aus dem geh. Staats-Archive zu Weimar in Abschrift zugekommen ist, theile ich hier ganz mit, weil sie große Verwirrung in der burggräflich-kirchberg'schen Genealogie angerichtet hat. Sie ist ursprünglich im J. 1259. ausgestellt worden, aber Otto der Große, welcher von 1267. bis 1308. (S. 44.) lebte, hatte sie um's J. 1280. mit Weglassung der aufgeführten Güter und ohne seinem Namen nur mit Anhängung seines Insiegels bestätigt, im Text aber statt: cum ecclesiis, decimis et bonis subscriptis nur bemerkt: cum ecclesiis et capellis in Kötschau, Holstedt, Franckendorf et Romstedt, welche Capellen auch unter den Gütern, aber ohne Romstedt, stehen. Diese Bestätigungsurkunde hat aber die Jahrzahl 1200. Dieser Umstand erregte viele Zweifelsknoten, die Avemann (Nr. 15. seines Urkundenbuches) nicht zu lösen vermochte. Nach der Hand hatte sich aber die ursprüngliche Urkunde mit dem Siegel Dietrich's, dessen sich Beide bedienten, im geh. Staats-Archive zu Weimar aufgefunden, die hier wörtlich mitgetheilt worden ist, und es ergab sich, daß Otto der Große öfters Urkunden blos mit Anhängung seines Siegels bestätigt hatte (S. 45.). Die Jahrzahl 1200. nach Mencken (I, 681. Nr. 10.) und dem Kapellendorf'schen Copialbuche in der Jenaischen Universitätsbibliothek 1203., ist entweder aus Versehen gesetzt worden, oder um die Gründung des Klosters älter zu machen.

presentem litteram inspecturis cupimus esse notum, quod nos de consensu et permissione heredum nostrorum fundum, in quo situm est claustrum *Capellendorf* sanctimonialium ordinis Cystertiensis, quo nos pro remedio animarum nostrarum cum Ecclesiis, Decimis et bonis subscriptis, fundavimus instaurando, liberum dimisimus et cum omnibus suis attinentiis, et perpetue donavimus libertati, ita quod nec prepositus, qui pro tempore ibi fuerit, nec domine ibidem Domino seruientes, nec ipsarum coloni nobis sint in aliquo usufructu ac servitio obligati, preterquam in, communicatione orationum suarum et aliarum spiritualium actionum. Testes hujus sunt frater Henricus de Wida, Prior Erfordensis, Et frater Petrus socius suus ordinis predicatorum. Fridericus, prepositus in Hüsdorf, Gebehardus prepositus in Wimar. Cunradus prepositus ibidemin Capellndorf. Cunradus plebanus in Wimar. Heinricus plebanus in Rosla et alii quam plures. Acta sunt hec in Capellndorf, Anno Domini M.°C°C.LIX. In vigilia beati Jacobi.

ˌTres mansos et dimidium in *Toubeche.* [1]) Duos mansos ___149 in *Vmpherstete.* Quatuor in *Hüstorf.* Alterum dimidium in *Sultzbeche.* Quatuor mansos et unam aream in *Hergrimstete*, dimidium in *Rumstete*, quem habet Hermannus. Qvatuor mansos Henrici de Gornewitz, sitos in *Capellendorf.* Vnum mansum *Diterici de Aspa.* Sex mansos in parochia. Item alterum dimidium (mansum) situm in *Hergrimstete*, etiam ad parochiam pertinentem. XXIIII maldra frumenti, ordei et avene.

Cum capellis in *Cötzowe, Halstete* et in *Vranckendorf.* Item vineam unam in *Clochwitz* parochie attinentem, et duas, alias illi vicinas.

He sunt vineae, de quibus procuravimus, iam dicte Ecclesie in *Capellendorf* decimas singulis annis dari. De vinea Huneners in monte, qui vocatur *Irseberc.* [2]) De vinea Christiani

---

1) Die 3½ Hufen in Taubach hatte erst wenige Jahre zuvor der Burggraf dem Kloster übergeben (Nr. 37).
2) Nach dem Geschoßbuche des Stadtraths zu Jena vom J. 1406. lag der Herseberg bei'm Jenerthale, über dem Wehre, in der Nähe des Steingrabens.

in Clochwitz. Buleri. [1]) Bichararii. Albi pistoris. Filiorum Nitardi. Ludolfi de Kozebode. Heidenrici de Ottindorf (Nr. 42). Hermani Schenkil (Nr. 23. u. 35.). Hugonis de Cigenhain. Guntheri de Clochwitz, Heinrici Weichelere. Heinrici Tuttere. Marcvrardi Fabri.

De vineis illorum, qui vocantur: *die Liste.* [2]) Heinrici de Ogawe. Simonis, Heidenrici de Vrankendorf. Reinhardi de Schortowe. [3]) Conradi Bezil. Dapiferi de Lobdeburg. Filiastris 150 Herbordi *Schützedarm.* [4]) Meinhard de Sachsenhusen. Filiorum Lutoldi in *Arnsbülo.* [5]) Arnoldi Wolkinbold. Heinrici Vbelwazzer. Friderici Denhardi. Item Herberdonis.

Item de vineis istis, sitis in monte, qui dicitur *Jentzike.* De vinea Hermanni in Rode. Meinhardi de Wachowe, quam habet de eo Walterus Franco. Conradus Rufus et Henricus Slavus. Guntheri de Buziz. [6]) Henrici longi. Martini de Buziz. Ditmari de Buziz. Waltheri Franconis de Novali. Maroldi de Wizcenuels. Martini Pistoris. Filiorum molendinarii in minore Lo. Henrici de Mowe. Bertoldi de Kondiz. Conradi Ezelonis. Hartmanni de Buziz.

Verum quia res geste propter brevem vitam hominum et oblivionem odiosam, de facili in memoria hominum elabuntur, providum est et cautum, eas literarum testimonio per-

---

1) Der Buler, gewöhnlich Lattichbuler genannt, weil viel Lattich (lactuca) daselbst wächst, liegt bei Ziegenhain unter der hohen Treibe.
2) Ein Weingarten, der Lyst genannt, kommt in dem obenerwähnten Geschoßbuche: unter den Häusern gegen Ziegenhain vor.
3) Von Schortowe kommt vielleicht der Weingarten Touwer bei Ziegenhain, jetzt am Tauer, auch Kiefer genannt, neben dem Hunrehain, im Steuerbuch Hinterhain, im gemeinen Leben: Hühnerhahn. Dann folgt Kannewurf und Spiegel.
4) Der Weingarten Schützedarm (S. 63.) liegt unter dem Greiffenberge. S. Adr. Beier: Geogr. J. 552.
5) Der Arnsbühl liegt im Lerchenfelde bei Jena.
6) Busicz, genannt die Hofestat, gelegen im Teiche zu Buschsicz: gegen Briseniz.

hennare, ut sic futura litigia, que cupiditas, mater litium, materia jurgiorum, incessanter generat, caueantur. Quapropter in hujus facti notitiam et certitudinem ampliorem, praesens littera est conscripta, et uno sigillo Burcgrauii, quo ambo utuntur, fideliter roborata.

Schultes: Dir. dipl. II, 408. Avemann: 156. 166. Nr. 15 und 24.

41. (S. 43.) 1263 19. Febr. Dietrich der Aeltere und Dietrich der Jüngere, Burggrafen von Kirchberg, bekennen dem Kloster zu Kapellendorf die Schuld von 12 Mark Silber, wofür sie 15 Hufen ihres Eigenthums in Hergrimstet (Hermstedt) als Pfand einsetzen. Zeugen: Reinbodo miles von Luboscitz, Theoderich scolaris, Albert Clügelin u. A. Gegeben zu Capelndorf.

Menk. I, 684. Nr. 14. Avemann: 159. Nr. 25.

42. (S. 42. 43.) 1263. 20. März. Theodoricus, Burggravius senior de Kirchberg, *et Theodoricus filius suus Burggravius junior. . . recognoscimus, quod vineam sitam sub Kirchberg* 151 *Marchionis*, quam quondam Heidenricus miles de Ortendorf (S. 77.), etuxor sua a nobis in feodo habuerunt, Praepositus Cunradus Ecclesiae in Cappelndorf pro XX duabus marcis argenti proprietatem illius vineae jam dictae emit libere comparando.

Testes: Frater Christianus (Nr. 40. u. 44.), Hermannus Schenkel miles (Nr. 23.), Meinhardus milesde Lestene, Reinboto miles de Lubosciz (S. 77.), Theodoricus scolaris, Albertus Clügelin et a.

Menk. I, 684. Nr. 15. Avemann: 160. Nr. 26.

43. (S. 42.) 1263. 20. Juli. Die Brüder Ludwig, Rudolf und Rudolf von Husen verkaufen dem Kloster in Kapellendorf vier Hufen bei dem Orte, der ehemals Aspa hieß (Nr. 23.), für 20 Mark Silber, mit Zustimmung des Lehnsherrn, Albert's, Grafen von Gleichen. Zeugen: Friedrich von Heusdorf, Heinrich von Weimar, Berthold von Bachra, Pröpste der Kirchen das. — Helwig von Isserstedt, Jurdan von Batchendorf u. A. Bestätigt mit dem Insiegel des Herrn Burcgraven von Kirchbergk, in dessen Bereich (districtu) die genannten Hufen liegen.

Kapellend. Copialb. 22. Menk. I, 685. Nr. 16.

44. (S. 42. 43.) Circ. 1266. *Theodoricus, d. g. Burggrafus senior* et Domina *Sophia* uxor ejus . . . . Licet possessiones agrorum, vinearum, arearum et aliorum bonorum litteris nostris et sigilli nostri munimine sufficienter sint firmate, videlicet dotes ecclesie in *Capelndorf*, tamen satisfacere volentes petitioni conventus ejusdem loci, propter quosdam, qui nostris donationibus detraxerunt, notum esse volumus universis huic littere inspecturis, que vel quante sint possessiones jam tacte, quas ipsi contulimus, ut distincte legant et intelligant istas. Hec sunt enim:

Henricus de Gornewiz quatuor mansos contulit. Heidenricus quatuor mansos. Domina Gela (Geba: Menk.) in *Toubeche* IV mansos. In *Umverstete* III mansos cum IV areis. In *Sulzbeche* II mansos. In *Rumstete* I mansum. In *Hergremstete* II mansos. In *Schwabehausen* XL jugera lignorum et aream in fineville sitam. Parochiam cum VII mansis, et capellas cum suis decimis. Hortum et curiam ad altare beate virgnis; cum reliquis areis sitis in *Capelndorf* et Hustorf; [1]) et decimam super allodiam in *Capelndorf*; et vineam juxta claustrum. Et vineam fratris Kirstani cum aliis vineis sitis iuxta *Closwitz*. Cum decimis montis, qui vocatur *Genzeke* de omnibus vineis in eo plantatis et adhuc plantandis cum aliis decimis aliarum vinearum alibi subscriptarum.

Quas donationes contra futuras sigilli nostri munimine roboramus.

Menk. I, 675. Nr. 1. Avemann: 156. Nr. 14.

45. (S. 43.) 1267. 30. April. Burggr. Dietrich v. Kirchb. als Zeuge in einer zu Altenburg ausgestellten Urkunde, in welcher Landgraf Albrecht von Thüringen dem Kloster Heusdorf das Patronatrecht der Kirche zu Mattstedt übergibt.

---

1) Hustorf: Hausdorf, jetzt eine Wüstung, bei Kapellendorf, ist wohl zu unterscheiden von Hüsdorf, Heusdorf, dem Kloster, bei Apolda.

(Otto): Thur. Sacr. 353. Avemann: 173. Huth: Gesch. der Stadt Altenburg (1829.). 77.

46. (S. 43.) 1267. 21. September. Dietrich, dessen Mutter Sophia und desselben Bruder Otto, Burggrafen von Kirchberg, bekennen, daß sie dem Kloster zu Capelndorf drei Hufen, als 2 in Hergrimstet und eine im Dorfe Gynna, welche zusammen 15 Malter zinsen, verkauft haben. Zeugen: Frater Christianus u. A.

Menk. I, 687. Nr. 20. Avemann: 152. 173. 175. Nr. 27.

47. (S. 45.) 1269. 4. Juni. Otto Burggr. v. Kirchb. bekennt, daß Conrad, Parcseval genannt, sein Sohn Dietrich und seine Erben sich von drei Aeckern, an dem Wald, Ginna genannt, gelegen, losgesagt hätten, die sie dem Kloster Heusdorf zur Ungebühr vorenthalten hatten.

Acta Schoenberg. Msc. Nr. 2884.

48. (S. 45. 46.) 1271. 1. August. Otto, v. G. G. Burggr. v. Kirchb. verkauft sein Schutzrecht über 8½ Hufe in Hausdorf bei Capelndorf der Kirche das. Für 26 Mark reinen Silbers (in bonis Canonicorum S. Marie in Erford); ingleichen bestätigt er den Tausch einiger Aecker, zwischen den Aeckern der Kirche gelegen, von seinen Bauern (colonis) geschehen. Zeugen: Meinhard von Lesten, Heinrich von Dornburg, Theoderich scolaris und Albert Clügelin von Capelndorf. Gegeben zu Jene. 153

Menk. I, 690. Nr. 27. Avemann. 175. Nr. 30.

49. (S. 43. 46.) 1271. Burggräfin (Burggravia) Sophia von Kirchberg und ihr Sohn Otto verkaufen mit Zustimmung ihrer Leute (hominum) und Eltern dem Kloster in Capelndorf, dem sie sehr verpflichtet wären, drei Hufen ihres Eigenthums daselbst, das sie mit eignem Pfluge bearbeiten ließen, für 20 Mark Silber.

Menk. I, 690. Nr. 26. Avemann: 152. 175. Nr. 29.

50. (S. 43. 45.) Circ. 1271. Otto v. G. G. Burggr. v. Kirchb. und seine Mutter Sophia gestatten auf Ersuchen des Klosters zu Capelndorf, daß die Aecker ihrer Leu-

te mit den ihrigen, welche angrenzen, nach gleicher Anzahl, Größe und Güte vertauscht werden.

Menk. I, 680. Nr. 25. Avemann: 175. Nr. 28.

51. (S. 43. 46.) 1272. 6. Juli. Das Nonnenkloster zu Capelnd. thut kund, daß Hartmann und dessen Ehefrau von Wolfisburn (Wohlsborn bei Weimar, Mencken hat Wolvisleven) vom Burggr. Otto v. Kirchb. einen Weinberg bei Jena für 10 Mark Silber unt. der Bedingung erkauft habe, daß Otto denselben binnen 10 Jahren wieder einlösen könne. Da er aber mit Zustimmung seiner Mutter, der Burggrävin, und aller Erben das Eigenthum desselben dem Kloster zu Capelnd. überlassen habe, so soll obengenannter Hartmann als Lehnsmann des Klosters denselben ferner erblich besitzen, jedoch, daß das Kloster den Verkauf habe, und so er ohne Erben versterben sollte, ihm heimfallen müsse.

Menk. I, 691. Nr. 29. Avemann: 152. Nr. 31.

52. (S. 46.) 1273. 14. Febr. Otto Burggr. v. Kirchb. überläßt zwei Hufen in Umverstet, welche seither Withigo von Divorthe von ihm in Lehn gehabt hat, dem Kloster in Capelnd. frei und eigenthümlich. Zeugen: Meinhard von Lesten, Reinbodo von Lobegöstizs u. A.

Menk. I, 693. Nr. 33. Avemann: 176. Nr. 32.

53. (S 45.) 1274. Otto, v. G. G. Burggr. v. Kirchb. thut kund, daß mit seiner Zustimmung seine geliebte Kirche zu Capelnd. eine Hufe in Unverstet von Albert Clügelin und seinen Brüdern Conrad und Dietrich für 6½ Mark reinen Silbers erblich gekauft habe, auf welchem Grundstücke außer den genannten Getraide- und Geldzinsenjährlich 3 Tage Pferdefrohne und 3 Tage Sichelfrohne in der Ernte ruheten; aber unt. der Bedingung, daß, wenn Jemand diese Hufe von der Kirche in Anspruch nehmen würde, die Verkäufer eine andere Hufe im Dorfe Husdorf (Hausdorf) dafür abtreten müßten.

Menk. I, 694. Nr. 34. Avemann: 176. Nr. 33.

154

54. (S. 46.) 1274. Otto Burggr. v. Kirchb. schenkt dem Kloster Heusdorf den Haynforst und den Teich, die Laina genannt. [1]

55. (S. 75.) 1275. 21. Decbr. Dietrich, Burggr. v. Kirchb. unterschreibt eine Urkunde des Klosters Capelndorf, sieben Acker Holz betreffend. [2]

56. (S. 76.) 1278. 24. Septbr. Landgraf Albrecht in Thüringen übergibt zum Heile seiner Seelen eine Hufe im Dorfe Wuniz, welche seither Dom. Volgmarus, miles de Kamburg (Nr. 35) et *Wiricus*, gener suus dictus *de Kirchberg* von ihm in Lehne gehabt, dem Nonnenkloster in Isenberg. Zeugen: Dn. Bergerus, dictus de Brisnitz u. A. (Nr. 31. u. 93.). Dat. in Porta.

Avemann: 328. 329. not. bb. Acta Schoenberg, Msc. VII. Nr. 1795.

57. (S. 44. 46. 76.) 1279. 8. Juni. Otto, Burggr. v. Kirchb. thut kund, daß er „*Th.(eodoricum) et Vitgonem fratres de Condizce ex ipsorum servilitate nobis in iure Smurdorum*[3] *ab antiquo adstrictos*" frei gebe „*a tali late et libere* 155

---

1) Diese Urkunde wurde 1722. aus dem Förster'schen Nachlasse verkauft und befindet sich vielleicht in Altenburg. Avemann: Gesch. der Kirchb. 176. Vermuthlich ist es aber die im J. 1284. ausgestellte, Nr. 67. im Auszuge mitgetheilte Urkunde.

2) Diese Urkunde erwähnt Paulini in Chronic. Kirchb. Msc. 2, 167. (s. Avemann: 161.). Aber da um diese Zeit ein Dietrich von Kirchberg urkundlich nicht vorkommt, so bedarf dieses Anführen einer nähern Untersuchung; es müßte denn sein, daß er zu der Linie, welche Altenberge besaß, gehörte.

3) Smurdi, Zmurdi waren überwundene Leibeigene, vielleicht noch von den Slaven und Sorben-Wenden herstammend, denen Feld zum Bebauen eingegeben war, dem Herrn zum Dienst verbunden; daher Schmordhufen, Hufen, auf denen solche Smurden wohnten. *Haltaus:* Glossar. germ. unter Smurdi. Die Unterthanen wurden in fünf Classen eingetheilt: in Edelste, Knechte, Smurden, Lassen und Heyen. Schultes:

servitute" und sie dem Nonnenkloster zu Capelnd., demselben jährlich einen Schilling, Münze jenes Marktes (monete illius fori), zu reichen, überlasse. Zeugen: Meinhardus de Lesten, *Gotfridus milesde Kirchberg*, Albertus de Swabenhusen, *Wiricus de Kirchberg*, Th. Rizze (Dize. Hack.) et a. Datum *in castro Wintperg.*

Menk. I, 695. Nr. 36. Avemann: 176. 326. Nr. 35.

58. (S. 45.) 1279. Nos *Otto Burgrauius de Kircberg* universis presens scriptum intuentibus recognoscimus publice protestantes, quod domino *h*(enrico) militi de *ischerstete* vendidimus quandam silvam sitam iuxta *indaginem* (Hagen, Hain) dictam *burcgrauii* pro triginta octo marcis cum omni iure et utilitate, quod ad eundem videtur pertinere, sicut nos habuimus usque modo. Talem autem silvam porreximusiure dotalitii et pueris suis et iure foedali libere possidendam. Quod si dictus *h*(enricus) et uxor sua viamuniverse carnis fuerint ingressi, ex tunc pueri sui intalibus bonis nullum impedimentum aut grauamen pernos patientur, promittentes super hiis ipsum et suos heredes, si necessitas incubuerit warandare et ab omniimpeditione salvos reddere et immunes. Ceterum recognoscimus, quod eandem siluam contulimus predictis amicis suis *Walthero de Glisberg, B.(erthold)* fratri suo de Ischerstete, Hermanno de Sulze, hechehardo de Sulze, Heinrico de Meldingen, uxori sue et suis pueris pertinendam. Ut igitur hujus venditionisforma perpetuis temporibus firma et inconuulsa perseueret, presens scriptum super hoc dedimus sigilli nostri appensione communitum. Testes autem huius „venditionis sunt B(erthold) de ischerstete, patruus domini H(enrici), Theodericus pincerna de Apolde, Berncherus miles de Meldingen, sororius eiusdem, Albertus de Ortwinsdorf, Heinricus de Lesten, filius Meinhardi. Conradus de Brisenicz. Volradus de Tullestete, qui datus est sibi pronuncio supra bona memorata. Acta sunt

---

Dir. dipl. I, 271. Vergl. auch Avemann: Kirchb. Gesch. 177., *Paullini:* Annal. Isenac. (in Syntagm. rer. germ. 1698.) 55. u. *Hack:* De comit. templ. 340.

hec anno domini M.° C°C.°L°X°XI°X. [1])

59. (S. 46.) 1279. Otto v. G. G. Burggr. v.
Kirchb. bekennt, daß er das Eigenthum einer Hufe in Ge-
thirn (Göttern), welche die Schwestern Gertrudis und Ber-
tradis von Madela von ihm in Lehn besessen, der Kirche zu
Capelnd. mit allen Rechten, ohne Vorbehalt des Schutz-
rechts oder der Dienstpflichtigkeit, völlig frei übergebe.
Zeugen: Theoderich, Leo und Hermann, Burgmannen zu
Döbirtzen (Döbritschen), Albert Clugelin, dessen Bruder
C(onrad), B(erthold) advocatus meus, Heinricus, meus Cella-
rius, Gotschalk v. Pölnitz.

Menk. I, 695. Nr. 35. Avemann: 178. Nr. 34.

60. (S. 42. 55.) 1280. 11. August. Das Kloster zu Capelndorf thut kund, daß nobilis vir Theodoricus Burggrafius de
Kirchberg felicis recordationis den Abt Conrad zu Fulda bewogen habe, daß er aus der Parochie zu Capelndorf, welche
er von der Kirche zu Fulda in Lehn besessen, ein Nonnenkloster herstelle und überdies erlangt habe, daß das genannte Kloster mit den demselben verehrten Fuldaischen Gütern
vermehrt werden dürfe. Da demnach das Kloster zu Capelndorf der Kirche zu Fulda wegen dieser Vergünstigung
billig untergeben, so verwilligt das Kloster zum Zeichen
dieser Untergebung der Kirche zu Fulda sechs Talente
Wachs jährlich am Tage Mariä Reinigung zu Erfurt zu reichen; dagegen die Kirche zu Fulda gestattet, einen Propst
oder Verweser (provisor) frei zu wählen und dieselben nur
vom Abt zu Fulda bestätigen zu lassen. Zeugen: Magister
Henricus de Kirchberg u. A. (s. Urk. v. J. 1235. Nr. 29.).

Menk. I, 695. Nr. 37. Avemann: 161. Nr. 148.

61. (S. 76.) 1280. 29. Septbr. Wirich von
Kercperc und dessen Ehefrau Bertha übergeben dem
Altar unserer lieben Frauen zu Kappendorf zum Heile ihrer

157

---

1) Diese Urkunde ist mir gütigst aus dem geh. Staatsarchive zu
Weimar in Abschrift mitgetheilt worden, welche sich auch in
der v. Schönberg'schen Urkundensammlung Nr. 2889. befindet.

Seelen alle ihre Zinsen in Döbrizsch und Trackendorf, damit davon Lichtwerk zur Verherrlichung der göttlichen Verehrung angeschafft werde. Gegeben zu Kappendorf.

Paullini: Chron. Kirchb. Msc. Avemann: 329. not. ee.

62. (S. 55.) 1281. Heinrich, Burggr. v. Kirchberg, thut kund, daß er außer seiner Heimath in Geschäften von Krankheit ergriffen und vom Arzt wenig Hoffnung zur Genesung erhalten, zum Heile seiner Seele dem Nonnen-Kloster in Prysniz (Frauen-Priesniz) 100 Gulden vermache, welche seine Erben demselben unweigerlich auszuzahlen haben.

Paullini: Chron. Kirchb. Msc. 141. Avemann: 161. Nr. 38.

63. (S. 46.) 1281. Otto v. G. G. Burggr. v. Kirchb. verkauft dem Kloster zu Capelndorf eine halbe Hufe das., welche Hermann von Blankenhain[1]) von ihm in Lehn gehabt und freiwillig darauf verzichtet; ingleichen drei Aecker das. zusammen gelegen, welche Albert und seine Mutter Muzelin von ihm in Lehn gehabt hat.

Menk. I, 697. Nr. 40. Avemann: 179. Nr. 37.

64. (S. 45.) 1282. Otto, Burggr. genannt v. Kirchb., bezeugt, daß Albert von Suabehusen mit Zustimmung seiner Erben und seines Bruders Heilard, Priesters von Briseniz, einen Hof und 15 Acker Holz in Teutsch-Schwabhausen (Teutunica Suabehusen) dem Kloster zu Kapelndorf verkauft habe. Zeugen: Albert v. Kapelnd., Heidenreich von Sortowe.

Menk. I, 698. Nr. 42. Avemann: 179. Nr. 39.

65. (S. 55.) 1282. 28. Decbr. Otto, v. G. G. Burggr. genannt von Kirchb., übergibt, damit das Gedächtniß seiner Gattin in der Messe bewahrt und eine ewige Lampe unterhalten werde, dem Kloster zu Kapelndorf ein Haus neben dem Friedhof das. und drei Weinberge in Closwiz. Zeugen: Heinrich, miles de Lesten, Heidenreich v. Sortowe, Theoderich von Lobgastiz u. A.

---

1) S. Ackermann: Nachr. v. Blankenhain (1828.) 11.

Menk. I, 698. Nr. 44. Avemann: 179. Nr. 41.

66. (S. 55.) 1283. 1. Januar. Derselbe verleiht, damit 158 das Gedächtnis seiner seligen Gattin im Nonnenkloster zu Capelndorf bewahrt werde, demselben das Patronatrecht der Kirche zu Teutsch-Schwabhausen, mit Zustimmung des Priesters Heylard von Briseniz, seines Bruders Albert von Suabehusen und aller Erben, denen es zusam. Zeugen: Albert Clügelin von Capelndorf, Theoderich von Libgastiz, Heidenreich von Surtowe u. A.

Menk. I, 699. Nr. 45. Avemann: 179. Nr. 40.

67. (S. 46.) 1284. 18. Novbr. Otto, Burggr. v. Kirchb., übergibt dem Kloster Heusdorf das Holz, Hain genannt, an der Ginna gelegen, welches Heinrich von Ysserstet von ihm in Lehn gehabt, aber darauf verzichtet habe (1274. Nr. 54.).

Original im Archive zu Altenburg. *(Otto):* Thur. sacr. 438. Avemann: 179.

68. (S. 47.). 1287. 20. Juli. Otte, Burggr. v. Kirchb., verzichtet zu Eckartsberge in Gegenwart seines Herrn, des Erzbischofs Heinrich von Mainz, auf die Burg zu Tunckdorf (Tonndorf bei Kranichfeld) mit allen Leuten und Gütern, nachdem der Erzbisch. aller Forderung und alles des Schaden verziehen habe, den er ihm und dem Stifte von Mainz bis diesen Tag zugefügt hat. Zeugen: der junge Landgraf Dietrich in Düringen, Friedrich v. Rabenswalt u. A. [1])

Avemann: 179. Nr. 186.

69. (S. 45.) 1288. 25. Jan. Otto, Burggr. v. Kirchb. thut kund, daß Günther von Eichelborn auf Ersuchen Albert's von Suabehusen den Nonnen zu Capelndorf eine Hufe in Teutsch-Schwabhausen frei überlassen habe. Zeugen: Menico von Wachowe, Albert Clugeline u. A.

---

1) Schon im J. 1253. hatte der Erzbisch. Gerhard zu Mainz der Burg Tonndorf wegen Ansprüche an den Burggrafen (Theoderich) von Kirchberg gemacht. S. *v. Gudenus:* Cod. dipl. (1743.) 639. Avemann: 180.

Menk. I. 704. Nr. 57. Avemann: 180. Nr. 43.

70. (S. 45.) 1288. Burggr. Otto v. Kirchb. bezeugt, daß die Nonnen Cystercienser-Ordens zu Capelnd. von Albert von Suabehusen mit Zustimmung seiner Erben und seines Bruders des Priesters Heilard eine Hufe in Teutsch-Schwabhausen um einen gewissen Preis erworben und gedachter Albert in seiner Gegenwart aller Ansprüche an dieses Grundstück entsagt habe. Zeugen, wie Nr. 69.

Menk. I. 703. Nr. 54. Avemann: 180. Nr. 42.

71. (S. 44.)1289. Hartmann von Lobdaburg, genannt von Arnshawe, überläßt auf Ersuchen seines Blutsverwandten, des edlen (nobilis) Mannes Otto Burggr. v. Kirchb. und des Klosters zu Capelnd. einen Hof in Jene, [1]) welchen Albert, Wolfram's Sohn, in Lehne hatte, dem erwähnten Kloster. Zeugen: nobilis Dom. Burggr. von Kirchb., Th. dictus Merrethig noster advocatus, Günther v. Robis, Heinr. v. Slöben.

Menk. I. 704. Nr. 56. Avemann: 180. Nr. 149.

72. (S. 45.) 1290. Otto v. G. G. Burggr. v. Kirchb. bestätigt als Lehnsherr dem Nonnenkloster zu Capelnd. die von Sifrid, Schultheis (scultheus) zu *Vimaria* für 15 Mark Silber erkauften zwei Hufen in Rudingsdorf (Rödigsdorf bei Weimar). Zeugen: Hermann von Ober-Wymar (superior Wymar) und sein Bruder Gervodus, Gebehard von Sulzbach (S. 77.).

Avemann: 180. Nr. 44.

73. (S. 46. 47.) 1290. Derselbe sagt sich von allen Ansprüchen an den zwei Hufen in Holstete los, welche die Nonnen zu Heusdorf von den Schenken von Apolde erkauft haben, und eignet sie mit allen Eigenthumsrechten derselben Kirche zu, mit Vorbehalt der Gerichtsbarkeit seines Bereichs (districtus). Zeugen: R(udolf) der Schenk,

---

1) Avemann will wissen, daß dieser Hof (area) in der Brüdergasse, jetzigen Collegiengasse, in Jena gelegen habe.

G. von Alstet, A(lbert) von Lichtenhain, Gebhard von Sulzbach (S. 77.). Mit den Siegeln honorabilis Dni nostri Hermanni comitis de Orlamünde, Dni Friderici comitis de Rabinswalt (1287. Nr. 68.) und dem seinigen. Gegeben zu Erphord. [1]

Avemann: 181. Nr. 45.

74. (S. 45.) 1291. 1. Mai. Derselbe beurkundet, daß 160 Albert von Suabehusen dem Priester Berthold das. eine Hufe in Hustorf (Hausdorf) neben Capelnd. verkauft und dem Kloster zu Capelnd. zugeeignet habe. Zeugen: Albert Clügelin von Capelndorf, Reinbodo von Libaniz u. A.

Avemann: 181. Nr. 46.

75. (S. 46. 55.) 1292. V. G. G. Otto Burggr. genannt v. Kirchb., verkauft mit Zustimmung seiner Erben Dietrich und Otto eine Hufe in Ergrimstet (Hermstedt) dem Nonnenkloster zu Capelnd. für die 13 ½ Mark reinen Silbers, welche Heinrich Presbyter von Salza zur Erlösung seiner Seele gegeben habe. Zeugen: Bertold, Priester v. Suabehusen, Heinrich, miles v. Lichtenhain, Hermann, miles v. Schinstete, Theoderich v. Libgastiz, Heidenreich v. Sortowe u. A.

Menk. I. 706. Nr. 60. Avemann: 181. Nr. 47.

76. (S. 44. 46. 55.) 1294. 27. Januar. Otto v. G. G. Burggr. v. Kirchb. verkauft mit Zustimmung seiner Erben Dietrich, Otto und Albrecht, in Gegenwart seiner Burgmannen (castellani) auf Wintperg einen Hof (curia) mit allen dazu gehörigen Gütern zu Suabehusen dem Priester Berthold das. für 18 Mark reinen Silbers und eignet ihn der Kirche das. mit allen Rechten zu. Zeugen: Heinrich, Priester zu Briseniz, C(onrad), miles in Isserstet, Walther,

---

1) Da Kaiser Rudolph in diesem Jahre zu Erfurt war (*Heinecc.:* Antiq. Gosl. 305.), so befand sich Burggraf Otto von Kirchberg als Reichsstand in seiner Nähe und stellte das. diese Urkunde aus, in welcher er den Grafen von Orlamünde, vermuthlich in lehnsherrlicher Hinsicht, seinen Herrn nennt.

Voigt (advocatus) auf Glisberg, Heinrich, miles von Lichtenhain, Heidenreich von Sortowe, Friedr. von Wirceburg, [1]) Heinrich von Suffelberg u. A. (S. 77.).

> Capelnd. Copialb. 72. Menk. I, 711. Nr. 70. Avemann: 181. Nr. 48.

77. (S. 46. 55.) 1294. 17. Febr. Derselbe verkauft mit Zustimmung seiner Gattin S o p h i a und Erben D i e t r i c h, O t t o und A l b r e c h t dem Nonnenkloster in Capelnd. seine freie Besitzung (allodium) das., sechs Hufen haltend, für funfzig Mark reinen Silbers, welche Summe durch Heinrich, miles v. Isserstedt, gezahlt worden ist. Zeugen: Conrad, miles v. Isserstedt, Walther v. Glisberg, Heinrich, miles von Lichtenhain, Theoborich v. Libgastiz, Heidenreich v. Sortowe, Friedrich von Wirceburg u. A.

> Menk. I. 710. Nr. 68. Avemann: 181. Nr. 49.

78. (S. 46.) 1294. 17. Febr. Derselbe überläßt der Kirche und dem Kloster in Capelnd. eine Hufe in H e r g r i m s t e t, welche Werner, miles v. Apolda und Andre von ihm in Lehn besessen. Dieselben Zeugen.

> Menk. I. 710. Nr. 69. Avemann: 181. Nr. 50.

79. (S. 44. 46.) 1294. 2. Juni. Derselbe sagt sich von allen Rechten und Ansprüchen an einem Garten in B r i s e n i z los, den D i e t r i c h v o n L u b i w i s z zum Heile seiner Seele der lieben Frauen Kirche das. übergeben habe und eignet ihr denselben zu. Zeugen: Hermann von Kossebode, H(einrich)von Schinstete, H(einrich) von Lichtenhain, milites; Th(eodorich), Vice-Priester in B r i s e n i z u. A. Geschehen auf W i n t p e r g.

> Chron. Citiz. ed. Pistor. I, 817. Avemann: 182. Nr. 51.

80. (S. 46.) 1294. 1. Oct. Otto *senior*, Burggr. v. Kirchb., überläßt mit Zustimmung seiner Erben D i e t r i c h und O t t o und auf Zureden seiner Gattin S o p h i a der Aebtissin Margaretha zu Gandersheim die Schirmvoigtei in T e n n e s t e d e, welche er von ihr in Lehn gehabt habe, mit

---

1) In der Abschrift steht unrichtig frater de Wurzburg.

zwei Hufen seines Eigenthums das., damit sie ihn, seine Gattin und Erben an den guten Werken ihrer Kirche Theil nehmen lasse.

Harenberg: Hist. eccl. Gandersh. 1453. A v e m a n n : 182. Nr. 52.

81. (S. 75.) 1295. B u r g g r a f D i e t r i c h als Zeuge, als Graf Hermann von Orlamünde dem Kloster Heusdorf Güter zu K a l t h a u s e n[1]) überläßt.

(Otto): Thur. sacr. 367. A v e m a n n : 165.

82. (S. 75.) 1296. *Theodoricus Burggravius senior, dictus de Altenberg,* überläßt zu seinem Heile und zum Unterhalte seiner Tochter S o p h i a , mit Zustimmung seiner Söhne D i e t r i c h und D i e t r i c h , dem Kloster zu Capelndorf das Eigenthum dreier Hufen in Madala. Zeugen: Eberhard und sein Bruder Henrich von Golmestorf, Hermann, Priester zu Altendorf, Conrad, miles von Welnitz u. A.

Menk. I. 713. Nr. 74. A v e m a n n : 165. 167. Nr. 53.

83. (S. 45.) 1296. Otto v. G. G. Burggr. v. K i r c h b . beurkundet, daß Gertrudis, weiland Kammerfrau seiner seligen Mutter, eine halbe Hufe in C a p e l n d o r f zu ihrem Seelenheile dem Kloster daselbst überlassen habe. Zeugen: Theodorich von Libgastiz, Heinrich von Lichtenhain, Friedrich von Wirzburg.

Menk. I. 713. Nr. 73. A v e m a n n : 182. Nr. 54.

84. (S. 77.) 1296. 1. Nov. *Gotfried, miles de Kerchberg* und seine Gattin Elisa schenken dem Kloster zu K a p p e n d o r f wegen verschiedener ihnen von Gott erzeigter Wohlthaten einen großen Hof mit daranliegendem Garten in Buche (Bucha) und eine jetzt wüste Mühle in H e r g r a m s t a t i (Hermstedt).

Paullini: Chron. Kirchb. Mscr. A v e m a n n : 327. not. y.

85. (S. 46. 77.) 1297. Otto v. G. G. Burggr. v. K i r c h b . überläßt mit Zustimmung seiner Erben dem Kloster zu Capelnd. zwei Hufen daselbst, auf Ersuchen Gerhardi

---

1) In der Kunitzer Flur liegt eine Wüstung, K a l t h a u s e n genannt.

militis nostri dicti de Sulzbech (S. 77.), welche er für 18 Mark reinen Silbers diesem Kloster verkauft habe. Zeugen: Heinrich, miles von Lichtenhain und sein Bruder Johannes; Theodorich, miles von Libgastiz, Heinrich, Priester von Briseniz.

Menk. I. 713. Nr. 75. Avemann: 182. Nr. 55.

86. (S. 46. 55.) 1298. Derselbe verkauft mit Zustimmung seiner Erben Dietrich's, Otto's, Albrecht's und Hartmann's dem Kloster zu Capelnd. eine Hufe in Holstet, welche ehemals Simon, miles von Capelnd. (S. 77.), von ihm in Lehn besessen, für acht Mark reinen Silbers. Zeugen: Theod., miles von Libgastiz, Heinrich, miles von Lichtenhain, Petrus u. Nicolaus von Löbichowe (S. Nr. 87.).

Menk. I. 715. Nr. 79. Avemann: 182. Nr. 56.

87. (S. 46.) 1298. Derselbe überläßt mit Zustimmung derselben Erben auf Ersuchen der Brüder Petrus und Nicolaus von Löbichowe dem Kloster zu Capelnd. einen Weinberg am Berge Jencige (Jenzig), welchen deren Bruder Sibotho von ihm in Lehn besaß und der sich selbst den Nonnen das. zum Dienste ergibt. Zeugen: Theo., miles von Libgastiz, Henrich, miles v. Lichtenhain, Henrich, miles von Lesten.

Menk. I. 715. Nr. 78. Avemann: 182. Nr. 57.

163 ,88. (S. 44. 46.) 1298. Derselbe überläßt mit Zustimmung derselben Erben dem Kloster zu Capelnd. eine Mühle bei Sichmansdorf und das Dorf Sichmansdorf selbst, davon ein Theil ihm aus dem Erbtheile seiner Gattin und Erben zustehe, und zwar auf Ersuchen Johannes von Madela und dessen Bruder Hermann, welche diese Güter von ihm in Lehn hatten. Zeugen: Henrich, miles v. Lichtenhain, Theod., miles v. Libgastiz, seine Burgmannen (castellani).

Menk. I. 714. Nr. 77. Avemann: 182. Nr. 58.

89. (S. 54.) 1300. 13. Febr. Otto, Burggr. von Kirchbergk und sein Sohn, Albert, Graf von Tene-

bergk, als Zeugen in der von Landgraf Albert in Thüringen zu Zeiz (Cize) ausgestellten Urkunde, in welcher er der Kirche zu Naumburg die Schirmvoigtei und Gerichtsbarkeit in Othenbach (Utenbach), Kawewiz (Gautzsch?) und Sewseliz (Seuseliz, Gau Siusli) übergibt.

Avemann: 183. not. s.

90. (S. 46.) 1300. 9. Novbr. Burkgr. Otto v. Kirchberg thut kund, daß er die Brüder Henrich, Nenchen genannt, und Werner „a Jure hominacionis, in quo ad Nos et Theodorum Gigantem pertinere dinoscebantur", frei gebe und sie „a jure hominii et serviciis" mit Bewilligung des Theodor Gigas befreie und der Michael.-Kirche (zu Jena) schenke.

Wiedeburg: Beschr. v. Jena I, 97.

91. (S. 47.) 1300. Otto, Burggr. v. Kirchb., als Zeuge in der Urkunde, in welcher dem Kloster Dobralug in der Lausnitz verschiedene Güter vermacht werden.

Copialb. des Dobralug'schen Klosters in der Universitätsbibl. zu Jena. Avemann: 182.

92. (S. 46.) 1300. Otto v. G. G. Burggr. v. Kirchb. verkauft mit Zustimmung seiner Erben Dietrich, Otto, Albrecht u. Hartmann dem Kloster zu Capelnd. anderthalb Hufen in Asmanstet (Osmanstedt) und eine Wiese das. Zeugen: Heinrich v. Lesten, Heinrich v. Lichtenhain, Reinboto von Lubeniz, Menicho von Sachsenhausen.

Menk. I. 716. Nr. 81. Avemann: 182. Nr. 59.

93. (S. 77.) 1301. Landgr. Albr. in Thür. bestätigt, daß die Gebrüder Heinrich und Wirich von Kirchberg (nostri Camerarii et famuli fideles) dem Kloster zu Eisenberg 164 eine halbe Hufe in Wunicz überlassen (1278. Nr. 56.).

Heidenreich: Gesch. der Grafen v. Orlam. (Handschr. im geh. Staatsarchive z. Weimar). 2, 13. Urk. Nr. 87. Avemann: 330.

94. (S. 77.) 1303. Wirich v. Kirchberg als Zeuge und Notarius in der Urkunde, in welcher Markgr. Friedrich v. Meißen der Kirche zu Mitweida die Dörfer Kukazsch (Kockisch) und Räschin (Rößgen) überläßt.

Hermann: Denkmal von Mitweida (1698.), 245. Avemann: 330.

95. (S. 46.) 1303. 7. Mai. Otto v. G. G. Burggr. v.
Kirchb. überläßt mit Zustimmung seiner Erben Dietrich,
Otto, Albrecht u. Hartmann der Kirche und dem Klos-
ter zu Capelnd. auf Ersuchen des Propstes das. eine Hufe in
Holstet, welche von ihm Simon von Capelnd. (S. 77.) in
Lehn gehabt. Zeugen: Henrich von Leisten, Henrich von
Lichtenhain, Henrich von Liebenschiz, milites; Heinrich v.
Suffelberg, Reinboto v. Lubeniz u. A.

Menk. I. 718. Nr. 85. Avemann: 183. Nr. 60.

96. (S. 53.) 1304. 31. Jun. *Albertus* Dei gratia, Thuringie Landgravius et Saxonie Comes Palatinus viris prudentibus,
Magistris, Consulibus et universis civibus Erfurtensibus salutem
bone voluntatis affectione!

Considerantes et merito recolentes, quod nobiset pacis
conservationi ob honorem nostrum magnis laboribus et expen-
sis constantissime adstitistis et assistitis in presenti, Universitati
vestre gratias referimus super eo; Vobis nihilo minus promittentes, quod si pro expugnatione et impugnatione castrorum
Lesten, Greiffenberg, *Kirchberg* et *Wintperg* Vobis quicquid aversionis seu incusationis a quocunque nunc vel im-
posterum evenerit seu ingruerit, Vos manutenebimus fideliter
rebus et, corpore toto posse. Et quia Vobis ad obsidionem dic-
torum castrorum, juxta pacis statuta estis et fuistis cooperati,
de ipsis munitionibus expugnatis et adhuc per Dei gratiam
nostro auxilio expugnandis, disponamus et faciemus, quicquid
Vestre fuerit voluntatis. Et in hujus rei certitudinem, testimonium et memoriam damus Vobis has literas nostri sigilli appensione fideliter roboratas. Actum in Gotha, anno dom. millesimo
trecentesimo quarto: II. Calend. Julii.

Lunig: R. Arch. Contin. IV, 441. Avemann: 185. Nr. 151.

97. (S. 78.) 1305. 28. Febr. Conrad von Bres-

nicz [1]) verkauft dem Kloster Pforta für 37 Mark Silber 3½ Hufen zu Bennendorf (bei Eisenberg).

Lepsius: Rudelsb. 37. Urk. Nr. 10. u. 11.

98. (S. 46. 54.) 1305. 1. Mai. Otto v. G. G. Burggr. v. Kirchb. verkauft mit Zustimmung seiner Gattin und Erben dem Kloster zu Capelnd. alles Recht am Bache oder Wasser der beim Kloster gelegenen Mühle für drei Mark reinen Silbers; desgleichen 1½ Hufen und eine Wiese bei Asmanstet (Osmanstädt) für 40 Mark. Gegeben zu Zeiz (Cize) [2]).

Menk. I. 719. Nr. 87. Avemann: 187. Nr. 61.

99. (S. 54.) 1306. Derselbe übergibt mit Zustimmung des Bischofs Ulrich zu Naumburg [3]) und auf Ersuchen des Abts Nicolaus zu Bosau die Parochie zu Brisniz, deren Patronatrecht ihm zustehe, dem Kloster zu Bosau (Puzowe) mit Zehend u. s. w. Zeugen: Erich, Abt von Bürgelin, Propst Conrad (zu Naumburg), Schenk von Saleke, Hermann v. Starckenberg, Decanus u. A.

Chron. Citiz ed. Pistor. I, 823. Menk. II, 35. Leuckfeld: Kl. Bosau ed. Schamel (1731.). 33. Avemann: 187. Nr. 63.

100. (S. 54.) 1306. Derselbe übergibt auf dieselbe Weise die Kapelle auf Kirchberg mit Weinbergen, Wiesen, Höfen, Aeckern u. s. w., deren Patronatrecht ihm zustehe, dem Kloster Bosau. Dieselben Zeugen.

Chron. Citiz ed. Pistor. I, 823. Menk. II, 35. Leuckfeld: Kl. Bosau; ed. Schamel 34. Avemann: 187. Nr. 62.

101. (S. 54.) 1306. Abt Nicolaus, Prior Gerhard und <u>166</u> die ganze Sammlung des Klosters zu Bosau versprechen

---

1) Die Mutter dieses Conrad's war Lukardis, Otto's des Jüngern von Lichtenhain Gemahlin, eine Schwester Conrad's, Schenken von Salecke, welcher Propst in Naumburg war.

2) Otto v. Kirchb. hielt sich nach der Zerstörung von Windberg und Kirchberg in Zeiz auf. Praes. Numb. ed. Paullini. 141.

3) Udalrich von Wolckenberg, 1304. als Bischof zu Naumburg erwählt. *Paul Lang.:* Chron. Citiz. ed. Pistor. I, 821. Gestorben d. 16. März, 1316. l. c. 827.

dem edlen Manne, Burggraf Otto von Kirchberg und seinen Erben, in Rücksicht der dankbaren Begabung ihrer Kirche, wo sie sich auch aufhalten mögen, in den ihnen übertragenen Orten, nämlich auf dem Berge, welcher Kirchberg genannt wird, oder im Dorfe Briseniz, die Aufsicht über den Gottesdienst zu führen, wie er vor Alters in der genannten Parochie ausgeübt worden ist, ihn, seine Gattin Sophia und alle Nachkommen in ihre Gebete einzuschließen und ihrer guten Werke theilhaftig zu machen.

Chron. Citiz ed. Pistor. I, 824. Menk. II, 35. Leuckfeld: Aebte Kl. Bosau: 34. Avemann: 187. Nr. 64.

102. (S. 46. 55. 56.) 1308. 21. März: Otto v. G. G. Burggr. v. Kirchb. eignet mit Zustimmung seiner Erben Dietrich, Otto, Albrecht, Hartmann und Heinrich dem Kloster zu Capelnd. eine Hufe in Asmanstet zu, welche Cuno von Asmanstet der Kirche zu Capelnd. für 8 Mark Silber von Gerhard, miles, genannt von Sulzbeche (S. 77.) erkauft hat, der sie v. ihm in Lehn gehabt und nun darauf verzichtet hat. Zeugen: die Capelläne des Klosters Johannes, Theodorich und Conrad, miles, Conrad von Kötschowe, Conrad von Lobegastiz, Heinrich von Capelnd., Albert Clügelin.

Menk. I. 720. Nr. 89. Avemann: 187. 205. Nr. 65.

103. (S. 55. 56.) 1308. 13. Jun. Otto, Dietrich, Albrecht, Hartmann, Heinrich und Hermann, Brüder und Herren von Kirchberg thun kund, daß Conrad von Obleckwiz der Kirche und dem Kloster zu Capelnd. zwei Hufen das. für zwanzig Mark Freiberger Silbers verkauft und darauf Verzicht geleistet habe; deshalb sie als Lehnsherrn (domini feudales) diesen Kauf bestätigen. Zeugen: Ludolf von Pölniz, Friedrich v. Wirzburg, Heinrich von Lichtenhain, milltes; desgl. Johannes von Weimar, Balderam von Ramsla und Conrad v. Rouschowe, ihre Burgmannen (castellani) zu Kapellendorf.

Menk. I. 721. Nr. 90. Avemann: 187. 189. 205. Nr. 66.

104. (S. 56.) 1311. 2. Juni. Dietrich, Otto, Albrecht u. Hartmann, Burggrafen v. Kirchberg, ver-

kaufen mit Einstimmung ihrer Brüder unter Vermittelung des Propstes Poppo zu Jhene, des Priesters von Call (Kahle) und Heinrich's von Salza der Michaeliskirche zu Jena das Meißnische Zinsgetraide (Meißenkorn) im Dorfe Cosbode (Cospeda) für acht Mark Freiberger Silbers mit dem Versprechen, bis zum Johannisfeste die Bestätigung des Markgrafen von Meißen auszubringen oder fünf Tage nach dem Feste obiges Geld obengenannten Herrn wieder zurückzuzahlen. Zeugen: Heinrich, miles von Lichtenhain, Johann von Condiz (Kunitz), Bernhard, Mönch v. Camburg, Heinrich v. Molewiz, Conrad von Cosbode u. A.

167

Amts Jena Copialb. I, 92. Avemann: 189. Nr. 68.

105. (S. 56.) 1311. Markgr. Friedrich mit der gebissenen Wange eignet der Mich.-Kirche zu Jhene alles Meißnische Zinsgetraide im Dorfe Cosbode zu, welches Dietrich und Otto und die übrigen Brüder, Burggrafen von Kirchb. von ihm in Lehn hatten.

Amts Jena Copialb. I, 87. Avemann: 189. Nr. 69.

106. (S. 56.) 1315. 2. Febr. Otto und Albrecht, Herren v. Kirchb. beurkunden, daß die ehrbare Frau Guthe, zu Oberndorf gesessen, von Beringer von Wirchhusen, eine halbe Hufe im Dorfe Hyrsen (Herressen bei Apolda) für 5 Mark geprüften Silbers gekauft habe, worauf gedachter Beringer Verzicht leiste und dem Kloster zu Capelnd. überlasse.

Dipl. Cap. ed. Menk. I, 722. Nr. 93. Avemann: 190. Nr. 67.

107. (S. 56.) 1317. 11. Jun. Otto, Albrecht und Hartmann, Brüder und Burggrafen v. Kirchb., eignen dem Kloster Heusdorf eine Hufe im Flur zu Umpferstedt zu.

Urkunde im Archive zu Altenburg.

108. (S. 56.) 1319. 12. März. Dieselben verkaufen dem Kloster zu Ober-Weimar eine Hufe zu Hammerstedt für vier Mark Freiberger Silbers, mit Vorbehalt des Halsgerichts.

Urkunde im geh. Staats-Archive zu Weimar. Nr. 114.

109. (S. 56.) 1319. 31. März. Dieselben eignen dem Kloster Heusdorf einige Güter zu Grünstedt (jetzt Wüstung bei Stenndorf unter den Salecksthürmen) zu, welche bisher streitig gewesen waren, mit Ausnahme der Gerichte.

Urkunde im Archive zu Altenburg.

110. (S. 56.) 1319. 30. Novbr. Hartmann, Burggr. v. Kirchb., als Zeuge, als Heinrich, Marschalk von Dievurt, dem Kloster zu Capelnd. das Dorf Wittigenrode [1]) schenkt.

Menk.I, 723. Nr. 94. Avemann: 199. Nr. 152. Schneider: Samml. zur Gesch. Thür. (1772.). 2te Nr. 15.

111. (S. 56.) 1319. Vir ingenua fulgens prosapia Dom. *Hartmannus Burggravius de Kirchberg* als Zeuge, als Friedrich, Herr zu Heldrungen, den von Heinrich von Closewitz dem Mich.-Kloster zu Jhene überlassenen Weinberg das. neben einem Weinberg, Selichman genannt, bestätigt.

Amts Jena Copialb. I, 120. Avemann: 200. Nr. 153.

112. (S. 56.) 1320. 12. October. Hartmann, Burggr. in Kercperg, Herr zu Kappelndorf, bekennt, daß der Abt zu Fulda eine Hufe zu Romstet der neu gestifteten Vicarie zu Jene zugeeignet; dagegen er eine Hufe von den bessern zu Clochwiz (Closewitz) vom Abt zu Fulda in Lehn empfangen habe.

Schannat: Clientel. Fuld. 236. Nr. 98. Avemann: 200. Nr. 70.

113. (S. 57.) 1321. 3. Decbr. Otto, Albrecht und Hartmann, Burggrafen v. Kirchb., verkaufen dem Kloster zu Capelnd. alles Recht, das sie an einer Hufe zu Franckendorf mit allen Zugehörungen im Dorfe und Flure hatten, für 3½ Mark Freiberger Silbers und entsagen auch aller Forderungen in Hinsicht der Schirmvoigtei. Zeugen: Heinrich v. Molwiz, Heinrich, genannt Wilde, Herman v. Lesten, Wurmstet, Otto von Lochowe u. A.

---

1) Wüstung im Jenaischen Amtsflure, gegen Münchenroda: Hortleder, Handschr. 6, 321b. Am sog. Ziegenthale, bei Oettern, ohne deutliche Spuren. Ackermann: Blankenhain (1828.), 7.

Menk. I, 723. Nr. 95. Avemann: 190. Nr. 71.

114. (S. 56.) 1322. 14. Febr. Johannes von Rosenhaghen bekennt, daß er dem Nonnenkloster zu Heusdorf
mit seiner Tochter Sophia eine Hufe im Flur Hermstede
mit dem dazu gehörigen Hofe übergebe, welche Hufe er
von den edlen Herren Otto, Albrecht und Hartmann,
Burcgraven v. Kirchbergk, in Lehn besessen habe. Be- ¹⁶⁹
stätigt von Theoderich, Vicedominus von Appoldia.

(Otto): Thur. sacr. 377. Avemann: 191. Nr. 179.

115. (S. 56.) 1322. 3. Apr. Otto, Albrecht und
Hartmann, v. G. G. Burggr. von Kercberch, bestäti-
gen als Lehnsherrn der Kirche und dem Kloster zu Heus-
dorf die von Johannes von Rosenhaghen mit seiner, der
Religion geweihten Tochter Sophia übergebene Hufe nebst
Hof in Hermstet und entsagen aller Ansprüche.

Thur. sacr. 377. Avemann: 191. Nr. 180.

116. (S. 56.) 1322. 11. Aug. Otto und Albert, Brüder, Burggr. zu Kirchb. mit ihrem Bruder Hartmann,
Herrn zu Cappelndorf, eignen dem Nonnenkloster zu
Jhene 40 Acker Holz bei dem Dorfe Wachau (Wogau) zu,
welche es von ihrem Vasallen (fidelis) Wirich von Wachau, der es von ihnen in Lehne besaß, für 20 Mark erkauft
hat. Geschehn zu Jhene.

Amts Jena Copialbuch I, 131. Beier: Geogr. Jen. 415.
Avemann: 191. Nr. 72.

117. (S. 57.) 1323. 21. Jan. Otto, Albrecht, u.
Hartmann, Brüder, v. G. G. Burggraven von Kirchb.,
verkaufen dem Mich.-Kloster zu Jena um zwanzig Mark die
Vogtei, Lehen und Pfarrlehn zu Lobschiz (Löbstedt). [1]
Zeugen: Hermann u. Albrecht von Lüchtenburg, Friderich

---

1) Irrig nimmt Beier (Geogr. Jen. 386.) und Wiedeburg (Beschr. v. Jena II, 403.). Lobgeschiz für Löberschütz. Es
kann aber durch viele Beispiele nachgewiesen werden, daß
Löbstedt sonst Lobgeschiz hieß. Erst im J. 1385. kommt
Löbstedt vor.

von Würzburg, der Ritter, Heinrich von Lichtenhain, der Ritter, Heinr. sein Bruder, Günther von Ortendorf, Heinrich des Ritters Sohn von Lichtenhein u. A.

Amts Jena Copialb. I, 137. Avemann: 191. Urk. Nr. 73.

118. (S. 57.) 1323. 19. Octbr. Otto v. G. G. Burggr. v. Kirchb. schenkt mit Einstimmung seiner Brüder Albrecht und Hartmann, Burggraven v. Kirchberg, und aller Erben, die auch noch erwartet werden, eine Hufe und einen Hof im Dorfe Tunsch (Dunzsch, Tüntschütz) dem Nonnenkloster zum heil. Kreuz in Eisenberg. Zeugen: Sifridus Vicarius altaris S. Marie Virginis in *Briseniz*, presbyter etc. Datum Nuenburg.

Gotter: B. Nonnenkl. zu Eisenberg (1730.). 49. Avemann: 68. 191. Nr. 200. cf. Nr. 160. Geschwend: Eisenb. Chronik (1758.). 669.

119. (S. 75.) 1326. 28. Januar Theoderich, Burggr. *senior* von Aldenberge, eignet mit Zustimmung seines Bruders Theoderich und seiner Tochter Elisabeth dem Nonnenkloster zu Oberwimar die Mühle mit Hofstätte und allen Zugehörungen zu Tamforte zu. [1])

Urkunde in den Klosterbriefen von Ober-Weimar im geh. Staats-Archive zu Weimar. Avemann: 163. 186. Nr. 168.

120. (S. 56.) 1327. 19. Apr. Hartmann, von G. G. Burcgrave von Kerchberg, Herre zcu Cappelndorf, bekennt mit seiner Hausfrau Jutta und allen Erben, daß, wenn ihnen das Dorf Dyterstete (Dieterstedt, jetzt Wüstung bei Oberndorf, wohin die Flur jetzt gehört) feil werde, das Kloster zu Capelndorf den Vorkauf haben solle.

Zwei Original-Urkunden im geh. Staats-Archive zu Weimar unter den v. Churmainz 1667. dahin abgegebenen Urkunden Nr. 1. und im Archive zu Farnroda, jetzt in Eisenach. Struve: Hist. u. polit. Archiv: 3, 301. (fehlerhaft). Avemann: 200. Nr. 74.

121. (S. 57.) 1328. 8. Jan. Otto, Albr. und Hartmann, Burggr. v. Kirchb., überlassen dem Kloster Bür-

---

1) In dem daranhängenden Siegel des jüngern Theoderich liest man: Burggrav von Orlamünde. Avemann: Urk. Nr. 168.

gel den Weinberg Dacian am Jenzig über der Gembda. [1])

122. (S. 56.) 1328. 4. September. Hartmann, Burggr. v. Kerchb., Zeuge, als das Kloster zu Capelnd. den Verkauf einer halben Hufe zu Almenstete bestätigt. Burgmannen (castrenses) in Capelnd. als Zeugen: Baldram von Ramsla, Conrad von Kötschowe, Bruno v. Apolda, Albert Synstete.

Menk. I, 724. Nr. 96. Avemann: 200.

123. (S. 58.) 1328. Albrecht und Hartmann, Burggr. v. Kirchb., verkaufen dem Kloster Pforte eine 171 Hufe mit allen Rechten in Sachsenhausen, welche Rudolf und Heinrich, Schenken zu Saaleck, von ihnen in Lehn hatten, deshalb dieselben von den Burggrafen v. Kirchb. erinnert werden, dem Kloster die Lehnspflicht zu leisten.

Pfort'sches Copialb. Fol 90b. Col. 1. Lepsius: Rudelsb. 38.

124. (S. 57.) 1329. 29. Novbr. *Oddo junior, Albert. et Hartm. fratres Burcgravii de Kirchberc* stiften nach dem Beispiele ihrer Vorahnen einen Altar aller Apostel im Kloster Kappendorf. Geschehn zu Gene.

Paullini: Chron Kirchb. Msc.186. Avemann: 192. Nr. 75.

125. (S. 57.) 1330. 21. April. Hartmann, Burggr. zu Kirchb., ordnet mit Zustimmung seines Bruders Albert zu dem im Nonnenkloster zu Capelnd. gestifteten der Maria geweihten Altare einen Weinberg, der Wißenborn genannt, [2]) am Berge Griffenberg, neun Hufen in Slotewin (Schlottwein, Wüstung bei Isserstedt), eine Hufe in Wenigen-Romstet (Klein-Romstedt) und eine Hofstätte in Capelnd.

Menk. I, 725. Nr. 98. u. 748. Nr. 151. (1390.). Avemann: 69. 194. 200. Nr. 77

---

1) Beier: Geogr. Jenens. (1673.) 537. führt den Inhalt dieser Urkunde an, die Urkunde selbst ist aber noch nicht bekannt; so auch Avemann: 69. 192.

2) Beier (Geogr. Jen. 554.) nennt ihn unrichtig Wensenbau.

126. (S. 57.) 1330. 22. Jul. Berthold von Kevernberg, Abt zu Paulin-Celle, und die ganze Sammlung nehmen die edlen Männer, Otto jun., Albrecht u. Hartmann, Grafen von Kirchb., Söhne des bewährten und ältern Grafen Otto, wegen der vielen ihnen erzeigten Wohlthaten, in ihre Brüderschaft auf.

Paullini: Hist. cellae Paulinae. Msc. Avemann: 192. Nr. 76.

127. (S. 57. 63.) 1331. 12. Jan. Wir Vrauwen Agnesen Burgrevine von Kirchberg bekennen offenliche an dieseme keinwertigen Brife und tu kundt allen den, di en hören lese oder en gesehn, daß wir von unser Kinder wegen Otten und Albrechts und irme guten Willen das Huß zu Wintberg und alle unser vorgenannte Kinder Gut, daß ir Vatter Burgreve Otto, unser lieber Wirt, deme Gott gnädig sie, uffe Sie geerbet hat, is sie ledig oder verlent, eigen oder erbe, mit gerichte und alleme rechte, und dazu alle Unse lipgedinge, daß wir daran haben, verkaufft haben rechte und redeliche den Edeln Herrn, unsen lieben Omen, Greven Henric und Greven Günthern, den Gebrüdern von Schwartzburg, die Herren sind zu Arnstede und eren Erben, und haben das alles umme dritzig Schoc wund zweihundert Schoc nützlichen bezahlt. Auch solle Wir des Geldes, das uns unße vorgenante Omen bezahlet haben, zweihundert Schoc an Gut lege nach Wine (mine) Rate.

Ouch verziehe Wir uns Vrauen Agnesen williclichen alle unse lipgedinges an deseme keinwertigen Briefe, das wir an deme vorgenanten Gute hatten oder gehabe möchten, und geloben getruwelichen mit den vorgenanten unse Kindern die genanten zu eren tagen kommen, daß sie dann alle das Gut, was erbe oder len ist, eren Herrn uflaße sollen, was aber eigen ist, das sullen sie vor Gerichte ufgeben, und sollens unsen vorgenanten Omen oder eren Erben das rechtliche weren. Geschehe des nicht entsweder, daß unse Kinder das vorgenante verkauffte Gut nicht ufließen, und ließen lien, oder werten sie nicht, also vorgeschreben ist, so solte wir en oder eren erbensulich gut, daß wir mit

172

196

dem zwen hundert Schocken gezüget hetten, in ere Gewer antworten und des sollen Sie inne habe mit den virhnndert Schocken, also lange, wan daß die vorgeschriebene Rede von unsen Kinden velliclich volbracht werde, auch in derffen uns noch unsen Kindern die vorgenanten unse Omen nicht wiederkehren, ob Sie die weile des Gutes icht genutzen.

Alle diese vorgeschriebene Rede geloben Wir Vrauwe Agnese stete und ganz zu haldene ane Argelist, und wießen unse lieben Mutter Vrauwen Utten von Schwartzburg dieselbe vor uns und vor unse vorgenante Kinder, Mann und Lüte an die vorgenanten unse Omen und laßen en die Hulden rechte und redeliche uffe alle dese vorgeschriebene Rede.

Deser Rede sint gezüge der Ersame Vaterbruder Günther von Schwartzburg, der Prediger, unser vorgenanten Omen Vettern, und Heinrich von Schwartzburg, derer Pfarrer von deme Gere und andere vorneme Lüte; und zu einer Vestunge aller deser vorgeschreben Rede habe Wir Vrawe Agnese desen keinwerttigen Brieff gegeben under unser Kinder Insiegel, das irs Vatir was, und unser Mutter Insiegele beyestent; und Wir Vrawe Utte von ᪥173 Schwartzburg, der vorgenanten Vrawen Agnesen Mutter, bekenne unter unseene Insiegele, daß wir vor unse Tochter Agnesen und vor ere Kinder gelobet han und gelobe, stete und gantz zu haldene alle dese vorgeschriebene Rede, dit ist geschen und deren Brief ist gegeben nach Gottes Geburte dritzenhundert Jar in deme einen dritzigsten Jare, darnach in den zwölften Tage. [1])

128. (S. 58.) 1331. 21. Octbr. Albrecht und Hartmann, Gebrüder, Herren und Burggrafen, genannt von Kirchberg, eignen dem Frauenkloster St. Michael zu Jena eine Hufe im Flur zu Wenigen-Condiz (Klein-

---

1) Diese Urkunde ist mir aus dem geh. Staats-Archive zu Weimar in Abschrift (Fasc. 26. Nr. 169.) gütigst mitgetheilt worden.

Kuniz unter der Hunnskoppe (apex Hunnorum) am Jenzig, jetzt Wüstung) zu, welche der Propst des Klosters, Walther Franke von Apez, von Schinstete erkauft hat.

Amts Jena Copialb. I, 150. Avemann: 194. Nr. 78.

129. (S. 58.) 1334. 8. Aug. Ne ea, que in tempore aguntur, a memoria evanescant simulque cum tempore labantur, necesse est, ut inscripti testimonio redigantur.

Hinc est quode Nos *Albertus* et *Hartmannus*, dei gratia *Borchgravii de Kyrchberch* et nostri heredes tenere presentium recognescimus,.. quod.. unum mansum jacentem in pagis ville *Stabere* (Stobra), qui vocatur *mansus pastoris* (Pfarrhufe), cum omnibus suis pertinentiis, tam in villa quam in campis, domino Wernhero pregosito, domine Kunigunde priorisse totique Conventui Sanctimonialium Ecclesie in *Hustorph*, donamus et appropriamus et transferimus cum omni jure et utilitate, quibus nos et nostri predecessores in eodem manso fulciebamus ex antiquo, perpetuo possidendum; Ita quod prenominatum conventum, possessores et inhabitatores ejusdem mansi non debemus neque volumus impetere precaria, angaria ac servitiis aliis quovismodo, excepto nostro judicio, quod in manso supradicto nobis volumus reservare. Nihilominus vero 174 facientes eisdem warandiam debitam, ponentes per presentes prenominatum conventum in possessionem corporalem mansi momorati.

Ne autem predicto nostra appropriatio in posterum anostris successoribus irrita fiat seu violata, vel donatio seu translatio mansi ejusdem infestetur aut irretetur, presentem literam in testimonium evidens premissorum sigillorum nostrorum munimine dedimus roboratam. Anno Dom. M°CCC°XXXiiij.° in die beati Cyriaci martiris.

Testes hujus appropriationis et donationis sunt dominus Heynricus episcopus Lavacensis ecclesie, dominus Lutolfus de Alrestete de novo foro, Gherhardus marscalcus de Gozzerstete, Herbote de Wytzeleyben miles. Bertoldus vicedommus et Theodoricus pincerna de Appolde, Heynricus de Snoydiz et

Johannes de Rosenhayn acalii quam plures fide digni. [1])

130. (S. 58.) 1335. 11. Octbr. Wir Fridrich von Or-lamund, Herr zu Weymar, Hainrich von Beichlingen vnd Fridrich sein Sohn Fridrich von Beichlingen, Herr zu Ro-tenberg, Friedrich sein Veter, grauen gebharts sohn, Gunter vnd Gunter von kefernberg grauen, Fridrich vonn Heldrun-gen, Friedrich vnnd Albrecht seine sohne, Albrecht vnnd Hartmann, Burggrauen von kirchperg, Herman von kranichfelt, Hainrich vnnd Fridrich vonn Blankenhayn vnnd die Burger der Stete zu Erffurt vnd zu Mulhausen, in dem Land zu Doringen, Bekennen offentlichen an diesen brieff, das wir mit dem scheinparn Firsten, vnsern Herrn, Land-grauen Fridrichen von Doringen, Marggrauen zu Meissen vnd in dem osterland Herrn zu Plessen vnnd mit allen den, die er in seinem brief, den er vnns vber diesen Fride hat gegeben, benanthat, aynen ganzen steten Fride halden wol-len vnd sollen, biß auf sand Walpurgistag, der allernechst kömet, vnnd den tag ganz aus, an argelist alle gefangen auf baiderseits, sollen tag haben biß ans dieselbis Zeit an gefer-de. Auch nehmen wir vnnd ziehen mit vns in diesem Fride den Erwirdigen Herrn, den Bischoff des stiffts zu der Nawmburg, Ernfrid den Probst; Vlrichen den Dechant, vnd den Capitel gemaine desselbenn stifts, Vnnd die edeln, Herrn Hermann vnd Bossen von Elsterberg, Hainrichen den langen Voyt von plauen, vnnd Hainrichen, seinen sohn, Hainrichen Voyt von plawen, Büß genant, vnnd Hainrichen, seinen sohn, Hainrichen von Wallenberg; Vnd Johan seinen

<hr>

1) Diese Urkunde, welche nur ein Siegel mit der Umschrift: + S. Hartmanni. Bvrcgravi. de. Kirchberc. hat, ist mir durch Herrn-Prof. und Bibliothekar D. Hesse zu Rudolstadt gütigst mitget-heilt worden, und ist aus den Actis Schoenbergicis oder Eisen-bergicis (genealog. und diplomat. v. dem ehemal. Kanzler von Schönberg herrührenden Sammlungen) genommen, welche aus sieben Theilen bestehen und im herz. Archive zu Gotha in Handschrift aufbewahrt werden.

175

sohn, Fridrichen von schonburg, Herrn zu stolberg, Herman seinen sohn, Albrechten vnd Otten, Burggrauen von Leißnick, Johansen vnnd Anargken von Wildenfels, in den Landenn zu Meissen, zu plissen, vnnd in dem osterland. Den edeln Herrn, Herrn Bossen von Querfurt, des nebrav ist, vnnd Herrn Fridrichen vonn Witzleben zur Eligerspurg, nach aller der weiß, als hieuor geschriben stehet. Wir nehmen auch gegen dem vorgenanten vnnserm Herrn dem Marggrafen, die Edeln Herrn, die grauen von Mansselt vund Reinstain, alle in diesem Fride. Geschehe aber, das got nichtwolle, das der vorige Fride vonn vnns oder den vorigen Herrn an ichte verbrochen wurde, oder verruckt, das sollen wir widerthun, vnd aufrichten, als Frides recht ist, wan wir des gemant werden, ane argelist; Geschehe des nicht, so sollenn die edeln Herrn, graff Fridrich von orlamund, graff Fridrich vonn Rotenberg vnd graff Fridrich von Beichlingen, graf Hainrichs sohn vorgenannt, wan sie des gemant werden, zu gotha einreyten oder zu Northausen, ob zu der Zeit vnnser frawen die Marggrafin, Gotha, geweldig nith entweie. Dan nicht zukommen biß das dieselbigenn Bruche genzlich wurden widerthan, vnnd gebessert. Vnnd wir Fridrich von orlamund, Fridrich von Rotenberg vnd Fridrich vonn Beichlingen, graf Hainrichs sohn, vorgenante grauen, Bekennen, das Wir vor dem ehe genanten Fride stet vnnd gelobt haben, vnd geloben in alle der weis als vorgeschriebenn stehet an argelist. Ferner auch, das vnnser kayner aber der vorgenanten Herrn zu Radt wurde, das er inn diesem Fride sein nicht wolde, das sollen wir vnnsernn vorgenanten Herrn, dem marggrauen, vorkundigen vnnd Jme lassen wissen, zwischen hie vnnd dem nechsten sontag nach sand seuery tag; Vnnd denn sollen wir darnach nichts vortedigen aber beschwuren, vnnd zu aynen Vrkund, vnnd mehere Sicherhait alle diese vorgeschribene rede haben wir
176 Friedrich von orlamund, Fridrich von Rotenberg vnd Fridrich von Beichlingen, graff Hainrichs sohn, ehegenante grauen durch bete willen der vorgeschriben Herrn vnnd

Burgen vnnser Insiegel an diesen Brief gehangen, der gegeben ist nach gotes geburt, dreizehnhundert Jar vnd darnach
in, dem funf vnd dreissigsten Jar, an der Mitwoch vor sand
gallentag. [1])

Aus dem Großh. geh. Staats-Archive zu Weimar in Abschrift (Nr. 28.) erhalten.

131. (S. 79.) 1337. 16. Febr. Ich Ortolf von Divorte
bekenne an defeme keinwertigen Brife, daß ich mit guten
Willen vnde Rathe, Jutten, minre ehlichen Hußfrowen vnd
alle minre Erben habe ewiglichen vorkouft, min Hof zu
Jhene, der do lit by der Pfarre, den man hatt zu lehne von
minre Vrowen der Marggrefin, einen Wingarten imme
Jhenerthal, der da gehört in die Herschaft zu Wintberg....
Zeugen: Herr Henrich von der Ginne, Herr Henrich von
Briseniz, Herr Henrich von Löwichowe, Pristere: Gerhard
von Molewiz, Herman vnd Hanneß von Leisten u. A. J. J.
1337., an dem Sonntage, alse man singet: Circumdederunt
me.

Amts Jena Copialbuch I, 251.

132. (S. 56. 58.) 1337. 4. Mai. Albrecht und Hermann, Gebrüder, Burckgraven v. Kirchb., ersuchen
den Landgraf Friedrich in Thüringen, die Auflassung der
ihnen zu lehn gehenden Grundstücke, als eines Bergs, By-
zekenberg genannt, im Flur des wüsten Dorfes Schenschiz bei Leysten und einer halben Hufe im Felde des
Dorfes Ginne mit einer Hofstätte, welche Heinrich von
Droysk, Hundolff genannt, Decan der Kirche Bibarcey, [2])
von Heinrich und Johannes Gebrüder von Leysten erkauft
hat, zu bestätigen.

Thur. sacr. 380. Avemann: 194. 201. Nr. 181.

---

1) Diese Urkunde hat zur Ueberschrift: Ein Brief von etlichen
grauen vnnd Herrn, auch Bischouen vnd Capitel von Nawmburg in Doringen, osterland vnd Meissen gehort haben, datum
1335.

2) Vielleicht derselbe, welcher im J. 1348. vom Burggrafen
Hartmann das Schloß Kapellendorf kaufte. S. S. 72.

133. (S. 58.) 1340. Burggrraf Albrecht von Kirchb. Zeuge, als Graf Friedrich VIII. v. Beichlingen, <u>177</u> seine Brüder und Vettern die Stadt Frankenhausen für 6500 Mark Silber an die Grafen von Schwarzburg verkaufen.

Leuckfeld: Antiquit. v. Kelbra. 77. Avemann: 195.

134. (S 56. 58.) 1343. 10. Mai. Das Mich.-Kloster zu Jehna gibt den edlen Mannen, Albrecht und Hermann, Gebrüdern, Burggrafen genannt v. Kirchberg, das Kirchlehn zu Lobgeschiz (Löbstedt) mit dem Gute, einem Weingarten, Höbittesberg genannt, und einer halben Hofestatt, der alte Preßir genannt, das. mit allen Rechten gegen die Kirchlehen zu dem Rothenstein und einer halben Hufe, zum Kirchlehn gehörig, im Felde des Dorfes zu Schorobe (Schorba bei Bucha), unter der Bedingung, daß, wenn das Kloster das Kirchlehn und das Gut zu Lobgeschiz wieder haben wolle, die Burggrafen es wieder zurück geben sollen, dagegen sie auch das Kirchlehn zu dem Rothenstein wieder erhalten sollen.

Amts Jena Copialb. I, 271. Avemann: 195. Nr. 80.

135. (S. 58. 62.) 1345. 26. u. 28. Juli. Friedrich, Landgr. zu Thüringen, bekennet, daß er mit den edeln Leuten Günther, Heinrich und Günther, Gevettern, Grafen von Schwarzburg, Herrn zu Arnstadt, um allen Bruch, Zwietracht und Auflauf, die zwischen denselben entstanden waren, freundlich gesühnet sind in der Weise, als hier nach geschrieben steht....

„In der Wise hat sich auch vorzcigin und vorzeihet sich der Edelman Burcgraf Albrecht von Kirchperg, ir Schwager, des Hufes zcu Griffenberg mit dem, daz dar zcu gehorit, als in daz kumin ist vnd er daz gekouft hat also daz er ouch noch sine... Erben dar vmme nimer Vorderunge oder Ansprache gewinnen sullen."

Dr. Hoffmann: Günther von Schwarzburg (Hamb. 1819.) 105. Anh. S. X. nach der Urschrift im Schwarzb. gemeins. Archive zu Rudolst. Sc. III. Nr. 14. Abschrift in Heidenreich's handsch. Gesch. der Grafen von Orlamünde u. Weimar II, 36. Urk. Nr. 160., sowie die Gegenverschreibung der Grafen von

Schwarzburg. Nr. 161. *Jovius:* Chron. Kirchb. Msc. 339. 340. Avemann: 195.

136. (S. 80.) 1348. 15. Febr. Wir Gunnther von Gots
Gnaden Graue von Schwarzburg, Herr zu Arnstadt, bekennen offentlichen an disem Brive, daz wir mit dem Hochgebornen Fursten Marcgraue Friederiche zu Mysn, vnserm
liebn Herrn, ym sine Pfant zu Beytung, Lengefeld, Calmunz ⎯178
und Felburg [1]) ubereynkomen sin, als hernach geschriben
stet:

Wir haben demsele vnserm Herrn gewuzen drihundert Mark Silbers gereitschaft, und sulln ihn zu den Juden
zu Erffurt zweihundert Mark ledig machen, da wir vor yn
schuldig sin; vor daz selbe Gelt hat vns vnser Herr zu Pfant
gesatzt: Mulberg sin Teil, da mit vns Her Apel von Stuturn-
heim itzunt gelobt hat. Darzu hat vns vnser Her auch lazzn
gelobn den Edeln Herrn Friderichn von Schönburg, vnsern
liebn Oemen, mit Ysenbergk und Griffenbergk und allem
dem, daz darzu gehoret, mit Wiltbane, Gerichten und Man-
schaft, ane daz Kloster zu dem Burgelin mit allin sinen guten, daz unser Herr bynamt vz genommen hat; odir ab her
abeginge Her Herman sin Bruder, das Grimschow ist, also
daz sy dyselben Vesten Ysenbergk und Griffenbergk mit
allem dem, daz darzu gehort, als vor beschribn stet, in antworten sulle uf mitfasten, dy nehst kumen, in Pfandes Wise
vor dy obgenannten fünfhundert Mark, und wanne si vns
dyselbn Vesten in geantwortet habn, so sal Mulberg von vns
allir sache los und ledig syn. Auch sal vnser Her mogelichn
Juden schadn, der uff dy erstin drihundert Mark zwisschn
hy und mitefasten, dy schirst komen, get, selbir tragn.
Wenne abir Mitefasten kume, so sal mogelichn Juden schade uf dy vorgenanten fünfhundert Mark mit einander gein
und denselbm schadn sulln wir uf dy selbin Vesten slan.

---

1) Beytung, Lengenfeld, Kalmünz und Velburg liegen in dem
   ehemaligen Fürstenthume Neuburg in Baiern, an der Nab und
   im Nordgau.

Auch ist gered, daz vns volgen und gevalle sulln alle genizze, dy zu den vorgenanten Vesten gehoren, wy dy Namen habn, daz wir dy Vesten da von haldn sulln und vnsen Hrn., der an dem Heubtgelde noch dem schadn nicht sulle abeslan, ane der Stad und der Lantbete zu Ysenbergk alleyne, dy sullen vnsen Hrn. gevalln und dy sulln sine Geschozze in nemen, also, daz man den schadn des vorgenanten Geldis da mite aberichten sal; werde des mer, so sal daz obrige unsem Herrn gevallen, wo sie mynner wer, daz sal man uf dy Vesten slan.

Binamen ist iz getedinget und gered, daz vnser Herr vns sine obgenante Pfant zu Beytung, Lengevelt, Kalmuncze und Velburg sal schaffin in geantwortet zwisschen 179 hi und mitlefasten vor dy obgenanten fünfhundert Mark, und vor andir Gelt, daz hi nach geschribn stet. Wenne daz geschet, daz vns dy Vesten in werden, so sulln dy vorgenanten unses Hrn. Vesten Ysenbergk und Griffenbergk von uns los und ledig sin und sal fürbaz kein schade von des obgenanten Geldis wegin uff vnsen Herrn gen. Vnd wir sullen auch darzu vf dyselbn Vesten zu Beytung unses Hrn. Dinern, dy her an vns miset uf achthundert Mark lotiges Silbers, odir vor als vil smalir grossin, als sich da vor mag geburn, schaden richten. Doch also kein (gegen) welchen wir redden odir yn gelobn, von den sal unse Herr ledig sin vnde dy sulle yres Schaden zu vns vnd nicht zu vnsem Hrn. furbaz macchen. Auch sull wir unsen Hrn. kein (gegen) vnsm Vettern Grafin Gunther von Schwarczburg, des Wassenburgk ist, thusent Pfunt Hellir ledig machen, so sull wir auch Velburg lasen vor siben hundert Pfunt Heller. Und allez daz vorgnant Gelt sull wir uf den vorgenannten Vesten Lengevelt, Kalmuncze und Velburg haben und sullen dy inne habn mit allen den Rechtin und Nuczen, dy unser Her daran gehabt hat, und als dy Brive habn, dy ym der keiser, dem Got gnade, darubr gegebn hat, dy vnser Her vns antwortin sal.

Daz wir dyse vorgeschribn Saczunge an allin Pcn. (Punkten), Artikeln, stete vnd gancz halden sulle vnd des habin wir disen Brif gegebn versigelt mit unsem Insigel — der gegebn ist zu Ysenach nach Cristi geburten, Driczehundert Jar dar nach in dem acht vnd firczigsten Jare, an deme fritage nach sante Vatentinj tage. [1])

137. (S. 63.) 1349. 10. Juli (am nehesten Frittage vor sente Margarethen tage). Burggraf Otto von Kirchberg gibt dem Markgrafen die Versicherung, daß er seine Güter nicht auswenden wolle.

Urschrift im ehemalig. Wittenberg'schen gemeinsch. Archive, Schrank III. Kast. 20. Nr. 50.

138. (S. 79.) 1353. Bischof Rudolph zu Naumburg bezeugt, daß er die unverletzten Schenkungsbriefe durch die edlen Leute, Dietrich, Burggraf v. Kirchberg, und 180 Hermann von Lobdeburg und deren Erben dem Kloster Bosau übergeben, gesehn habe, die Parochialkirchen zu Briseniz und Lobichowe mit den verordneten Einkünften und Capellen innerhalb der Grenzen dieser Parochieen, nämlich Wintperg, Kirchberg und Uberlobichau betreffend; welche Schenkung er dem Kloster Bosau bestätigt, welches unter ihm stehe. [2])

P. Lang: Chron. Citiz. ed. Pistor. I, 839. Praes. Numb. ed. Paullini. 142. Avemann: 78. 189. Nr. 90.

139. (S. 80.) 1358. 7. Septbr. Landgraf Friedrich der Strenge von Thüringen vergleicht sich mit den Edeln Grafen Heinrich und Günther zu Schwarzburg, Herrn zu Arnstadt und Sondershausen so, daß sie ihm und seinen Brü-

---

1) Diese Urkunde befindet sich in der Urschrift (Nr. 20b.), mit einem Siegel in gelben Wachs, mit einem Löwen, im geh. Staats-Archive zu Weimar, und ist mir durch Herrn Candidat Klöppel daselbst gefälligst copirt worden.

2) P. Lange sagt im Chron. Numb. ed. Menk. II, 38. not. n: „quas parochias Otto Bruggravius Kirchbergensis nostro monasterio donavit, in quo propterea sepulcrum perpetuum illi et posteris ejus assignatum fuit. Dedit etiam nobis decimas vini circa duos illos vicos etc., sicut ex ejus privilegiis hodieque apparet.

dern für alle Ansprache, die sie an Frankenhausen und allem, was dazu gehört, „Dorinburg, Hus vnd stat, Lodeburg vnd Wintberg, die husire mit Mansdeftin, Gerichtin mit allin Rechtin, Eren, Nuczin u. s. w. vnd die Lehen an Tuthinburg" abtreten.

Dr. Schwabe: Nachr. v. Dornburg. 54. 60. Nr. 5. Urschrift im fürstl. Archive zu Rudolstadt.

140. (S. 65.) 1372. 9. März. Albrecht, v. G. G. Burggr. v. Kirchb., Herr zu Wintperg und Ziegenhain und Frau Elisabeth, seine Mutter, verkaufen dem gewesenen Propst zu Capellendorf, Herman von Rüstleben, das Gut mit drei Höfen zu Wiegendorf für 15 Schock Meißner breiter Groschen.

Menk. I, 745. Nr. 140. im Auszuge. Avemann: 215. Nr. 98. Beier: Geogr. Jen. 246. 263. 417.

141. (S. 81.) 1381. 20. Apr. „Wir Albrecht v. Hackeborn, dem Phandiß stet, auß unserß Herren geschefniße der Marggrefen von Mißen, das Sie haben zu Wintbergk, bekenne uffentlich an diesen Brief, das wir gelegen haben recht und redelich dem erbern Manne, Ern Diethrich von Plawe Probste... drithalb Pfund Pfennige Jenischer Were, järlicheß Zinßes, an alle dem Weinwachse, daß Fraw Else von Numburg und ihre Kinder habin, legende unter dem Jentzke, und genant ist: die Gebind,... umb 25 Pfunt Pfennige Jenischer Wehre. Zeugen: Herman von Burgeln, Friedrich von Rode, Vicarien zu Jhene u. A.

Wir mehrgenanter Albrecht von Hackehorn haben unser Insiegel wißentlich an diesen Brief laßen hengen, der gegeben ist nach Christi Geburt 1381. an den nechsten Sonnabend nach Ostern."

Amts Jena Copialbuch. I, 549.

142. (S. 82.) 1389. 25. Apr. Ich Conrad Schicke, Voyt zu Borgaw, und Hanß von Wetigestein, zu den gezeiten Richter zu Jehne, amptleute unser gnedigen Herren, der Marggrafen zu Meißen, und in den Osterlande, bekennen uffentlich an diesen keynwertigen brief, daß der Erbare Man Her Heynrich de Vanre, genant von genanenstein, vor unß

kommen ist, und hatt unß mit wohlbedachten muthe ge-
bethen, ein gericht hegen, von der vorgenanten unser Herren der Marggräfin wegen, daß haben wir durch seine bitte
willen gethan. Nu hatt er von denselben gezeiten gerichte,
dem Erbarn Manne, Ern Herman Stotze Probste daselbst
zu Jhene, alß einen rechten Vormunden der heyligen Clos-
terfrauen zu Sant Michaelin Jehne, ufgeben sein recht erbeigen, daß er yn den gerichte den ehegenanten unser Herren
der Marggrafin, zu Jhene, und zu Wintberg, biß her gehabt
hatt williglich." — Heynrich von Vanre und seine Ehegattin
Adelheyd verkaufen ihreZinsen von einigen Gütern (5½
Schill. Pfenn. jährl.) im Gericht Wintberg, die etliche Bürger von ihm zu Lehne gehabt, dem Propst Herman Stotze,
als Vormund des Mich.-Klosters zu Jena, und werden die
Censiten als „Fraw Margaretha myn Hanß Wetigistein
vorgenanten eheliche wertin" und andre mit ihren jährlichen
Zinsen an das Mich.-Kloster zu Jena gewiesen.

Gegeben n. Ch. G. 1389. am Sonnabend nach S.
Georgy tage.

Original im geh. Staats-Archive zu Weimar. Nr. 9. Amts
Jena Copialbuch I, 630.

143. (S. 83.) 1420. 7. Jan. Wilhelm, Landgr. in Doringen und Markgr. zu Meißen, überläßt fünf genannten
Einwohnern zu Brisenicz und ihren Erben vier Hufen Landes Artacker und drei Wiesenflecke, in dem Flur des Dorfes 182
Brisenicz gelegen, die zu seinem Schlos Wintpergk gehört haben, ihm und seinen Erben jährlich auf Martini 16
Scheffel Korn, 16 Scheffel Gerste und 16 Scheffel Hafer,
jenaisch Gemäß, auf sein Schlos Wintpergk zu reichen.

Abschrift in der Kirche zu Ziegenhain.

144. (S. 66. 81.) 1424. 6. December. Albrecht,
Burggr. v. Kirchb., bekennt, daß er mit Gunst und Willen
seiner Vettern, des verstorb. Bischofs Gerhard und jetzigen
Bischofs Johann zu Naumburg begonnen habe, in seinem
Dorfe Ziegenhain unter dem Schlosse Wintperg von den
Gaben, die zu dem in demselben noch stehenden Marien-

bilde gefallen sind, eine neue Capelle zu bauen, und daß er mit Gunst und Willen des genannten Bischofs Johann zu Naumburg zu derselben Capelle eine Vicarie von Neuem gestiftet habe, die er mit drei Gulden jährlichen Zins an einem Weingarten, der Preger (am Hausberge) genannt, mit einem Weidicht begabe.

Der Vicarius soll den Pfarrer zu Briseniz, dahin die Leute von Alters gehört haben, nicht hindern an seinem Pfarrrechte.

Auch ist er mit dem Abt Hermann zu Bosau, von dem die Pfarrei zu Briseniz zu Lehn gehe, übereingekommmem daß er und seine Erben den anzustellenden Vicarius wählen solle.

Und überträgt dem Bischof Johann zu Naumburg, daß er diese Stiftung bestätigen und die Capelle zu Ehren unsrer lieben Frauen weihen oder weihen lassen solle.

Hermann, Abt zu Bosau und Peter Spinst, Pfarrer zu Briseniz, bestätigen alles dieses mit ihren Insiegeln.

Urschrift, ehemals in der Ziegenhainer Kirche, seit 1783. (4. Jul.) an das fürstl. Ober-Consistorium zu Weimar eingesandt. Avemann: 223. Nr. 110.

145. (S. 83.) 1428. 4. Novbr. Fritzsche Horn, Bürgers zu Jena, leiht Heinczen Platen einen Wyngarten, gelegen an der Lohe by Mißens Wingarten, gegen 1 Pf. Schill. jährlich Erbzins, und der Gestrenge, Conrad Grepfer, jecz und Voyt zu Wintberg, bestätigt's mit seines gnädigen Herrn, des Herzogs, Insiegel.

Amts Jena Copialb. II, 817. Beier: Geogr. Jen. 259.

146. (S. 84.) 1448. 23. Novbr. Wir mit nahmen: 183 Hanß von Leyhen, Ambtman zu Wintberg, Friederich von Koßebode, Heintz von Gleina der elter, Herman Zernast, Voyt zu Jehne, vnd Clauß Richenbach: Bekennen offentlich an diesen briefe gein allirmenniglich:

Alß die irluchten, Hochgebornen Fursten und Herren, Herre Friederich, und Herr Wilhelm Herczogen zu Sachsen, Landgrafen in Döringen vnd Marggrafen zu Mißen, meine gnedigen lieben Herren, durch ir beyder Rethe,

Man und Stete, uf tagen zu Numburg verteydingt, vnd
verzedelt sind, etlicher gebrechen halben, Burgaw beruh-
rende: Also, das ieglicher funf der eltisten dazu geben sullen,
vnd waß die uf eydevnd gelubede, damit Sie dazu beladen
wörden, ussprechen, das bey Herzogen Friederichen, der
genanten unser gnedigen Herren Vatern, bey leben Marggrafen Wilhemß seines Bruderß Seeligen zu Burgaw gehört
vnd gefolget habe, daß sulle noch dabey bleiben. Dazu unse
gnediger Herr, Herzog Friederich, den Herren von Burgaw,
Hansen von Wirtzburg, Andreß Puster, Heintzen
Schencken und Hansen Goylen, von seiner syten gegeben
und geschickt, mit denselben funfen wir unß besprochen
haben, vnd mit yn nicht mögen einß werden, Alß haben wir
uf die eyde vnd glubde, damit wir zu diesen sachen beladen
wurden sind, ußgesprochen, was unß in Wahrheit kuntlich
und wißentlich ist, in maßen hir nach folget, alß:

Daß unß wißentlich ist, daß bey leben Herzogen
Friederichß beyder unser gnediger Herren Vaters, vnd Marggrafen Wilhelmß seines Bruderß seeligen, nach ir beyder
örterunge, die Pflege zu Luchtenberg, mit gerichten, rechten
vnd aller Herligkeit, gewand hatt, an den Waßer genand: der
Hungerbach. Deß ist ein gezugniß, daß zu Trakendorf, ein
Hof der Puster, Ihren seyd deß Hungerbachß gelegen gegen
Luchtenbergk, und der ander Hof hie bißeyd deß Hungerbachß geyn Burgaw gehört. Vnd gehet der unterscheyd bey
der Pflege alß den Hungerbach hinabe, biß in die Sale. Vnd
von Trakendorf uf, uber die Welmiße, zu den dreyen ei-
chen, vnd furt gein großen Löbichaw zu. Vnd großen
Lobichaw gantz, mit flure und feldern, gehört gein Luchtenberg.

Vnd ich Friederich von Koßbode, alß ich Voyt zu
Luchtenberg, vnd ich Clauß Richenbach, Richter zu Rode
gewest seind, haben noch vor geruhrter örterunge, in den
Dörfern zu Rota, Zulditz, Laßdorf, Rabiß, Schöbelaw, Sult-
za und andern Dorffern in der Luchtenbergischen Pflege, 184
einen geltbete, und ein Haferbete genommen, vnd dieselben

Dörfer haben mit allen Dienst gein Luchtenberg, und auch mit der folge, gehört, alß sie noch gehören.

So ist mir Herman Zernast auch wißentlich, vnd wir andern wißen nicht anderß, vnd sind auch nie anderß unterricht den das die Winberge, nemlich der Landgrafenberg, daß Loe, der Steiger vnd der Treiber, die umb halb verlaßen sind vnd itzund angesprochen werden, syder der obgeruhrten unser gnedigen Herren Vater, und Vettern seeligen örterunge allezeitbißher gefolgt, vnd geyn Jehne gehört haben, vnd nicht gein Burgaw, daß den die halb teyler, die noch leben und die Winberge inne haben, alß zu den heyligen erhalden wullen.

Item, umb den Zoll uf der Sale, haben wir mit sampt den obgenanten funfen einen Brief unser gnedigen Herren Vaters und seines Bruderß Marggrafen Wilhemß seeligen gehört, den Sie von deß genanten Zolleß wegen gegeben, vnd darufetliche Freyheit, alß daß der Brief inhäldet, gethan haben, laßen wir unß beduncken und meinen, es sey billich und recht, daß derselbe furstliche brief, nach seinem inhalde, volfuhrt vnd nicht verbrochen werde, und wyßen sust daruber nicht.

Item, umb die Bischweyde, genant: die grechvischweyde, die angesprochen wirdet, ist mir Herman Zernast, wißintlich, vnd wir andern wißen auch nicht anderß, den das dieselbe Bischweyde sieder der obgenanten unser gnedigen Herren, Herzogen Friederichs, und Marggrafen Wilhelmß seeligen örterung alzeit bißher in den Hoef geyn Jehna gefolgett vnd gehört hatt, und in der Zeit nie geyn Burgaw. Daß den die Karlßdorfe, die dieselbe Vischweyde langezeit inne gehabt, und noch haben, alß zu den heyligen erhalten wollen.

Item umb Zwetzen und Burstendorf, ist mir Herman Zernast wißintlich und wir andern wißen auch nicht anderß, den daß dieselben Höfe, Zwetzen und Burstendorf, nach örterungen der obgenanten gnedigen Herren Herzogen Friederichs und Marggrafen Wilhelmß seeligen, mit allen Diensten und Gerechtigkeiten in den Hof geyn Jehne gehöret vnd gevolgit haben, und noch gehören sollen.

Sundern von Burstendorf hatt man jehrlich in der Winernde vier Pferde mit ein Wagen gein Burgaw gelichen, da die winbeer einzufuhren. Vnd ouch ie uf Ostern ein Lammesbuch oder zwene, und ein schulder oder zwo gein Burgaw gereicht, alß daß die erbbucher ußweisen. Sunst wißen wir keine Pflicht mehr, da mit der Hof zu Burstendorf gein Burgaw verbunden sey.

Item, so han ich Herman Zernast sieder obgeruhrter beyder Herren seeligen örterung von den Dörfern Zwetzen, Nuwen Gynne, Löbigischiz, Haynichen, Cloßwitz, Cosebode, Vßhinbritz, Vrde, Fullerßrode, Lichtenhayn und Lotzinrode, die gein Jehne gehören, ein geldbete, vnd ein haferbete genommen, vnd hören noch geyn Jehne vnd wir andern wißen auch nicht anderß.

Vnd alß mehr Dörffer angesprochen werden, die Ern Bußen Vitzthumbß und ander edler Leute sind, die werden die wohl verantworten.

Dieser Kundschaft zu Bekentnuß haben wir obgenanten, Hanß von Leyen, Heintz von Glyne, Hermann Zernast, Friederich von Koßebode vnd Clauß Richenhach, iglicher sein eigen Insiegel an diesen brief gehangen. Geben vf Sonnabend Clementis, Anno Dni 1448. [1])
Amts Jena Copialb. II, 945—956.

147. (S. 85.) 1471. 3. Mai. Paulus (II.) Episcopus, Servus Servorum Dei, dilecto filio, Abbati Monasterii S. Georgii Numburgensis, Salutem et apostolicam benedictionem.

Ad ea, per quae Ecclesiarum et Monasterium omnium indemnitatibus consulitur, libenter intendimus, illisque quatenus cum Deo possumus, favorem apostolicum impertimur. Dudum

---

1) Die Ueberschrift ist: Landzeugniß der F. Wilhelmischen fünf Eltesten, uber etlicher streitigen Stucken und Landgrenzen der Aempter Luchtenberg, Burga und Jehna.

siquidem pro parte dilectorum filiorum Abbatis et Conventus Monasteriiin Posavia prope Zeicz, ordinis S. Benedicti, Numburgensis dioec: nobis....... quod licet *ab olim, Parochialis Ecclesia in Brisenitz*, cum illius filiabus Ecclesiis in Löbichau, *Wintberg, Zeygenhayn, Kirchberg*, Ober-Löbichau et Wachau, dictae dioec. eidem Monasterio canonice unita fuisset, tum ipsi Abbas et Conventus, per.... unionem huiusmodi, *perplurimos annos* usi non fuerant, quodque, si Eccelesiam ipsam eidem Monasterio *de novo* uniretur, incorparetur et annecteretur, ex hoc modernus et pro tempore Abbas dicti Monasterii ac Conventus praefati, aliqualesusciperet in suis...... sublevamen et per nos accepto, quod dilectus filius modernus Rector dictae parochialis Ecclesiae, illam quam obtinet, ad hoc, ut unio, annexio et incorporatio votive succederent, sponte et libere resignare proponeret, nobisque pro parte Abbatis et Conventus praedictorum assentimur, quod parochialem Ecclesiam cum filiabus..... ac omnibus iuribus et pertinentiis suis, ipsi Monasterio *de novo* in perpetuum unire, annectere et incorporare de benignitate apostolia dignaremur....

Datum Romae apud S. Petrum anno incarnationis dominicae 1471 quinto Nonas Maii, Pontificatus nostri anno septimo.

Amts Jena Copialb. II, 1050—1057.

Register.

189

Berichtigungen.

*(Anmerkung: die nachstehenden Berichtigungen wurden in dieser Neu-
auflage bereits korrigiert)*

Seite   32 Zeile   11 v. unten l. väterlicher für mütterlicher.

—   35   —   5 v. oben l. 1163 f. 1268.

—   38   —   3 v. unten l. zustehe f. zustehen.

—   50   —   8 v. oben l. hatte f. hatten.

—   53   —   16 v. unten l. Juni f. Juli

—   58   —   3 v. oben l. 9 f. 8.

—   64   —   2 v. oben l. Hortleder f. Horkleder.

—   —   —   6 v. unten l. Molewiz f. Molewig.

—   —   —   1 v. unten l. Kirchlehn f. Kirchliche.

—   73   —   11 v. oben l. Urschrift f. Ueberschrift.

—   76   —   15 v. unten l. 1238. f. 1288.

—   90   —   10 v. oben l. Geogr. f. Gegr.

—   91   —   4 v. oben l. Bernhard f. Berhard.

—   112   —   12 v. oben l. Saalgeröll f. Saalgröll.

—   129   —   18 v. unten l. den f. der.

Seite 129. Riederschmon, nicht Unterschmon, ist jetzt das Filial von Oberschoman, aber in Oberschmon ist ein Rittergut, dessen jetziger Besitzer Ritter heißt.

Seite 133. not. 3. Bei Cönnern im preuß. Saalkreise liegt das Rittergut Poplitz, welches nach Laublingen eingepfarrt ist. Besitzer ist: Landrath von Krosigk und Poplitz.

Seite 140. Die Besitzungen der Burggrafen von Giebichenstein lagen in Zpurne, jetzt Spören, mit drei Rittergütern, Brunistorf, jetzt die Braunsdorfer Mark in der Spörener Flur, Winitorf, vielleicht Wenndorf bei Cönnern, Prozzendorf, jetzt Prussendorf, mit einem Rittergute, Filial von Spören, Rode, jetzt Rödgen, nach Löberitz eingepfarrt, welches wieder ein Filial von Zörbig ist und von den beiden Diakonen daselbst besorgt wird, und Rode, jetzt Rieda, Filial von Stummsdorf, welche Ortschaften sämmtlich, außer Wenndorf, an die Flur von Spören grenzen.

Erklärung

der Zahlen auf dem Plane des Hausbesges bei Jena.

1. Der Fuchsthurm auf dem Kirchberge.
2. Der Windberg.
3. Der Greiffenberg.
4. Die Ziegenkoppe.
5. Die Essigkrauche.
6. Der Sclengarten (Schlendorf).
7. Die Windäcker.
8. Die Fuchslöcher.
9. Der Schlegelsberg (sonst Slegilsberg).
10. Das Ritzthal (sonst Richczental)
11. Das Kuttenthal (sonst Kottental).
12. Der Burgweg.
13. Der Burggarten.
14. Der Kochersgraben.
15. Die Doberau od. das Kirchenstück.
16. Weg nach Jenapriesnitz (Messestieg).
17. Die Weinschaale.
18. Der Jenzig.
19. Die Kernberge.
20. Die Gembdenmühle.
21. Wenigenjena.
22. Unter-Camsdorf.
23. Oder-Camsdorf (Schneidemühle).
24. Vorstadt von Jena (die Insel).
25. Vorstadt von Jena.
26. Ziegenhain.
27. Alter Schloßweg (Burgweg).
28. Bürgel'sche Straße.
29. Weg nach Jenapriesnitz (Viehtreibe).
30. Weinbergsweg, nach Wogau.
31. Weg auf den Jenzig.
32. Fahrweg nach Cunitz.
33. Fahrweg nach Wöllnitz.
34. Fußweg nach Wöllnitz (Lobedasteig).
35. Fahrweg in die Wölmse.
36. Der Ziegenhainer Bach.
37. Die Gembde, Bach.
38. Die Saale.
39. Die Mühllache.
40. Das Lo.

Hausberg
bei Jena

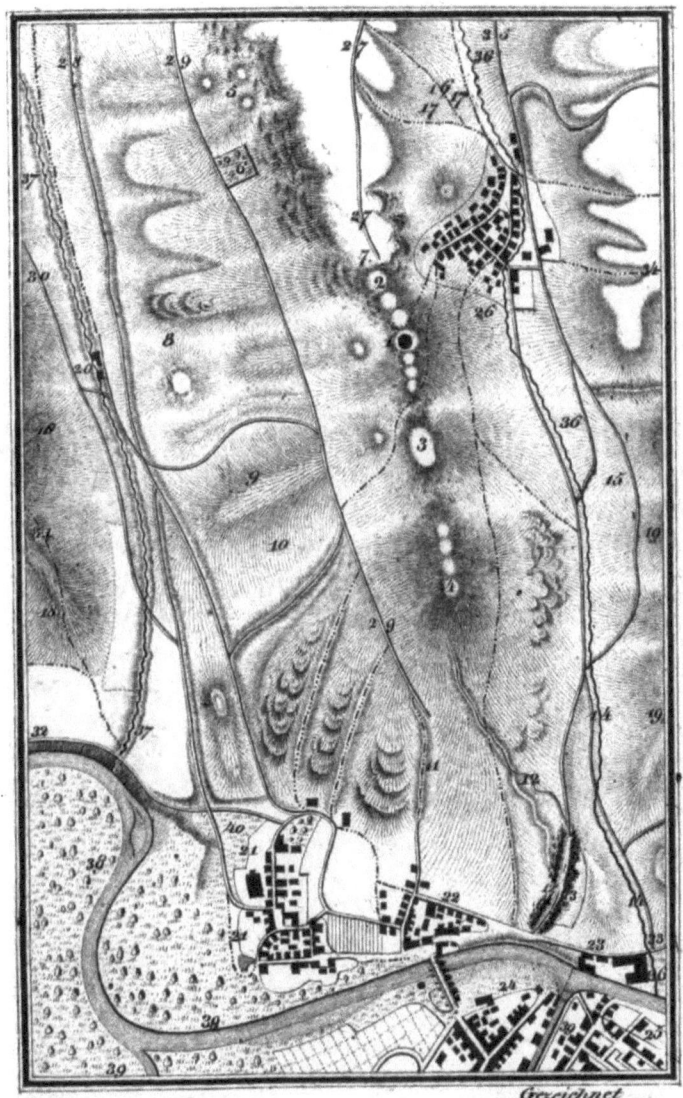

Aufgenommen v. J. Wenzel 1800.

Gezeichnet v. G. Mauerzahl 1830.